Michael F. Feldkamp

Die Institution

Michael F. Feldkamp

Die Institution

Der Deutsche Bundestag von 1949 bis heute

LMV

MIX
Papier aus verantwortungsvollen Quellen
FSC® C014889

Umschlaggestaltung: Wolfgang Heinzel
Umschlagmotiv: © Deutscher Bundestag / Tobias Koch
Satz: Satzwerk Huber, Germering
Druck und Binden: Friedrich Pustet GmbH & Co. KG, Regensburg
Printed in Germany
ISBN 978-3-7844-3713-2

Inhaltsverzeichnis

„Werkstatt der Demokratie"

Ein Vorwort

„Der Mensch vergisst
zu viel und
viel zu schnell."
VOLTAIRE

Der „Deutsche Bundestag" – so die offizielle Bezeichnung – ist *die* Institution in der Bundesrepublik Deutschland. Die Mitglieder des Bundestages, die MdB, vertreten das gesamte deutsche Volk.

Am 7. September 1949, gut viereinhalb Jahre nach Ende des Zweiten Weltkriegs und dem Ende der Hitler-Diktatur, konstituierten sich gleichzeitig der 1. Bundestag als Gesetzgebungsorgan der Bundesrepublik und der Bundesrat, der sich aus Vertretern der Länder der Bundesrepublik zusammensetzt, verfassungsgemäß als föderatives Gegengewicht zum Bundestag. Dieser 7. September 1949 ist der Gründungstag der Bundesrepublik Deutschland. Seine Mitglieder sind qua Amt zugleich Mitglieder der Bundesversammlung, die das höchste Staatsorgan, den Bundespräsident, wählt.

Der Bundestag stellt mit seinen Aufgaben als Gesetzgeber des Bundes, als Wahlgremium (Wahl der Bundeskanzler oder der Bundesrichter), als Kontrolleur der Bundesregierung und schließlich als „Forum der Nation" für alle gesellschaftlich relevanten Themen eine einzigartige Öffentlichkeit her. Hingegen werden in den überwiegend nicht-öffentlich tagenden Ausschüssen die Gesetzentwürfe beraten und erarbeitet, bevor sie im Plenum schließlich beschlossen oder abgelehnt werden.

Wie die Arbeit im Bundestag gestaltet und organisiert wird, welchen politischen Einflüssen sowie gesamtgesellschaftlichen und kulturellen Entwicklungen der Bundestag und seine Mitglieder im Laufe der Geschichte ausgesetzt waren, ist Gegenstand dieses Buches. Es werden historische Einblicke in die Arbeit eines international einzigartigen Parlaments ermöglicht.

Einleitend werden die Vorgeschichte der Bundesrepublik Deutschland und die Grundgesetzbestimmungen über den Bundestag skizziert, um dann jede einzelne der inzwischen 20 Wahlperioden in einer „Miniatur“ vorzustellen. Diese Vorgehensweise bietet sich aufgrund des allgemeinen Diskontinuitätsprinzips zwischen den einzelnen Wahlperioden an. Diskontinuitätsprinzip bedeutet: Alle parlamentarischen- und gesetzgeberischen Initiativen einer Wahlperiode, die nicht abgeschlossen worden sind, müssen ggf. in der nächsten Wahlperiode erneut eingebracht werden.

Mit der Gliederung des Buches in die einzelnen Wahlperioden fallen die großen Zäsuren in der Geschichte der Bundesrepublik nur vermeintlich zum Opfer. Vielmehr zeigt sich, wie sehr auch einschneidende Ereignisse, wie zum Beispiel die Wiedererlangung der Souveränität 1955, die sogenannten 1968er-Jahre, die Einigung Deutschlands 1990 oder der Umzug des Bundestages von Bonn nach Berlin 1999 eine ganze Wahlperiode prägen konnten und vor allem, wie das jeweils vom Bundestag aktiv begleitet wurde. Die politischen Geschehnisse sind keine singulären Ereignisse. Ihnen gehen vielmehr stets Entwicklungen voraus, die sich in der Arbeit des Bundestages widerspiegeln.

Die Wahrnehmung ist richtig, dass in dem hiermit vorgelegten Überblick zur Geschichte des Bundestages die ersten Wahlperioden ausführlicher behandelt werden. Das liegt vor allem daran, weil in den ersten Wahlperioden zentrale parlamentshistorische Weichenstellungen erfolgten, die bis heute gültig sind und der Erläuterung bedurften. Das betrifft sowohl die Anwendung der Geschäftsordnung als auch die Herausbildung parlamentarischer Gepflogenheiten, die nicht in der Geschäftsordnung stehen.

Jede Wahlperiode hat ihre Besonderheiten. Diese heraus- und darzustellen macht den besonderen Reiz für jemanden aus, der seit seiner Studienzeit die Geschicke des Bundestages begleitet.

Michael F. Feldkamp
Berlin, den 23. Mai 2024

Provisorium ohne Pathos

Die Entstehung der Bundesrepublik Deutschland

Besiegt und besetzt

Am 8. Mai 1945 trat die bedingungslose Kapitulation der deutschen Wehrmacht in Kraft. Damit fand der Zweite Weltkrieg (1939–1945) in Europa sein Ende, denn im Pazifik wurde noch weitergekämpft. Deutschland wurde von den Alliierten Siegermächten, Großbritannien, Frankreich, USA und Sowjetunion, besetzt und in vier Besatzungszonen eingeteilt. Darüber hinaus wurde Groß-Berlin, inmitten der Sowjetischen Besatzungszone gelegen, in vier Sektoren geteilt und zur „Vier-Mächte-Stadt" erklärt, weil jede der vier Siegermächte auch in der Reichshauptstadt präsent sein wollte.

Gemeinsam wollten die Siegermächte zukünftig Deutschland regieren. Auf der Konferenz von Potsdam (17.7.–2.8.1945) wurden der Alliierte Kontrollrat sowie für Berlin die Alliierte Stadtkommandantur geschaffen. Auch wurde in Aussicht gestellt, dass das deutsche Volk die Möglichkeit erhalten würde, ein Leben auf einer demokratischen und friedlichen Grundlage von neuem wieder aufzubauen.

Schon 1945 waren politische Parteien in den einzelnen Besatzungszonen zugelassen. Einzig die Gründung der „Christlich-Demokratische Union Deutschlands" (CDU) und ihrer bayerischen Schwesterpartei „Christlich-Soziale Union" (CSU) hatten keinen Vorläufer in der Weimarer Republik (1919–1933). Engagierte Katholiken und Protestanten wollten keine katholische Zentrumspartei wiedererstehen lassen und gründeten mit der CDU und CSU eine bi-konfessionelle christliche Sammlungsbewegung, die noch nicht einmal das Wort „Partei“ in ihrem Namen trug. Die CDU war nie eine geschlossene, geschweige denn eine konservative Partei, sondern zeichnete sich stets durch ihren Pluralismus aus.

Bis 1946 wurden nicht nur in allen elf westdeutschen Ländern, sondern auch in den fünf Ländern der Sowjetischen Besatzungszone (SBZ) Landtagswahlen durchgeführt. Doch der Aufbau der Länder der SBZ erfolgte nach der Maßgabe „Es muss demokratisch aussehen, aber wir müssen alles in der Hand behalten“ (so der spätere Staatsratsvorsitzende der DDR Walter Ulbricht, zitiert nach Wolfgang Leonhard). Schon drei Jahre nach Gründung der DDR (am 7. Oktober 1949), wurden die Länder zugunsten einer verwaltungstechnischen und politischen Zentralisierung im Zuge der kommunistischen Gleichschaltung (sog. „Demokratischer Zentralismus“) wieder aufgelöst.

Von der Bizone zum westdeutschen Teilstaat

Der letzte gemeinsame Kontrollratsbeschluss war das Kontrollratsgesetz Nr. 46 zur Auflösung des Staates Preußens vom 25. Februar 1947. Doch es bedurfte einer einheitlichen politischen Ordnung, um eine wirtschaftliche Stabilität der Westzonen zu erreichen, mit dem Ziel, die Besatzungsherrschaft zu beenden.

Ohne Beteiligung der sowjetischen und der französischen Besatzungsmacht schlossen sich die USA und Großbritannien in Deutschland zum 1. Januar 1947 zur „Bi-Zone“ (Bizone) zusammen. Auch wenn Teilungsabsichten nicht bestanden hatten, so war es dennoch ein erster organisatorischer Schritt zur politischen Teilung Deutschlands. In der Folge wurden mit dem Wirtschaftsrat, Ernährungsrat, Verkehrsrat, Finanzrat und dem Verwaltungsrat für Post- und Fernmeldewesen gemeinsame Organe der Länder der Bizone geschaffen. Der Wirtschaftsrat mit Sitz in Frankfurt am Main wurde dann am 25. Juni 1947 zur ersten parlamentsähnlichen, gesetzgebenden Körperschaft erweitert, wenn auch unter Kontrolle der beiden Besatzungsmächte.

Der Wirtschaftrat wurde zur wichtigsten wirtschaftspolitischen Einrichtung in der Bizone, die seit Februar 1948 den Namen „Vereinigtes Wirtschaftsgebiet" führte.

Die Entscheidungen für einen westdeutschen Teilstaat unter Einbindung der französischen Besatzungszone fielen auf der Londoner Sechsmächtekonferenz (23.2.–6.3. und 20.4.–2.6.1948). In Reaktion auf die Londoner Ergebnisse traten die Vertreter der UdSSR am 20. März 1948 aus dem Alliierten Kontrollrat aus. Umso entschlossener verfolgten die USA einen schnellen politischen und wirtschaftlichen Zusammenschluss der westdeutschen Länder.

Mit dem US-Wirtschaftshilfeprogramm („Marshall-Plan") vom 16. April 1948 und der Währungsreform am 20. Juni 1948 wurden erste Schritte mit dem Ziel einer autonomen wirtschaftlichen Konsolidierung und staatlichen Organisation für alle drei westlichen Besatzungszonen unternommen. Die UdSSR zog am 16. Juni 1948 auch aus der Berliner Alliierten Stadtkommandantur aus und reagierte auf die Einführung der Deutschen Mark (DM) in den Westsektoren Berlins am 24. Juni 1948 mit der Berlin-Blockade, die erst am 12. Mai 1949 endete. Die Berlin-Blockade war ein erster Tiefpunkt in der Frühphase des Kalten Krieges, der die Bildung einer politischen Einheit Westdeutschlands bedrohlich begleitete.

Dem französischen Sicherheitsbedürfnis entsprach es, ein wirtschaftlich und politisch schwaches Deutschland als Nachbarstaat zu haben. 1914 und 1940 wurde Frankreich militärisch von Deutschland überfallen; auch die Demütigung der deutschen Reichsgründung im Schloss Versailles 1871 war in Frankreich unvergessen geblieben. Nur unter größten Vorbehalten wollte Frankreich einer westdeutschen Staatenbildung zustimmen. So sollten erstens das Saargebiet von Deutschland abgetrennt werden, zweitens das wegen seiner Bodenschätze (Kohle und Erz) wirtschaftlich bedeutsame Ruhrgebiet einer internationalen Kontrolle unterstellt werden, und drittens ein föderalistisches Westdeutschland einer länger andauernden Besatzungszeit entgegensehen.

Verfassungsschöpfung unter Besatzungsmacht

Schließlich wurde auf der Londoner Außenministerkonferenz vom Juni 1948 vereinbart, dass das deutsche Volk die Freiheit erhalten sollte, politische Einrichtungen und Institutionen zu schaffen, die es ermöglichten, allmählich auch Regierungsverantwortung zu übernehmen, bis schließlich die volle Souveränität erreicht ist. Eine deutsche Verfassung sollte dazu beizutragen, die Teilung Deutschlands mittels eines föderalen Staates mit einer angemessenen Zentralgewalt zu überwinden. Der Föderalismus war die Chance, die deutsche Einigung herbeiführen zu können. Die Alliierten wollten mit den „Londoner Empfehlungen" den Weg zur deutschen Einheit erleichtern.

Die Militärgouverneure Lucius D. Clay (USA), Pierre Kœnig (Frankreich) und Sir Brian Robertson (Großbritannien) übergaben das Ergebnis von London den elf Ministerpräsidenten der drei westdeutschen Besatzungszonen am 1. Juli 1948 in Frankfurt am Main. Die drei „Frankfurter Dokumente" enthielten die zentralen Anweisungen der Alliierten über die inhaltliche Gestaltung der zukünftigen Verfassung. In einem Besatzungsstatut, das bemerkenswerterweise von deutscher Seite gewünscht worden war, sollte ein „Mindestmaß der notwendigen Kontrollen" festgelegt werden.

Vom 8. bis 10. Juli 1948 erörterten die Ministerpräsidenten auf dem „Rittersturz" am Rhein oberhalb von Koblenz die „Frankfurter Dokumente" der Alliierten. In ihren „Koblenzer Beschlüssen" verweigerten die Länderchefs ihre Mitwirkung an der Spaltung Deutschlands und schlugen vor, durch einen „parlamentsähnlichen Rat" eine „provisorische Verfassung" ausarbeiten zu lassen. Doch bei den „Frankfurter Dokumenten" hatte es sich tatsächlich um „Anweisungen" gehandelt. Lediglich den Bezeichnungen „Parlamentarischer Rat" statt „Nationalversammlung" sowie „Grundgesetz (vorläufige Verfassung)" statt „Verfassung" stimmten die Alliierten zu.

Im Auftrag der Ministerpräsidenten erarbeiteten vom 10. bis 23. August 1948 auf der im Chiemsee gelegenen Insel Herrenchiemsee vor allem westdeutsche Verwaltungs- und Verfassungsjuristen einen ersten Entwurf zum Grundgesetz. Dieser stand in der deutschen Verfassungstradition von 1848/49 und lehnte sich freilich mit ersten neuen an die Verfassung von Weimar an. Der Entwurf von Herrenchiemsee bildete die Arbeitsgrundlage des Parlamentarischen Rates.

In neun Monaten, vom 1. September 1948 bis zur Beschlussfassung am 8. Mai 1949 berieten die 65 Mitglieder (zusätzlich 5 Berliner Vertreter) des Parlamentarischen Rates das Grundgesetz. 53 Abgeordnete stimmten dem Grundgesetz zu; zwölf Abgeordnete lehnten das Grundgesetz ab, nämlich sechs von acht Abgeordneten der CSU sowie die aus je zwei Abgeordneten bestehenden Fraktionen Deutsche Partei (DP), Kommunistische Partei (KPD) und Deutsche Zentrumspartei (Z oder DZP).

Am 12. Mai 1949 genehmigten die Militärgouverneure das Grundgesetz. Vom 18. bis 21. Mai 1949 wurde das Grundgesetz in den Landtagen ratifiziert. Nur der Bayerische Landtag lehnte nach einer 14-stündigen Diskussion in den frühen Morgenstunden des 20. Mai 1949 das Grundgesetz mit 101 gegen 63 Stimmen bei 9 Enthaltungen ab. Doch in einer zweiten Abstimmung mit 97 gegen 6 Stimmen bei 70 Enthaltungen erklärte der Bayerische Landtag, dass das Grundgesetz bei seiner Annahme in zwei Dritteln der deutschen Länder auch in Bayern rechtsverbindlich sei. Zum Zeitpunkt dieses Beschlusses hatten erst vier der elf deutschen Länder das Grundgesetz angenommen beziehungsweise ratifiziert. Außer Bayern stimmten alle Landtage für die Annahme des Grundgesetzes.

Daraufhin wurde am 23. Mai 1949 das Grundgesetz in Bonn ausgefertigt und verkündet. Es trat mit Ablauf des 23. Mai, also am 24. Mai 1949 in Kraft.

Die Wahlbeteiligung bei der ersten Bundestagswahl am 14. August 1949 von immerhin 78,5 % wurde als überwältigend große Zustimmung zur neuen politischen Ordnung gewertet. Der erste Wahlkampf wurde mit großer Schärfe und Polemik geführt. CDU/CSU und SPD standen einander gegenüber, wohl wissend, dass der Sieger die zukünftige politische Ausrichtung Deutschlands bestimmen würde. Einer der

Wahlkampfhöhepunkte war der Vorwurf des CDU/CSU-Spitzenkandidaten Konrad Adenauer, die SPD habe bei der Grundgesetzarbeit mit der britischen Militärregierung gegen deutsche Interessen kollaboriert.

Die Grundgesetzbestimmungen zum Bundestag

In den Verhandlungen des Verfassungskonvents von Herrenchiemsee und des Parlamentarischen Rates war der zukünftige Bundestag von allen zu schaffenden Organen des Bundes das einzig unumstrittene. Schon die Teilnehmer in Herrenchiemsee waren davon ausgegangen, dass der Bundestag wie bereits der Reichstag der Weimarer Reichsverfassung unmittelbar vom deutschen Volk und nicht von den Landtagen gewählt werden sollte. Das Parlament sollte den Hauptanteil bei der zukünftigen Bundesgesetzgebung erhalten, die Regierung sollte von ihm abhängig sein und alle Mitglieder des Bundestages sollten in der Bundesversammlung an der Wahl des Bundespräsidenten mitwirken.

Der Parlamentarische Rat hatte entschieden, sich zwar an das allgemeine und seit Jahrzehnten praktizierte deutsche Parlamentsrecht anzuknüpfen, aber die Rechte des Parlaments noch mehr zu stärken. Der Bundestag sollte wie der Reichstag der Weimarer Zeit das zentrale, unitaristische Organ des Bundes sein. Die Details im Verhältnis zwischen Bundestag und Bundesregierung wurden im Grundgesetz im Abschnitt „Bundesregierung“ in Artikel 63f., und 66-69 festgelegt. Schon diese Zuordnung macht deutlich, in welch enger Abstimmung mit dem Bundestag zukünftig Regierungshandeln zu erfolgen hatte.

Auf der Suche nach dem Auslöser für das Versagen der Weimarer Demokratie hatte schon der Verfassungskonvent von Herrenchiemsee erkannt, dass nur ein vernünftiges Wahlrecht gegen ein arbeitsunfähiges Parlament helfe. So sprach sich der Verfassungskonvent für ein Mehrheitswahlrecht aus und wollte die Zahl der Mitglieder des Bundestages auf 400 begrenzen. Erst der Hauptausschuss des Parlamentarischen Rates hatte in Anlehnung an die Weimarer Reichsverfassung vom 11. August 1919 auf eine Bestimmung über die Zahl der Abgeordneten im Grundgesetz verzichtet und diese Festlegung einem künftigen Wahlrecht überlassen.

Im Vergleich zur Weimarer Verfassung war die Stärkung der politischen Parteien neu. Hier sollte die politische Willensbildung erfolgen. Den Parteien oblag die Rekrutierung des politischen Nachwuchses. Durch die Schaffung von Landeslisten wurden die föderalen und personalpolitischen Entwicklungen in den Parteien auch bundespolitisch widergespiegelt und in der Zusammensetzung des Bundestages abgebildet.

Provisorischer Regierungssitz Bonn

Am 10. Mai 1949 hatte sich der Parlamentarische Rat mit 33 von 65 Stimmen für die Universitätsstadt Bonn als „vorläufigen" Regierungssitz ausgesprochen. Für die Stadt Frankfurt am Main, in der 100 Jahre zuvor die erste deutsche Nationalversammlung tagte, stimmten 29 Abgeordnete.

Am 26. August 1949 beschlossen die Regierungschefs der westdeutschen Länder, den Bundestag am 7. September einzuberufen und die Bundesversammlung zur Wahl des Bundespräsidenten am 15. September 1949 zusammentreten zu lassen.

Bis Anfang September 1949 hatten der britische und amerikanische Militärgouverneur alle von ihnen gemeinsam errichteten bizonalen deutschen Verwaltungsbehörden, darunter auch den Wirtschaftsrat, aufgelöst. Mit der Konstituierung von Bundesrat und Bundestag am 7. September 1949 war aus staatrechtlicher Perspektive wie auch nach Auffassung der Alliierten die Gründung der Bundesrepublik Deutschland erfolgt. Auf den Tag genau einen Monat nach Gründung der Bundesrepublik, am 7. Oktober 1949, wurde die Deutsche Demokratische Republik (DDR) mit Ost-Berlin als Hauptstadt gegründet. So wahrte die Sowjetunion den Anschein, mit der Gründung der DDR auf die Gründung der Bundesrepublik nur „reagiert" zu haben. Sinnfällig stiftete Bundespräsident Theodor Heuss am 7. September 1951 „am 2. Jahrestag der Bundesrepublik Deutschland den Verdienstorden der Bundesrepublik Deutschland", wie es wörtlich im Erlass hieß.

Unabhängig von dieser staats-, verfassungs- und völkerrechtlichen Ansicht wurde nicht selten der 23. Mai 1949 als „Geburtsstunde" der Bundesrepublik bezeichnet. Zeitgenössisch mag es dem Wunschdenken geschuldet gewesen sein, möglichst früh zu einer Staatsgründung zu kommen. Sie war der erste Schritt auf dem Weg zur Unabhängigkeit und zur Souveränität. Doch gilt festzuhalten: Eine Verfassung macht noch keinen Staat!

Das Wahlrecht

Am 15. Juni 1949 erließen die Ministerpräsidenten auf der Grundlage des Wahlgesetzentwurfes des Parlamentarischen Rates ein Wahlgesetz für die erste Bundestagswahl und Bundesversammlung.

Kern des Wahlrechts war ein sogenanntes „personalisiertes Verhältniswahlrecht", eine Kombination aus Mehrheits- und Verhältniswahlrecht. Die Zahl der Bundestagsabgeordneten war auf 400 festgelegt und die Bundesrepublik in 242 Wahlkreise eingeteilt worden, in denen jeweils ein Mandat nach relativer Mehrheit vergeben wurde. Die übrigen 158 Sitze wurden nach dem prozentualen Anteil vergeben, den die Parteien bei der Wahl auf Landesebene erzielten. Jeder Wahlberechtigte hatte nur eine Stimme, mit der er den Kandidaten und dessen Partei wählte. Die Ministerpräsidenten hatten – entgegen dem Vorschlag des Parlamentarischen Rates – die Fünf-Prozent-Sperrklausel eingefügt, nach der eine Partei nur in den Bundestag einziehen konnte, wenn sie in einem Bundesland auf mindestens 5 % der Stimmen oder ein Direktmandat kam.

Das Wahlgesetz zum ersten Bundestag und zur ersten Bundesversammlung schloss Personen vom passiven Wahlrecht aus, die im Sinne der von der Militärregierung erlassenen Entnazifizierungsvorschriften belastet waren. Die damit verbundene Grundrechtsverletzung blieb folgenlos, weil Art. 139 des Grundgesetzes die Fortgeltung der Entnazifizierungsvorschriften festgelegt hatte.

1. Wahlperiode (1949–1953)

Neustart zwischen Tradition und Moderne

Der Bonner Plenarsaal

Auf den 7. September 1949, dem Tag der Konstituierung des 1. Bundestages, hatte sich die Stadt Bonn gründlich vorbereitet. Die Innenstadt ertrank in einem Meer von schwarz-rot-goldenen Fahnen. Am Bonner Bahnhof erklang bei Eintreffen der Fernzüge die Lautsprecherdurchsage: „Achtung! Achtung! Es begrüßt Sie die Bundeshauptstadt Bonn". Die ganze Stadt wurde zuvor von der britischen Militärverwaltung zur entmilitarisierten Zone erklärt und vom 8. bis 13. September 1949 wurde die nächtliche Sperrstunde aufgehoben.

Noch bevor das Grundgesetz am 8. Mai 1949 in der Pädagogischen Akademie in Bonn beschlossen worden war und fünf Tage bevor im Parlamentarischen Rat überhaupt die Wahl auf Bonn als Regierungssitz fiel, wurde bereits am 5. Mai 1949 das Richtfest für den zukünftigen Plenarsaal des Bundestages gefeiert. Das war zwar ein gewisses Risiko, aber gleichzeitig wurden mit dem Baubeginn Fakten geschaffen, die auf Bonn als Regierungssitz hinauslaufen sollten. So wurde auch am 3. November 1949 mit 200 gegen 179 Stimmen Bonn als vorläufiger Sitz der Legislative und Exekutive des Bundes bestätigt. Die daraufhin ausgeweitete Bautätigkeit in Bonn führte schon ein Jahr später am 5. Oktober 1950 zur Einsetzung eines Untersuchungsausschusses zur Hauptstadtfrage, der aufgrund der von der Zeitschrift *Der Spiegel* angestoßenen öffentlichen Debatte auch „Spiegel-Ausschuss" genannt worden war.

Der Plenarsaal des Architekten Hans Schwippert war eine selbsttragende Stahlkonstruktion mit zwei Glasfassaden, die sich in „farbiger, beinahe zierlicher Eleganz“ (*Tagesspiegel*, 8.9.1949) recht harmonisch in die im Bauhausstil erbaute Pädagogische Akademie, dem fortan sogenannten „Bonner Bundeshaus“, einfügte. Selten ist es einem Gebäude gelungen, gleichzeitig symbolisch für Tradition und Moderne zu stehen. Die Bestuhlung ließ nicht nur die 410 Mitglieder des Bundestages Platz finden, sondern konnte auch für die 820 Mitglieder der 1. Bundesversammlung erweitert werden.

In Schwipperts Plenarsaal saßen vom Stuhl des Präsidenten gesehen von links nach rechts KPD, SPD, FDP, Bayernpartei, DP und CDU/CSU. Wobei die KPD-Abgeordneten, nachdem sie keine Fraktion mehr bildeten, in den hinteren Reihen platziert wurden. Jeder Abgeordnete erhielt seinen festen Sitzplatz zugewiesen. Die prominenten Abgeordneten und die Fraktionsvorstände saßen vorne, und in den letzten Reihen die genau deswegen sogenannten „Hinterbänkler“. Eine freie Sitzplatzwahl gab es erst 1986, in der 11. Wahlperiode; und zwar aus der Not heraus. Der Plenarsaal von Hans Schwippert musste dem Neubau des Plenarsaals von Günter Behnisch weichen und im zwischenzeitlich genutzten „Ersatzplenarsaal“ im Wasserwerk in unmittelbarer Nähe zum Rhein war nicht für alle Mitglieder des Bundestages ein Sitzplatz vorhanden war.

Die Frontseite des Schwippert-Baues, also die Wand im Rücken von Bundestagspräsidium, Regierungsbank und der Bundesrats-Bank, zierte während der gesamten 1. Wahlperiode ein Veloursvorhang mit den Wappen der elf Länder der Bundesrepublik sowie der Stadt Berlin (West).

Für die Abgeordneten sowie die ca. 110 Fraktionsmitarbeiter und die 508 Verwaltungsmitarbeiter entstand 1951/52 ein sechsstöckiger Erweiterungsbau des Bundeshauses. Dieses Gebäude wurde im Parlamentsalltag stets „Hochhaus“ genannt. Erst 1969, als mit dem Abgeordnetenhochhaus, dem „Langen Eugen“, das 29 Stockwerke umfassende „Neue Hochhaus“ (NH) fertiggestellt worden war, erhielt das Hochhaus von 19551/52 die Bezeichnung „Altes Hochhaus“ (AH).

Fraktionen und Fraktionswechsel

402 Abgeordnete aus den drei Besatzungszonen der westlichen Alliierten wurden mit der Wahl vom 14. August 1949 in den Bundestag entsandt, dem einzigen direkt vom Staatsvolk gewählten Verfassungsorgan. Mit seinen 402 Abgeordneten hatte der 1. Bundestag die geringste Anzahl von Abgeordneten, die je ein Bundestag umfasste.

Aufgrund der ersten Bundestagswahl ergaben sich folgende Fraktions- und Gruppenbildungen: CDU/CSU 140, SPD 131, FDP/DVP 52, Bayernpartei (BP) 17, Deutsche Partei (DP) 17, Kommunistische Partei Deutschlands (KPD) 15, Wirtschaftliche Aufbauvereinigung (WAV) 12, Deutsche Zentrumspartei (DZP) 10, Deutsche Reichspartei (DRP) 4 zusammen mit einem Abgeordneten der Nationaldemokratischen Partei insgesamt 5, Fraktionslose 2, Südschleswigscher Wählerverband (SSW) 1.

CDU/CSU, SPD und auch FDP wurden mit deutlichem Abstand die drei stärksten Fraktionen. Der Wahlsieger CDU/CSU, wenn auch nur mit einem knappen Vorsprung gegenüber der SPD, bildete mit Konrad Adenauer als Kandidat für das Amt des Bundeskanzlers eine bürgerliche Regierungskoalition gemeinsam mit der FDP und DP. Adenauer schloss die damals noch stark sozialistische aber zugleich anti-kommunistische SPD aus der Regierungsverantwortung im Bund aus, ein Regierungsmodell, das hingegen in manchen Ländern der Bundesrepublik durchaus praktiziert wurde. Schon der Parlamentarische Rat zeigte, dass die Unterschiede zwischen beiden Parteien in wirtschaftspolitischen Fragen unvereinbar waren. Private Initiative, Wettbewerb und soziale Marktwirtschaft standen dem Konzept eines staatlich gelenkten Gemeinwohls und einer Vergesellschaftung ganzer Wirtschaftszweige entgegen. Das Wahlergebnis war aber als Zuspruch zur sozialen Marktwirtschaft gewertet worden, wie sie prominent von Ludwig Erhard (CDU/CSU) vertreten worden war. Sie versprach Wohlstand für alle.

Im September 1949 bildeten die WAV und die Zentrumspartei sowie die DP und die FDP jeweils eine Fraktionsgemeinschaft. Gemäß der neuen Geschäftsordnung des Bundestages vom 9. Dezember 1951, die am 1. Januar 1952 in Kraft trat, wurde am 16. Januar 1952 die Mindeststärke einer Fraktion auf 15 Mitglieder festgelegt. Am 14. Dezember 1951 schlossen sich Zentrum und Bayernpartei zur Fraktion „Föderalistische Union“ (FU) zusammen. Die KPD verlor ihren Fraktionsstatus, weil sie seit dem 10. Mai 1950 nur noch 14 Mitglieder zählte; denn der Bundestag weigerte sich, für den von der KPD erzwungenen Rücktritt des als verschollen gemeldeten Abgeordneten Kurt Müller einen Nachrücker zuzulassen.

Von den ursprünglich acht im Bundestag vertretenen Fraktionen gab es somit am Ende der Wahlperiode nur noch fünf Fraktionen. Wie wenig starr die Parteien auch in ihren Inhalten positioniert und festgelegt waren, belegt die außergewöhnlich hohe Zahl von insgesamt 91 Fraktionswechseln alleine in der 1. Wahlperiode.

Die Bayernpartei (BP) zählte zu den kleinen Parteien im Bundestag und war nur bis 1950 ein ernstzunehmender Konkurrent der CSU.

Am 8. Januar 1950 – nach Aufhebung der Lizenzierung von politischen Parteien durch die Alliierten am 28. November 1949 – wurde auf Initiative von Waldemar Kraft in Schleswig-Holstein der Block der Heimatvertriebenen und Entrechteten (BHE) gegründet. Am 13. Oktober 1950 traten drei Abgeordnete aus der WAV-Bundestagsfraktion aus und bildeten die parlamentarische Gruppe „Deutscher Gemeinschaftsblock der Heimatvertriebenen und Entrechteten (BHE/DG)“. Damit war die Partei im Bundestag vertreten. Am 14. November 1952 erfolgte ihre Umbenennung in Gesamtdeutscher Block/BHE. Unter Theodor Oberländer näherte sich der GB/BHE der politischen Konzeption des Bundeskanzlers Adenauer an.

Die Berliner Abgeordneten

Zu den genannten 402 MdB kamen acht und ab dem 1. Februar 1952 zusätzlich 11 Abgeordnete aus Berlin hinzu, die nicht voll stimmberechtigt waren: Es waren von der SPD 5 (+ 4) Abgeordnete, von der CDU 2 (+ 3) und von der FDP 1 (+ 4).

Die Berliner Abgeordneten waren aufgrund eines alliierten Vorbehalts nicht „voll stimmberechtigt“. In ihrem „Genehmigungsschreiben“ zum Grundgesetz vom 12. Mai 1949 interpretierten die Militärgouverneure Artikel 23 und 144 Abs. 2 des Grundgesetzes dahin, dass Berlin (West) eine beschränkte Anzahl von Vertretern zur Teilnahme an den Sitzungen des Bundestages und des Bundesrates benennen durfte. Dieser Vorbehalt wurde auch durch Artikel 2 und 6 des Deutschlandvertrages vom 26. Mai 1952 und in seiner Fassung vom 5. Mai 1954 explizit aufrechterhalten und erst am 11. Juni 1990, im Zuge der unmittelbar bevorstehenden Wiedervereinigung, beendet.

Der alliierte Vorbehalt galt für alle Sachabstimmungen über Gesetzentwürfe und für die Wahl des Bundeskanzlers. Bei der Wahl des Bundespräsidenten waren die Berliner Abgeordneten erst in der Bundesversammlung 1954 voll stimmberechtigt. Für die namentlichen Abstimmungen erhielten die Berliner eigens gekennzeichnete Stimmkarten, die bei der Auszählung gegebenenfalls rausgenommen werden konnten Beim Hammelsprung blieben die Berliner Abgeordneten auf ihren Plätzen sitzen, wenn zur Zählung der Stimmen alle übrigen Abgeordneten den Plenarsaal verlassen sollten, um dann durch eine der drei Abstimmungstüren „Ja“, „Nein“ und „Enthaltung“ in den Plenarsaal wieder einzutreten.

Stimmberechtigt waren die Berliner Abgeordneten bei der Wahl des Bundestagspräsidenten und des Wehrbeauftragten (seit 1956) sowie bei Entscheidungen über die Einsetzung von Ausschüssen, selbständigen Anträgen, die keinen Gesetzentwurf enthalten, Entschließungsanträgen, Anträgen zu Großen Anfragen, Geschäftsordnungsanträgen und in den Ausschüssen.

Parlamentarische Erfahrung und personelle Kontinuität

Die Konstituierung des 1. Bundestages am 7. September 1949 entsprach einem Neuanfang, war aber kein Novum. „Parlamentarismus“ war 1949 in Deutschland kein Fremdwort, wählten doch die deutschen Länder seit 1946 Verfassungsgebende Versammlungen und Parlament und knüpften an politische Erfahrungen aus den Jahren vor der nationalsozialistischen Zeit bis 1933 an.

Noch bevor bekannt war, dass er tatsächlich das an Lebensjahren älteste Mitglied des Bundestages sein würde, hatte Konrad Adenauer dafür plädiert, dass Paul Löbe (SPD) Alterspräsident in der konstituierenden Sitzung wird. Löbe war nur 22 Tage älter als Konrad Adenauer (CDU/CSU) und war mit einer Unterbrechung von nur wenigen Monaten 1923/24 faktisch von 1920 bis November 1932 Reichstagspräsident gewesen. Er war das personifizierte Bindeglied zwischen Weimarer Reichstag und Bundestag, auf dessen Grundlagen man sich gestellt sah; nur dass man es jetzt besser machen wollte und „ein erneutes 1933" verhindert wissen wollte. Der Bundestag übernahm am 20. September 1949 die Geschäftsordnung des Reichstags, die er in den ersten Monaten im Einvernehmen mit dem Geschäftsordnungsausschuss immer wieder durch Vereinbarungen des Ältestenrats modifizierte und erweiterte. Löbe selbst entzauberte manche Legenden über den Weimarer Reichstag, der in den nächsten Jahren zur Negativfolie der Bonner Demokratie wurde, zu Unrecht, wie Löbe meinte.

Löbe war nicht der einzige Abgeordnete mit politischen Erfahrungen: 29 MdB waren Mitglied im Reichstag der Weimarer Republik, davon 3 sogar Mitglied der Weimarer Nationalversammlung; 34 MdB waren im Parlamentarischen Rat und insgesamt 84 MdB waren zum Teil gleichzeitig Mitglied in einem der elf westdeutschen Landtage. In der 2. Wahlperiode waren es sogar 174 MdB, die auch in einem Landtag waren. 15 MdB waren zuvor Landesminister und davon waren Rudolf Amelunxen (Zentrum) sogar Ministerpräsident, beziehungsweise Carlo Schmid (SPD) Staatspräsident gewesen. Es gab also zahlreiche Abgeordnete mit parlamentarischer Erfahrung.

Nationalsozialisten im Bundestag

Im 1. Bundestag gab es auch 57 Abgeordnete, die vorher der Nationalsozialistischen Arbeiterpartei (NSDAP) oder einer anderen NS-Organisation angehörten. Alle mussten nach dem Wahlgesetz zuvor in einem Entnazifizierungsverfahren als „entlastet“ eingestuft worden sein.

Wolfgang Hedler (DP) hatte, wie sich später rausstellte, seinen Entnazifizierungsnachweis gefälscht. Er erlangte Aufmerksamkeit, nachdem er sich Ende November 1949 öffentlich antisemitisch geäußert und den militärischen Widerstand gegen Adolf Hitler vom 20. Juli 1944 als „Dolchstoß“ verunglimpft hatte. Der Bundestag hob Hedlers Immunität auf und die DP-Fraktion schloss ihn am 19. Januar 1950 aus, wenn auch erst auf Intervention des Bundeskanzlers Adenauer. Zwischenzeitlich aufgrund fehlender Beweise freigesprochen, stellte am 10. März 1950 Bundestagspräsident Erich Köhler fest, dass Hedler im Plenarsaal saß, obwohl er weiterhin ausgeladen worden war. Hedler verließ den Plenarsaal. Eine Stunde später saß er im Ruheraum für die Abgeordneten, auch Raucherraum genannt, in unmittelbarer Nähe zum Plenarsaal, mit einem Journalisten zusammen, als „auf Initiative“ von Herbert Wehner und Rudolf-Ernst Heiland eine Gruppe von etwa zehn SPD-Abgeordneten Hedler aus dem Ruheraum und durch die Wandelhalle zum Südeingang drängten. Auf der Außentreppe vor der Eingangstür schlugen und traten die SPD-Abgeordneten auf Hedler ein. Ein Arzt stellte eine Gehirnerschütterung sowie innere Verletzungen und Blutungen am Kopf fest. Die „schweren Tätlichkeiten“, so Köhler am 22. März 1950 im Plenum, waren außerhalb seines Zuständigkeitsbereiches erfolgt. Dennoch wurde Wehner für zehn und Heiland für acht Sitzungstage ausgeschlossen. Wehner wurde später zusätzlich zur Zahlung von Schmerzensgeld und Hedler zu neun Monaten Gefängnis verurteilt.

Während Hedler seinen Entnazifizierungsnachweis gefälscht hatte, wurde Fritz Rössler unter seiner neuen Identität als Franz Richter in den Bundestag gewählt. Am 6. September 1950 wurde er aus der Gruppe der Deutschen Reichspartei ausgeschlossen. Öffentlichkeitswirksam wurde er dann am 20. Februar 1952 im Bundeshaus verhaftet. Richter war, wie sich herausgestellt hatte, als Gauhauptstellenleiter der NSDAP in Sachsen und danach im Reichspropagandaministerium tätig gewesen. Aus der Untersuchungshaft hatte er sein Mandat niedergelegt.

Bundestagspräsident Erich Köhler

Als stärkste Fraktion im Bundestag fiel der CDU/CSU-Fraktion das ungeschriebene Recht zu, den Parlamentspräsidenten zu nominieren. Erich Köhler (CDU/CSU) stand schon in der Funktion des Präsidenten des Wirtschaftsrates des Vereinigten Wirtschaftsgebietes in Frankfurt am Main als ein Mann des Ausgleichs zwischen der sozialistisch geprägten SPD und der CDU/CSU. Das kam den Ministerpräsidenten der Länder entgegen, die sich eine Große Koalition auch im Bund erhofften. Köhler war einer der wenigen profilierten Protestanten in der CDU/CSU, was ihn seitens der überkonfessionellen, aber katholisch dominierten CDU/CSU für ein Partei- oder Staatsamt besonders attraktiv machte. Der Katholik Adenauer schlug Köhler für das Amt des Bundestagspräsidenten vor, womit Adenauer wiederum seinen eigenen Weg in das Bundeskanzleramt ebnete. Mit einer überwältigenden Mehrheit von 86,1 % der abgegebenen Stimmen wurde Köhler zum Bundestagspräsidenten gewählt. Vizepräsidenten wurden Carlo Schmid (SPD) und Hermann Schäfer (FDP), letzterer war im Parlamentarischen Rat schon Vizepräsident gewesen.

Bundespräsident Theodor Heuss

Nach dem Grundgesetz musste der Bundeskanzler vom Bundespräsidenten zur Wahl durch den Bundestag vorgeschlagen werden. Deswegen stand als nächstes die Wahl des Bundespräsidenten an. In der 1. Bundesversammlung am 12. September 1949 setzte sich Theodor Heuss (FDP) erst im zweiten Wahlgang gegen den SPD-Vorsitzenden Kurt Schumacher und den nordrhein-westfälischen Sozialminister Rudolf Amelunxen (Z) durch. Die Wahl von Heuss war Bestandteil von mündlichen Koalitionsabsprachen der CDU/CSU mit der FDP und der DP.

Auch Heuss war Mitglied im Parlamentarischen Rat gewesen. Die Präambel und die Grundrechte des Grundgesetzes hatten von seinen Formulierungskünsten maßgeblich profitiert. In den Bundestag war er über die Landesliste eingezogen. Ihm schien das Amt des Bundespräsidenten wie auf den Leib geschnitten. Er hielt nichts von „Ellenbogenpolitik", wie er nach seiner Wahl am 12. September 1949 bekannte, und sah sich als den Gegentypus des Machtpolitikers. Sein Amt sollte „mit einem Menschentum gefüllt" sein; sich selbst verstand er „als ausgleichende Kraft". Sein Markenzeichen wurde die Zigarre. Zwischen seinen Fingern war sie kein Lifestyle-Symbol und stand auch nicht für Männlichkeit oder Macht. Allenfalls konnte man bei ihm die Zigarre als ein Attribut für den wirtschaftlichen Erfolg der jungen Bundesrepublik werten.

Adenauers Fraktion, Regierung und Parlament

Am 15. September 1949 wurde Konrad Adenauer zum Bundeskanzler gewählt, den Bundespräsident Heuss zur Wahl durch den Bundestag vorschlug. Mit nur einer Stimme Vorsprung – seiner eigenen – gewann er die Wahl. Sein Regierungsstil ging über die im Grundgesetz (Art. 65) verankerte „Richtlinienkompetenz" weit hinaus, zeugte von großer Selbstbeherrschung, und war unter dem Etikett „Kanzlerdemokratie" stilbildend. Nur noch Bundeskanzler Helmut Kohl (CDU/CSU) erreichte während der Monate der deutschen Einigung 1989/90 diesen Führungsstil.

Adenauer hat nicht „durchregiert", er war kein „eiserner Kanzler", wie Otto von Bismarck. Er war sensibel für Kritik, auch aus den eigenen Reihen, so wenigstens verstand viele Jahre später Bundestagspräsident Eugen Gerstenmaier (CDU/CSU) Adenauers Bemerkung: „Für mich ist das Fegefeuer, wenn ich in die Fraktion muss."

Adenauer maß der Fraktion höchste Bedeutung zu. Sie war wichtiger als der Parteivorstand, zumal die politische Arbeit einer Partei nirgends größere Beachtung fand als im Bundestag. Das galt für alle Parteien. Hier wurde der Ausgang zukünftiger Wahlen entschieden, das merkt man deutlich, wenn sich eine Wahlperiode zu Ende neigt.

Die CDU/CSU-Fraktion leitete im 1. Bundestag Heinrich von Brentano. Doch, anders als die „Arbeiterpartei" SPD, waren CDU und

Eugen Gerstenmaier (CDU/CSU) –
Präsident des Deutschen Bundestages 1954–1969

CSU keine gefestigten Parteien. Sie verfügten nicht über klar umrissene Wählerschaften, sondern waren als pluralistische Sammlungsbewegungen, weithin getragen vom katholischen Milieu, Volksparteien. Ihre Wähler und Mitglieder vereinten Arbeiter und Bürgerliche sowie Industrielle und Intellektuelle, also alle Schichten und Berufsgruppen. Das machte sich auch in der Bundestagsfraktion bemerkbar. Bei Gesetzesinitiativen wurden auch gegensätzliche Auffassungen offen diskutiert; die zu überwindenden Frontlinien waren nicht selten durch die Konfessionszugehörigkeit vorbestimmt. Nicht umsonst gründete sich die Christlich Demokratischen Union Deutschlands (CDU) erst am 20. bis 22. Oktober 1950 auf dem Parteitag in Goslar als Bundespartei.

Adenauers Kabinett gehörten FDP und DP an. Die DP war eine im Osten Niedersachsens beheimatete Partei, mit der es im Wahlkampf bereits Wahlabsprachen gab, weil es der CDU im protestantischen Teil Niedersachsens nicht gelungen war, eigene Kandidaten für den Bundestag aufzustellen. Daraus speiste sich schon sehr früh in der CDU der Gedanke, die Mitglieder der DP nicht nur an die CDU zu binden, sondern langfristig einen vollständigen Wechsel ihrer Mitglieder in die CDU anzustreben. Die CDU lockte sogar mit hohen Parteiämtern. Es dauerte noch bis 1961, bis sich die DP, die die meisten Mitglieder an die CDU verloren hatte, selbst auflöste. Sie wurde erst im Zusammenhang der Umdeutung von Adenauers Politik Jahrzehnte nach der deutschen Einigung 1990 als „rechte" Partei bezeichnet, womit man nicht nur ihren prominentesten Mitgliedern wie den Bundesministern Heinrich Hellwege, Hans-Joachim von Merkatz und Hans-Christoph Seebohm unrecht tat.

Schließlich trug die FDP – die Partei von Bundespräsident Heuss und Justizminister Thomas Dehler, der sich schon im Parlamentarischen Rat nicht gerade als Freund der Kirchen erwies – als Koalitionär für eine breite Akzeptanz der Regierungsarbeit Adenauers bei.

Ungewissheiten im gespaltenen Deutschland

Die Erwartungen der Bevölkerung fasste Alterspräsident Paul Löbe (SPD) in seiner Ansprache in der konstituierenden Sitzung treffend zusammen. Er formulierte: Vom Bundestag werde die Schaffung einer stabilen Regierung, einer gesunden Wirtschaft, einer neuen sozialen Ordnung in einem gesicherten Privatleben erwartet, damit „unser Vaterland einer neuen Blüte und neuem Wohlstand" entgegengeführt werden könne.

Keiner der Abgeordneten wusste auch nur ansatzweise, was ihn erwarten würde. Die letzten vier Jahre hatte Deutschland unter Besatzungsrecht der jeweiligen Besatzungsmächte gestanden. Das sollte möglicherweise auch noch Jahre so bleiben, auch wenn sich Lockerungen der Besatzungsherrschaft abzeichneten. Zumal die Friedens- und Wiedervereinigungsangebote der Sowjetunion lediglich propagandistische Zwecke verfolgten.

Sehr verhalten und mit wenig Pathos verlief der Gründungsakt der Bundesrepublik am 7. September 1949, der von Linken und Kommunisten sowie der Sowjetunion als Besiegelung der deutschen Spaltung galt. Propagandistisch geschickt wurde deswegen erst am 7. Oktober 1949 für die sowjetische Besatzungszone mit der Gründung der DDR und Ost-Berlin, auch als „Hauptstadt der DDR" bezeichnet, ein zweiter Staat auf deutschem Boden errichtet. Das Datum war absichtlich ein Monat nach Gründung der Bundesrepublik gewählt worden. Es sollte der Eindruck manifestiert werden, dass die DDR erst in Reaktion auf den westalliierten Alleingang gegründet worden sei. Dass die zahlreichen sowjetischen Alleingänge seit 1945, ihr Veto und ihre Obstruktionspolitik im Alliierten Kontrollrat jegliche Teilungspläne überhaupt erst begünstigten, darf nicht übersehen werden.

Die Ausschussarbeit

Zu Beginn des 1. Bundestages wurden 36 Ausschüsse gebildet; am Ende der Wahlperiode waren es 52 Ausschüsse und weitere Beiräte, die insgesamt zu 4218 Sitzungen zusammenkamen. In allen späteren Wahlperioden betrug die Anzahl der Ausschusssitzungen in einer Wahlperiode durchschnittlich knapp die Hälfte. Es gab also erheblichen Gesprächsbedarf, weswegen sich der 1. Bundestag auch als „Redeparlament" mit teils legendären Redeschlachten gerierte. Die angemessenen Formen der parlamentarischen Zusammenarbeit mussten in diesem Parlament erst noch gefunden und eingeübt werden.

Für manche zentrale Gesetzesvorhaben gab es eigene Ausschüsse, so beim Beamtengesetz, beim Lastenausgleichsgesetz (am 10. Juli 1952 verabschiedet), bei Grenzlandfragen, bei der Hauptstadtfrage, bei der Mitberatung des Vertrags über die Europäische Verteidigungsgemeinschaft (EVG) und schließlich für das Londoner Schuldenabkommen. Die Mitberatung des Vertrags über die EVG und das Schuldenabkommen waren aus dem Bedürfnis der oppositionellen SPD entstanden, bei den außenpolitischen Weichenstellungen mitreden und dieses nicht der Adenauer-Regierung alleine überlassen zu wollen.

In den ersten Monaten gab es einen Organisationsausschuss, der den Parlamentspräsidenten in organisatorischen Angelegenheiten beriet und zwar sowohl hinsichtlich der Parlamentspraxis als auch des Aufbaues der Bundestagsverwaltung, die 1950 bereits 508 Bedienstete umfasste. Die Themenpalette reichte von der Einführung der Öffentlichen Anhörungen nach dem Vorbild der US-amerikanischen Hearings bis zur Frage, ob es angemessen sei, im Bundestagsrestaurant neben deutschem Bier auch das US-amerikanische Getränke „Coca Cola" auszuschenken. Beherzt griff Köhler Anregungen des Ausschusses für eine Presse- und Öffentlichkeitsarbeit des Bundestages auf.

Zu den bedeutendsten Ausschüssen des 1. Bundestages zählte der Geschäftsordnungsausschuss. Der Bundestag hatte am 20. September 1949 nur eine „vorläufige Geschäftsordnung" angenommen, die weitestgehend der des Reichstags von 1922 entsprach. Ältestenrat und Vorstand des Bundestages begleiteten die Arbeit des Geschäftsordnungsausschusses unter dem Vorsitz von Heinrich Georg Ritzel (SPD). Der Ausschuss sollte zügig eine „endgültige Geschäftsordnung" erarbeiten, die im Dezember 1951 verabschiedet wurde und zum 1. Januar 1952 in Kraft trat.

Naturgemäß drangen aus den meist nicht-öffentlichen Ausschusssitzungen nur wenige Informationen an die Öffentlichkeit. Eine Ausnahme bildete jedoch der Auswärtige Ausschuss, aus dem immer wieder Informationen an die Presse durchgestochen wurden. Das hatte unter anderem Kanzler Adenauer veranlasst, im Ausschuss keine vertraulichen Dinge, etwa aus seinen Gesprächen mit den alliierten Besatzungsmächten, preiszugeben.

Untersuchungsausschüsse

Am 2. Februar 1950 wurde ein erster Untersuchungsausschuss zur Überprüfung der Einfuhren in das Vereinigte Wirtschaftsgebiet und in das Gebiet der Bundesrepublik eingesetzt. Schon am 10. Februar 1950 folgte die Einsetzung des Untersuchungsausschusses zur Überprüfung der Verhältnisse auf dem Gebiet des Kraftstoffvertriebs und am 2. März 1950 der Untersuchungsausschuss zur Überprüfung der im Raume Bonn vergebenen Aufträge. Weitere Ausschüsse folgten im Laufe der Wahlperiode, darunter am 11. Oktober 1951 der Untersuchungsausschuss zum Dokumentendiebstahl im Bundeskanzleramt sowie zur Überprüfung von Missständen in der Bundesverwaltung (Platow-Ausschuss).

Abstimmungsverhalten

Untersuchungen zum Abstimmungsverhalten im Plenum in den ersten Monaten zeigen, dass die CDU/CSU bei vier von zehn Abstimmungen über hochpolitische Gegenstände gespalten abstimmte, nämlich: Wahl der Bundeshauptstadt, Mitbestimmungsgesetz, die Gesetze zur Neugliederung des südwestdeutschen Raumes. Die DP trat nur einmal nicht geschlossen auf. Die Bayernpartei (BP) war sich lediglich beim Beitritt der Bundesrepublik zum Europarat uneinig.

Bei den 84 Abstimmungen über wichtige politische Gegenstände war wiederum die CDU/CSU-Fraktion in 13 Fällen die Fraktion mit der lockersten Handhabung der Fraktionsdisziplin. Bei wirtschaftspolitischen Gegensätzen gab es bei den Christdemokraten uneinheitlich Abstimmungsverhalten, wie zur Getreidesubvention, Steuergesetzgebung, Arbeitnehmerfragen und Flüchtlingsfragen, aber auch Fragen, in denen föderalistisch-regionale Überzeugungen und konfessionelle Unterschiede innerhalb der CDU/CSU zum Ausdruck kamen. Bei der SPD stimmten nur einmal acht Juristen für den Antrag der CDU/CSU zum Richterwahlgesetz. Hier obsiegten inhaltliche Überzeugungen gegenüber der eingeforderten Fraktionsdisziplin. Ansonsten hatten SPD, KPD, Zentrum und WAV stets einheitlich abgestimmt. Das kann mit der Oppositionsrolle dieser Fraktionen erklärt werden, aber in jenen Fraktionen, die aus der Weimarer Zeit stammten, war traditionell die „Fraktionsdisziplin" längst eingeübt und viel strenger beachtet worden. In den ersten Jahren wenigstens kannte man das Wort „Fraktionsdisziplin" oder gar „Fraktionszwang" bei der CDU/CSU nicht.

Weil die Ausschüsse nicht öffentlich tagten, fanden die Plenarsitzungen umso größere Aufmerksamkeit. Von Beginn an unterminierten KPD und DKP die Arbeit des Parlaments. Sie provozierten mit Zwischenrufen und durch ungebührliche Auftritte. Auf die Kommunisten fielen alleine 100 Ordnungsrufe von insgesamt 156 Ordnungsrufen in der 1. Wahlperiode. Acht von 17 Sitzungsausschlüssen und zahlreiche Wortentziehungen kamen hinzu.

Hammelsprung und elektronische Abstimmungsanlage

Der Bundestag präferierte seit 1949 zunächst die Abstimmung durch Namensaufruf. Noch 1950 führte man gekennzeichnete Stimmkarten für die namentlichen Abstimmungen ein. Außer in vier Fällen wurden übrigens alle Anträge auf namentliche Abstimmung bis zum Sommer 1951 abgelehnt. Als bei einer Abstimmung am 2. Februar 1950 die Mehrheitsverhältnisse völlig unübersichtlich waren, führte der Parlamentspräsident ohne eine geschäftsordnungsrechtliche Handhabe den ersten Hammelsprung im Bundestag durch. Hierfür verließen alle Abgeordneten den Plenarsaal und traten zur Zählung der Stimmen durch die zu Ja-, Nein- oder Enthaltungstüren erklärten Zugänge in den Plenarsaal ein. Das Ergebnis war mit 162 gegen 177 Stimmen bei einer Enthaltung knapp ausgefallen und rechtfertigte für die Zukunft die Durchführung von Hammelsprüngen. Dadurch, dass zunächst acht, ab 1952 immerhin noch fünf Fraktionen im 1. Bundestag vertreten waren, war es schon bei den einfachen Abstimmungen durch Aufstehen oder durch Handheben für die stimmzählenden Schriftführer nahezu unmöglich, die oft knappen Mehrheiten zuverlässig festzustellen. Das galt für die meisten der 181 Hammelsprünge der 1. Wahlperiode. Der Hammelsprung, der in späteren Wahlperioden wesentlich seltener beantragt wurde, war zu diesem Zeitpunkt weit davon entfernt, ein Instrument der Disziplinierung zu sein, er sollte lediglich ein eindeutiges Ergebnis herbeiführen.

Um die Einführung des Hammelsprungs entbehrlich zu machen, hatte Präsident Köhler am 14. Februar 1950 eine „technische Abstimmungsanlage“ vorführen lassen, die jedoch auf breite Ablehnung stieß, weil sie mit der deutschen Geschäftsordnungspraxis nicht vereinbar war.

Schumachers Zwischenruf „Der Bundeskanzler der Alliierten"

Im November 1949 hatte Kanzler Adenauer in Geheimverhandlungen mit den Hohen Kommissaren für Deutschland das „Petersberger Abkommen“ ausgehandelt, das erste besatzungsrechtliche Erleichterungen mit sich brachte. So sollten deutsche Vertreter in der „Ruhrbehörde“ mit den Alliierten zusammenarbeiten. Etliche – wenn auch noch nicht alle – Industriebetriebe sollten vor einer weiteren Demontage befreit werden und mit Unterstützung des Marshall-Plans sollte der Wiederaufbau in Deutschland vorangetrieben werden. Adenauer hatte das Abkommen in seiner Regierungserklärung am 24. November 1949 erläutert, als in der Debatte, die sich bis in die frühen Morgenstunden des nächsten Tages hinzog, die SPD behauptete, die Alliierten hätten Interesse, Adenauers „autoritäres Regime“ zu unterstützen, weswegen die SPD das Petersberger Abkommen ablehnte. Adenauer konterte unter Hinweis auf die Erleichterungen in der Demontage, dass die SPD offensichtlich „eher die ganze Demontage bis zu Ende gehen“ lassen wolle, als die mit dem Abkommen ermöglichten wirtschaftlichen Erleichterungen zu akzeptieren. Als in der hitzigen Debatte vom linken Flügel die Frage an Adenauer erging: „Sind Sie noch ein Deutscher?“, rief der SPD-Partei- und Fraktionsvorsitzende im Bundestag, Kurt Schumacher, spontan: „Der Bundeskanzler der Alliierten!“

Die Vorgeschichte des Ausrufes fand sich im Parlamentarischen Rat, als SPD und KPD dem Parlamentspräsidenten Adenauer im Dezember 1948 vorwarfen, die Alliierten im Streit zwischen den Parteien zu Schiedsrichtern angerufen zu haben und ein Einwirken der Alliierten auf die Grundgesetzarbeit als „Alliiertes Diktat“ verunglimpft wurde. Dabei war es bekanntermaßen die SPD, die mit der britischen Besatzungsmacht kollaboriert hatte, sowohl im Parlamentarischen Rat, wie schon zuvor bei Adenauers Abberufung als Oberbürgermeister von Köln.

Die Höhe des ersten Sitzungsausschlusses im Bundestag von 20 Tagen, die noch in der Nacht im Ältestenrat entschieden wurde, war es, die in den nächsten Tagen zu weiterer Aufregung führte. Der Sitzungsausschluss wurde schon kurze Zeit später zurückgezogen, weil Adenauer auf eine Entschuldigung Schumachers verzichtete.

Köhlers Scheitern

Bundestagspräsident Köhler war es auch in den nächsten Monaten nicht gelungen, die Schärfe der Diskussion zu mildern. Feindseligkeiten und persönliche Verletzungen zwischen den Fraktionen waren an der Tagesordnung. Am 10. November 1949 wies der CDU/CSU-Fraktionsvorsitzende von Brentano darauf hin, dass „die Disziplinlosigkeit des Parlaments“ schlimmer sei „als das zeitweilige Versagen von Dr. Köhler“. Selbst in Fraktionssitzungen kam es seinerseits zu „starken Temperamentsausbrüchen“.

Im Frühjahr 1950 bereitete die SPD-Fraktion sogar ein Misstrauensvotum vor, dem nicht stattgegeben wurde, weil es parlamentarische Tradition war, dass Misstrauens- und Missbilligungsanträge gegen ein Mitglied des Parlamentspräsidiums nicht zulässig waren.

Als im September 1950 Köhler die Presse wegen unberechtigter Vorwürfe kritisierte (sogenannter „Bonner Pressekrieg“) erlitt er im Bundeshaus einen Nervenzusammenbruch und verlor die Unterstützung seiner eigenen Fraktion.

Seinen Rücktritt als Parlamentspräsident am 18. Oktober 1950 erklärte Köhler mit einem bevorstehenden Wechsel in den diplomatischen Dienst. Er war als Generalkonsul für Australien schon vom Bundeskabinett bestätigt worden. Doch Bundespräsident Heuss hielt es für falsch, einen gescheiterten Parlamentspräsidenten in eine Auslandsvertretung zu entsenden. So blieb Köhler nach seiner Genesung bis 1957 „stummes“ Mitglied der CDU/CSU-Fraktion.

Hermann Ehlers – Pflicht und Dienst für das Volk

Am 19. Oktober 1950 wurde Hermann Ehlers (CDU/CSU) zum Bundestagspräsidenten mit 61,8 % der abgegebenen Stimmen gewählt.

Das verhältnismäßig schlechte Wahlergebnis hatte Ehlers seiner Zugehörigkeit zur Bekennenden Kirche während der Nationalsozialistischen Zeit zu verdanken. Die Meisten dieser evangelischen Widerstandsinitiative in der NS-Zeit waren in die SPD eingetreten, weswegen in der CDU/CSU einige Ehlers für unzuverlässig hielten.

Doch der Jurist mit „bibelfester theologischer Bildung" hob das Parlament aus seinen Kinderschuhen heraus. In seiner Antrittsrede stellte er fest, dass im Parlament „der Ansatz zu einer neuen dauerhaften Ordnung unseres Staatswesens liegt". Ehlers war ein Glücksfall für das junge Parlament. Er verstand die Aufgabe eines jeden Abgeordneten als übertragene „Pflichten im Dienste unseres Volkes alle unsere Kräfte einzusetzen". Trotz des dominanten Adenauers war es ihm gelungen, ein eigenes Profil zu entwickeln. So empfing Ehlers zum Beispiel am 19. September 1952 gegen den Willen Adenauers eine Delegation der DDR-Volkskammer. Nur 18 Minuten dauerte das in frostiger Atmosphäre geführte Gespräch. Der Parlamentspräsident entlarvte diese als Vertreter eines Pseudoparlaments und entzog sich damit einer propagandistischen Instrumentalisierung durch die Regierung Ost-Berlins.

Regierung und Opposition

Der im Bundestag ausgetragene Konflikt zwischen Adenauer und Schumacher machte offenbar, wie Gerstenmaier später formulierte, dass die Fronten nicht zwischen Regierung und Parlament verliefen, sondern zwischen Regierungskoalition und Opposition. Schumacher dachte ähnlich: Er setzte sich für eine starke Opposition ein und geißelte eine „Unterbewertung der Oppositionsfunktion" als obrigkeitsstaatliches Denken.

Der 1. Bundestag ersetzte die in der Weimarer Republik bestehende Gegnerschaft von Exekutive und Legislative durch den parlamentarischen Dualismus von Regierungsmehrheit und Opposition. Das war gelungen, weil im Austausch von Argumenten die Regierungsmehrheit bei nahezu jedem Gesetzesvorhaben durch Regierungschef Adenauer nicht einfach nur mittels einer Fraktions- oder Koalitionsdisziplin eingefordert werden konnte. Deshalb musste nicht nur in der eigenen

Fraktion Überzeugungsarbeit geleistet werden, bevor eine einheitliche Meinung hergestellt war.

Die eingespielte Gegnerschaft von CDU/CSU und SPD zeigte sich anfälliger für die Bildung neuer Narrative, als am 20. August 1952 Schumacher verstorben war. Der neue Fraktions- und Parteivorsitzende Erich Ollenhauer wirkte wie ein Kronprinz schon lange vor seiner Wahl am 7. Oktober 1952 im Schatten von Schumacher; er steuerte die Partei und die Fraktion maßgeblich während der lange andauernden Krankheit Schumachers. Wo Schumacher unversöhnlich erschien, hatte Ollenhauer einen vermittelnden Ton angeschlagen, ohne jemals illoyal zu Schumacher gewesen zu sein.

Europäische Integration im Schatten parteipolitischer Auseinandersetzungen

Mit der Regierungsbildung Adenauers am 21. September 1949 trat auch das Besatzungsstatut in Kraft. Doch schon einen Monat nach seinem Inkrafttreten wurde das Besatzungsstatut durch das von Adenauer in Geheimverhandlungen und ohne Beteiligung des Bundestages abgeschlossene Petersberger Abkommen vom 22. November 1949 zugunsten weiterer Freiheitsrechte für die Bundesrepublik ergänzt. Dieser außenpolitische Erfolg ging im parteipolitischen Kampf unter. Dabei gewährte das Petersberger Abkommen, das nicht im Bundesgesetzblatt, sondern am 24. November von Adenauer im Bundestag vollständig bekanntgemacht worden war, der Bundesrepublik konsularische Beziehungen zu anderen Staaten aufzunehmen und in internationalen Organisationen mitzuwirken. Auf dieser Grundlage verabschiedete der Bundestag am 15. Juni 1950 gegen die Stimmen der SPD das Gesetz über den Beitritt der Bundesrepublik zum Europarat. Die Bundesrepublik wurde nicht nur Mitglied der Parlamentarischen Versammlung des Europarats, sondern stellte von Anfang an mit Heinrich von Brentano (CDU/CSU) einen Vizepräsidenten. Das Ministerkomitee des Europarates selbst hatte schon im November 1949 beschlossen, die Bundesrepublik als assoziiertes Mitglied einzuladen. Kein Europa ohne Deutschland lautete damals schon die Devise.

Es folgten am 10. Januar 1952 die Abstimmung über den „Schumanplan" des französischen Außenministers Robert Schuman wodurch die Bundesrepublik Mitglied der Europäischen Gemeinschaft für Kohle und Stahl („Montanunion") wurde. Am 29. Mai 1952 nahm der Bundestag per Gesetz die Konvention zum Schutze der Menschenrechte und Grundfreiheiten an; am 17. Juli 1952 ein Gesetz über den Beitritt zu den Abkommen über den Internationalen Währungsfonds (International Monetary Fund) und über die Internationale Bank für Wiederaufbau und Entwicklung (International Bank for Reconstruction Development).

Glücklicherweise konnte Adenauer den Bundespräsidenten davon überzeugen, kein Gutachten über die Verfassungsmäßigkeit der Westverträge und eines deutschen Wehrbeitrags einzuholen. Es hätte die gesamte Deutschlandpolitik Adenauers konterkariert und sie wäre gescheitert.

Von zentraler Bedeutung war Adenauers Regierungserklärung vom 10. Juli 1951 über die in Aussicht gestellte Beendigung des Kriegszustandes zwischen Deutschland und den Staaten Brasilien, Ägypten, Mexiko, Großbritannien, Australien, Südafrika, Vereinigte Staaten von Amerika, Frankreich, Italien, Niederlande, Pakistan, Neuseeland, Ceylon und Canada. Selbstverständlich war die Beendigung des Kriegszustands mit immerhin 14 Staaten auf allen fünf Kontinenten kein Ersatz für einen fehlenden Friedensvertrag. Ein solcher Friedensvertrag setzte jedoch in der aktuellen Situation eine völlig unrealistische Einigung mit der Sowjetunion voraus. Umso wichtiger war die Beendigung des Kriegszustandes wenigstens mit den führenden Wirtschaftsnationen der westlichen Welt für die Bundesrepublik auf ihrem Wege zur völligen Gleichberechtigung.

Die Aufhebung des Kriegszustands war der Erfolg der ersten zwei Jahre westdeutscher Politik und Ausdruck des internationalen Vertrauens in Bundeskanzler Adenauer.

Staatsaufbau

Nachdem zwischen dem 7. und 15. September 1949 mit dem Bundestag, Bundesrat, Bundespräsidenten und Bundeskanzler die vier höchsten Verfassungsorgane geschaffen worden waren, wurden in der Folge bis 1950 mittels mehrerer aufeinander folgender Gesetze weitere staatliche Einrichtungen geschaffen.

Am 4. Mai 1950 beschloss der Bundestag die Errichtung des Bundesfinanzhofs als oberstes Bundesgericht mit Sitz in München. Am 14. Juli 1950 verabschiedet der Bundestag das Richterwahlgesetz und beschloss am 28. Juli die Wiederherstellung der Rechtseinheit auf den Gebieten der Gerichtsverfassung, der bürgerlichen Rechtspflege und des Strafverfahrens. Am 15. September 1950 wurde dann die Schaffung des Bundesrechnungshofes beschlossen. Unter Berücksichtigung des alliierten Polizeibriefes vom 12. Mai 1949 wurde am 14. Dezember 1950 im Bundestag die Einrichtung des später sogenannten Bundeskriminalamtes beschlossen.

Erst 1951 befasste sich der Bundestag mit der Errichtung des Bundesverfassungsgerichtes abschließend, das als fünftes oberstes Verfassungsorgan vorgesehen war. Am 25. Januar 1951 verabschiedet der Bundestag das Gesetz über das Amtsgehalt der Mitglieder des Bundesverfassungsgerichts und am 1. Februar 1951 das Gesetz über das Bundesverfassungsgericht, das am 12. März 1951 in Kraft trat. Erst mit dem Gesetz über den Sitz des Bundesverfassungsgerichts, das am 18. April 1951 verabschiedet worden war, hatte man sich für Karlsruhe entschieden. Woraufhin dort der Verfassungsgerichtshof offiziell am 28. September 1951 seine Tätigkeit unter Präsident Hermann Höpker Aschoff aufnahm, auch wenn schon am 9. September 1951 erste Entscheidungen gefällt worden waren. Schon am 19. November 1951 reichte die Bundesregierung beim Bundesverfassungsgericht einen Verbotsantrag gegen die Sozialistische Reichspartei (SRP) ein, die sie als eine Nachfolgeorganisation der NSDAP einstufte. Ein Jahr später, am 23. Oktober 1952, wurde die SRP dann für verfassungswidrig erklärt und aufgelöst. Erst während der 2. Wahlperiode erklärte das Bundesverfassungsgericht nach fünfjähriger Prozessdauer am 17. August 1956 auch die von Moskau beziehungsweise aus Ost-Berlin gelenkte KPD für verfassungswidrig.

In der Zwischenzeit kam es am 6. März 1951 zu einer umfassenden Revision des Besatzungsstatuts. Die westlichen Alliierten verzichteten auf die Überwachung der Gesetzgebung, ein Recht, von dem sie nie Gebrauch gemacht hatten. Der Bundesregierung räumten die Alliierten weitere Befugnisse in auswärtigen Angelegenheiten ein. Daraufhin übernahm Adenauer selbst das Amt des schon am 15. März geschaffenen Bundesministers des Auswärtigen. Nachdem in den auswärtigen Dienst angeblich viele ehemalige Diplomaten aus der NS-Zeit eingetreten waren, befasste sich der am 24. Oktober 1951 beschlossene Untersuchungsausschuss des Bundestages, der UA 47, mit der Prüfung, ob durch die Personalpolitik im Auswärtigen Dienst Missstände eingetreten seien. Der UA 47 stellte im Mai 1952 schließlich fest, dass an den Vorwürfen, die durch die sozialistisch geprägte „Frankfurter Rundschau" im September 1951 in der Öffentlichkeit verbreitet worden waren, nichts dran war. Alle Beamten des Auswärtigen Dienstes waren entnazifiziert, wie *DIE ZEIT* am 9. Oktober 1952 notiere. Damit war es der Opposition nicht gelungen, den sogenannten „Wilhelmstraßen-Prozess", einen der zwölf Nachfolgeprozesse der Nürnberger Kriegsverbrecherprozesse, aufzuwärmen. Der Untersuchungsausschuss sollte offenbar die Bundesregierung diskreditieren und gar destabilisieren. Doch sein Ergebnis war ein Loblied auf die deutsche Berufsdiplomatie. Schon im Februar 1952 unterhielt die Bundesrepublik 22 diplomatische und/oder konsularische Auslandsvertretungen. Umgekehrt waren bereits 46 Staaten in der Bundesrepublik akkreditiert.

Der 1. Bundestag trug maßgeblich dazu bei, dass die föderale staatliche Ordnung nicht zu einer „seelenlose Mammutapparatur" (Eugen Gerstenmaier) geworden war, sondern auf dem Wege zu einer Kulturnation, dank des klaren Bekenntnisses der Bunderegierung zur sozialen Marktwirtschaft und zu einem sozialen Rechtsstaat. Auch diese politischen Entscheidungen waren bitter erkämpft worden.

Wirtschaftswunder und soziale Marktwirtschaft

Wirtschaftlicher Aufschwung („Nachkriegsboom“) war seit den 1950er-Jahren in ganz Westeuropa festzustellen. Von „Wirtschaftswunder“ sprach man jedoch nur für Österreich und die Bundesrepublik. Das Verdienst der Bundesregierung bestand darin, dass sie sich mit der vom Parlament getragenen Entscheidung zur Marktwirtschaft gegen die SPD durchgesetzt hatte.

Das Wirtschaftswunder erfolgte erst nach dem Korea-Krieg am 25. Juni 1950, der weltweit eine Nachfrage an Rohstoffen auslöste und für die Marktwirtschaft gefährlich wurde, weil die Preise dramatisch in die Höhe stiegen. Die Sparpolitik von Finanzminister Fritz Schäffer (CDU/CSU) trug mit dazu bei. Doch hatte Bundeswirtschaftsminister Ludwig Erhard (CDU/CSU) das Glück, dass die weltweite Nachfrage nach Export- und Investitionsgütern auch für den zivilen Sektor des Weltmarktes stieg. Deutschland war es nach dem Besatzungsrecht verboten für die Kriegsindustrie zu produzieren, und so wurde der gestiegene Export im zivilen Sektor zum Motor des wirtschaftlichen Aufschwungs.

Durchgesetzt wurde die soziale Marktwirtschaft erst nach Aufhebung der Zwangswirtschaft am 28. Januar 1950 im Zusammenhang mit dem Gesetz über die vorläufige Haushaltsführung im Rechnungsjahr 1951. Erhards Gegner und Hauptredner war Erik Nölting (SPD), der ihm „marktwirtschaftliche Ratlosigkeit“ vorwarf und eine Rückkehr in die Zwangswirtschaft prophezeite. Erhard jedoch war der Überzeugung, dass der sozialen Marktwirtschaft die Zukunft gehöre und die damals gegenwärtigen Maßnahmen, darunter die Verlängerung des Haushaltsgesetzes für 1950 und die Ermächtigung zur Kreditaufnahme in Höhe von 2 Milliarden DM, nicht von Dauer sein würden. Vor allem funktionierte die Einführung der Marktwirtschaft bei einer gleichzeitigen vernünftigen Sozialgesetzgebung, angefangen beim Lastenausgleichsgesetz vom 14. August 1952, welches das erste große Gesetz war, das ein erhebliches Maß an Solidarität von der Bevölkerung voraussetzte und zuvor den Vermittlungsausschuss passierte, bevor es am 10. Juli 1952 mit 208 gegen 139 Stimmen und 6 Enthaltungen beschlossen werden konnte.

Der Arbeiteraufstand in der SBZ

Zum Ende der ersten Wahlperiode war die Regierungserklärung von Bundeskanzler Adenauer am 1. Juli 1953 zum Aufstand in der Sowjetzone mehrfach im Bundestag thematisiert geworden. Adenauer ordnete den Akt in die spalterischen Absichten der UdSSR und den Ausbau von Unfreiheit und Unterdrückung in der DDR ein. Er bekräftigte auch, dass die Pläne der Bundesregierung für die Zeit nach der Wiedervereinigung fertiggestellt seien, Vorschläge, die die Presse als „erfüllbar" lobte. In der anschließenden Debatte stellte Max Becker (FDP) fest, dass knapp 100 Jahre nach der Proklamation des Kommunistischen Manifestes ausgerechnet die Lohnarbeiter als Erstes in dem Arbeiter- und Bauerstaat revoltiert hätten. Sogar die Opposition war eingeknickt. Herbert Wehner (SPD) erklärte: Die Arbeiter in der „sowjetisch besetzten Zone" hätten sich mit ihrem Freiheitsmarsch und ihren Streiks ohne Waffen gegen ein unerträglich gewordenes Regime erhoben, getrieben von dem Wunsch nach Wiedervereinigung. Daraufhin konstatierte die Presse in der Bundesrepublik eine allmähliche Annäherung von Opposition und Regierung, nur weil Adenauer unerwartet auch SPD-Forderungen in sein Sofortprogramm aufgenommen hatte.

Dass die SPD aber nun auch noch die Bundesregierung aufforderte, sich für die Einberufung einer Viermächtekonferenz einzusetzen, war durchschaubare Propaganda. Hermann Schäfer (FDP) bemerkte, dass eine Viermächtekonferenz nicht die „Wunderwaffe" sei. Die SPD hatte kein außenpolitisches Konzept und betrieb mit unzutreffenden Behauptungen und überzogenen Forderungen bereits Wahlkampf.

Ein Nationalfeiertag für die Bundesrepublik: Der 17. Juni 1953

Die Arbeiterunruhen des 17. Juni 1953, weswegen sowjetische Panzer gegen die protestierende DDR-Bevölkerung eingesetzt worden waren, zeigten schon den Zeitgenossen noch bedrohlicher als die Berlin-Blockade 1948/49, wie ernst die Situation war. Die Niederschlagung des „Arbeiteraufstandes" konterkarierte alle sowjetischen Friedensbemühungen der Jahre zuvor und holten den Letzten, der sich von der „sowjetischen Ölzweig-Offensive“ hatte einnebeln lassen (*Tagesspiegel*), in die Realität zurück. Vor allem aber die Bundesregierung war zur Überzeugung gelangt, dass sie bisher alles richtig gemacht habe.

Aus zweierlei Gründen erhielt dieser 17. Juni zukünftig eine besondere Bedeutung. Der 1. Bundestag verabschiedet noch am 1. Juli 1953 das Gesetz über den Tag der deutschen Einheit und gab der Bundesrepublik damit ihren ersten identitätsstiftenden jährlich wiederkehrenden staatlichen Feiertag. Der Einsatz der sowjetischen Panzer gegen Steine werfende Arbeiter aber schürte in der Bundesrepublik bis in die Phase der Wiedervereinigung 1989 die Angst, die Sowjetunion könnte auch eine „friedliche Revolution“ in der DDR gewaltsam beenden.

Bilanz

Im November 1953 erhielt der 1. Bundestag mit dem Schlüsselroman „Das Treibhaus“ von Wolfgang Koeppen eine literarische Bearbeitung. Vor dem Hintergrund von Wiederbewaffnung und Westintegration wird von dem frustrierten Mittvierziger Politiker Felix Keetenheuve erzählt, der im Bonn der fünfziger Jahre politische Verantwortung übernimmt und am Schluss des Buches Selbstmord begeht. Kurt Schumacher (Fraktionsvorsitzender Knurrewahn) und Konrad Adenauer sind leicht wiederzuerkennen. Im Grunde verachtet Koeppen die Politik als ein Geschäft mit seinen eigenen Regeln – wer sich nicht an sie hält, ist verloren. Doch die Bilanz war eine andere, als wie sie Koeppen darstellte.

Adenauer stand innen- und außenpolitisch für Verlässlichkeit und Berechenbarkeit. Beides stand beispielhaft für die sprichwörtliche deutsche Zuverlässigkeit. Die Verdienste Adenauers bestanden aber nicht nur darin, dass er nach dem Willen des Grundgesetzes die Richtlinienkompetenz ausübte, sondern diese auch gegenüber dem Parlament verantwortete. Am 18. März 1953 wurde im Bundestag das Luxemburger Abkommen vom 10. September 1952 ratifiziert, in dem zwischen der Bundesrepublik und Israel Zahlungen in Höhe von 3.450 Millionen DM als materielle Wiedergutmachung an Israel vereinbart worden waren. Bei dieser Zahlung sollte es nicht bleiben, aber ein Anfang war gemacht, der Vertrauen in der westlichen Welt schuf.

Wie wenig selbstverständlich dieser erste Schritt zur Aussöhnung mit Israel war, zeigt die Tatsache, dass es nicht nur im israelischen Parlament, der Knesset, zu tumultartigen Szenen kam, als dieses ratifiziert wurde. Es kam auch bei Demonstrationen in Israel zu Gewaltausbrüchen. Der Vorwurf des Freikaufs von Schuld wurde gegen Deutschland erhoben. Und schon während einer Tagung zu Verhandlungen von Wiedergutmachungen in Wassenaar (Niederlande) schickten Anhänger des späteren israelischen Ministerpräsidenten Menachem Begin eine Briefbombe an Adenauer, bei deren Entschärfung am 27. März 1952 ein Brandmeister der Feuerwehr ums Leben kam. Zwei weitere Briefbomben wurden Mitgliedern der deutschen Delegation in Wassenaar zugestellt.

Die Not um das tägliche Brot war für die meisten Deutschen im Laufe der 1. Wahlperiode überwunden. Dennoch war bei Umfragen in der Bevölkerung auf die Frage: „Wie denken Sie über den Bundestag als unsere Volksvertretung?“ 1951 nur 28 % und im Mai 1953 37 % „im Grunde zufrieden“; zu Beginn der 2. Wahlperiode, im November 1953 waren es dann schon 42 %. Zukünftig sollte auch materielle Sicherheit geschaffen werden. In der Bundesrepublik war es aber nicht allein die wirtschaftliche Konsolidierung, sondern der Abschluss der zahlreichen internationalen Verträge schuf im westlichen Ausland Vertrauen in die junge Bundesrepublik Deutschland

Rückblickend hatte der 1. Bundestag manche Rekorde aufzuweisen. 15 Mal wurde die Beschlussunfähigkeit des Plenums festgestellt und auch in der Anzahl der Ordnungsrufe, Wortentziehung und Sitzungsausschlüsse war der 1. Bundestag exorbitant hoch und bis heute unerreicht. Wenn die deutsche Gesellschaft in der Bundesrepublik jemals wirklich gespalten war, wie zu verschiedenen Zeiten beklagt wurde, dann war sie es in der 1. Wahlperiode.

In seiner Bilanz hatte Ehlers am 29. Juli 1953 im Plenum festgestellt, dass mit 282 Plenarsitzungen 5470 Ausschusssitzungen und 1768 Fraktionssitzungen sowie 4767 Drucksachen eine arbeitsreiche Wahlperiode zu Ende gegangen war. Jeder im Parlament wusste „um die Überforderung, die an dieses Parlament in der Fundamentierung eines neuen deutschen Staates gestellt worden" war. Gleichzeitig drückte Ehlers seine Hoffnung aus, dass der 2. Bundestag, „wenn er seine Arbeit abschließt, nicht mehr von einem geteilten Deutschland, sondern von einem einigen und freien Deutschland sprechen kann."

In seiner Bilanz hatte Ehlers das konstruktive Zusammenwirken, und nicht die heftig ausgetragenen parteipolitischen Gegensätze betont, auch wenn diese tatsächlich überwogen haben und nicht selten dem Klischee von sogenannten „Weimarer Verhältnissen" entsprachen.

2. Wahlperiode (1953–1957)

„Bonn ist nicht Weimar"

Die „Fette Henne" – Symbol für gute Politik und Wirtschaftswunder

Zwischen der 1. und 2. Wahlperiode wurde der Bonner Plenarsaal zur Rheinseite hin um sechs Meter erweitert, jedoch die beidseitigen Glasfassaden verkleinert, um im Plenarsaal eine Besuchertribüne mit 400 Sitzplätzen einziehen zu können. Wegen der Baumaßnahmen hatte der Bundestag für die Sondersitzung während der parlamentarischen Sommerpause am 29. Juni 1953 als Ausweichstätte im Großen Sendesaal des neuen Funkhauses des Nordwestdeutschen Rundfunks (später WDR) in Köln getagt.

Im Zuge der Erweiterung des Plenarsaals wurde der Vorhang mit den Länderwappen an der Frontseite entfernt. Dass er nicht ewig bestehen würde, war absehbar, als 1952 aus Württemberg-Baden, (Süd-)Baden und Württemberg-Hohenzollern das Land Baden-Württemberg geschaffen worden war und die Bundesrepublik nur noch aus neun Ländern bestand. Der Bauausschuss des Vorstands des Bundestages beauftragte unter Zeitdruck Ludwig Gies, ein großes Gipsrelief mit einem künstlerisch gestalteten Adler, dem zukünftigen Hoheitszeichen des Bundestages, zu schaffen. Der zu korpulent geratene Adler des Kölner Künstlers – der in der nationalsozialistischen Zeit als „entarteter" Künstler verfemt worden war – erhielt im Volksmund sehr bald die Bezeichnung „Fette Henne". Er wurde schon in der 2. Wahlperiode zum Symbol der sich wirtschaftlich konsolidierenden Bundesrepublik. So stand der Adler für „Wirtschaftswunder" und ein neues deutsches Selbstbewusstsein, was wiederum als Vertrauensbeweis in die junge parlamentarische Demokratie gewertet worden war. Es wäre Ausdruck von Geschichtsvergessenheit gewesen, wenn der Gies'sche Adler nicht auch im neuen Plenarsaal von Günter Behnisch und auch im Reichstagsgebäude wieder aufgehängt worden wäre.

Neues Wahlgesetz für die Wahl zum Zweiten Bundestag

Für die Bundestagswahl 1953 hatte der 1. Bundestag am 13. Dezember 1951 und am 25. Juni 1953 zwei neue Wahlgesetze geschaffen. Die Erhöhung der Zahl der Berliner Abgeordneten von 8 auf 19 war schon seit dem 1. Februar 1952 wirksam. Das Verhältnis der Direktmandate zu den Listenmandaten wurde auf das Verhältnis 50:50 geändert und damit die Anzahl der Abgeordneten auf 484 MdB erhöht. Gleichzeitig wurde die Fünf-Prozent-Sperrklausel auf das gesamte Bundesgebiet ausgedehnt. Eine Partei, die in einem oder mehreren Bundesländern auf über 5 % der Stimmen kam, im gesamten Bundesgebiet aber darunterblieb, erhielt kein Mandat.

Die wohl gewichtigste Änderung war die Einführung der Zweitstimme, womit die Wähler bei ihrer Entscheidung für eine Partei nicht an die Partei des Direktkandidaten gebunden waren, dem sie mit der Erststimme ihre Stimme für das Direktmandat gaben. Die Zweitstimme bestimmte über die Zusammensetzung des Bundestages, sie hatte keineswegs als vermeintlich „zweite Stimme" eine geringere Bedeutung erhalten.

Erst für die Wahl des 3. Bundestages wurde am 15. März 1956 die Grundmandatsklausel auf drei Direktmandate erhöht. D. h., eine Partei, die zwar bundesweit unter fünf Prozent blieb, konnte bei drei Direktmandaten dennoch in den Bundestag einziehen. Ferner wurde für die Wahl des 3. Bundestages die Möglichkeit der Briefwahl eingeführt. Für Adenauer wurde diese Wahlrechtsreform zu einem Desaster. Unter anderem aufgrund der Wahlrechtsreform schieden schon am 25. Februar 1956 die FDP-Bundesminister aus der Regierung aus.

Konstituierung

Am 6. Oktober 1953 konstituierte sich der auf 509 Abgeordnete angewachsene 2. Bundestag. Es war die erste Sitzung des Bundestages, die live im Fernsehen übertragen wurde.

War der 1. Bundestag in der öffentlichen Wahrnehmung noch stark geprägt von der Obstruktionspolitik links- und rechtsradikaler Kleinparteien, kamen die kleinen Parteien jetzt nicht mehr in den Bundestag. Noch Sechs Parteien wurden in den Bundestag gewählt. Mit einem starken Stimmenzuwachs von 31,0 % auf 45,2 % der gültigen Zweitstimmen wurde die Union erneut stärkste Kraft und erhielt 243 (+ 6 Berliner) Mandate. Der Stimmenanteil der SPD ging auf 28,8 % zurück; sie erhielt 151 (+ 11 Berliner) Mandate. Auch die FDP nahm Verluste hin und erhielt mit 9,5 % 48 (+ 5 Berliner) Mandate. Als neue Partei zog der Gesamtdeutsche Block/Bund der Heimatvertriebenen und Entrechteten (GB/BHE) mit 5,9 % der gültigen Zweitstimmen und 27 Mandaten in den Bundestag ein. Die DP erhielt mit 3,3 % insgesamt 15 Mandate, darunter waren 10 Direktmandate. Damit waren fünf Fraktionen im Bundestag vertreten. Die Zentrumspartei (DZP) war aufgrund von Wahlkampfabkommen mit der Union mit drei fraktionslosen Mandaten im Bundestag vertreten. Die DP und die Zentrumspartei, die beide unter 5 % blieben, kamen somit nur aufgrund ihrer Direktmandate in den Bundestag.

In ihrer Ansprache erklärte Alterspräsidentin Marie-Elisabeth Lüders (FDP), die schon Mitglied des Weimarer Reichstags war, dass „neben der notwendigen Konsolidierung der inneren Ordnung [...] weiterhin gewaltige Aufgaben aus den noch keineswegs überwundenen Folgen des Krieges und seines katastrophalen Endes" auf den Bundestag zukamen. Wurde Hermann Ehlers (CDU/CSU) 1950 noch mit 61,9 % der abgegebenen Stimmen zum Präsidenten gewählt, so war ihm bei der Wiederwahl am 6. Oktober 1953 ein sensationeller Stimmenanteil von 93,2 % beschert worden. Vizepräsidenten wurden der für seine stets humorvolle Amtsausübung geschätzte Carlo Schmid (SPD) sowie ferner Richard Jaeger (CDU/CSU) und zum zweiten Mal

Hermann Schäfer (FDP), der aber schon am 28. Oktober 1953 von Ludwig Schneider (FDP) abgelöst wurde, nachdem Schäfer Bundesminister für besondere Aufgaben wurde.

Regierung und Opposition

Drei Tage nach der Konstituierung, am 9. Oktober 1953, wurde der 77 Jahre alte Konrad Adenauer (CDU/CSU) mit 305 gegen 148 Stimmen bei 14 Enthaltungen erneut zum Bundeskanzler gewählt. Trotz der Mehrheitsverhältnisse bildete er am 20. Oktober 1953 eine Regierungskoalition zusammen mit FDP, DP, GB/BHE, denn diese Parteien hatten alleine in 30 Wahlkreisen Wahlkampfabkommen mit der CDU geschlossen, um den heftigen Lagerwahlkampf, der zwischen Konrad Adenauer und Erich Ollenhauer geführt worden war, auch gemeinsam zu gewinnen. Das hieß nun, dass Adenauer tatsächlich 344 Abgeordnete an seine christdemokratische Politik band. Adenauer war stets Befürworter von Volksparteien und ein Gegner von Interessenparteien. Wiederholt hatte er sich dagegen ausgesprochen, dass Heimatvertriebene eine eigene Partei bilden würden. Sie also nun in sein Kabinett einzubinden, war reines Machtkalkül. Dieses Kalkül war aufgegangen, als im Juli 1955 mehrere Abgeordnete des GB/BHE zur CDU wechselten und die Regierungskoalition nunmehr bis zum 25. Februar 1956 aus CDU/CSU, FDP und DP bestand.

Am 23. Februar 1956 waren unter der Gefolgschaft von August-Martin Euler 16 Abgeordnete als sogenannte „Euler-Gruppe“ aus der FDP ausgetreten. Zu diesen zählten auch die vier Bundesminister Franz Blücher, Fritz Neumayer, Hermann Schäfer und Victor-Emanuel Preusker sowie der Bundestagsvizepräsident Ludwig Schneider. Diese 16 Abgeordneten gründen am 1. März 1956 die Fraktion „Arbeitsgemeinschaft Freie Demokraten“ (später „Demokratische Arbeitsgemeinschaft“ [DA]), die sich am 23./24 Juni 1956 als „Freie Volkspartei“ (FVP) neu gründete. Der Bundestag stimmte am 15. März 1956 der Fraktionsbildung zu. Der neuen Fraktion gehörte auch der vormalige FDP-Abgeordnete und Vizepräsident des Bundestages Ludwig Schneider an. Trotz seines Fraktionswechsels blieb Schäfer bis zu Ende der Wahlperiode Vizepräsident. Weil mit dem Fraktionswechsel von Schneider die FDP nun aber nicht mehr im Präsidium vertreten war, und Schneider sich weigerte, sein Amt zur Verfügung zu stellen, wählte der Bundestag am 4. Juli 1956 mit Max Becker (FDP) einen zusätzlichen vierten Vizepräsidenten.

Adenauers Regierungskoalition standen in den ersten drei Jahren der 2. Wahlperiode nur die SPD mit 162 und die Zentrumspartei (DZP) mit 3 Abgeordneten entgegen. Adenauer verfügte über eine „satte Mehrheit", die es ihm dennoch nicht erlaubte „durchzuregieren". Vielmehr hatte Adenauer schon in der ersten Wahlperiode begriffen, dass für viele Sachthemen Mehrheiten sogar in der eigenen Fraktion erst gefunden werden müssten. Es gab kaum eine Bundesregierung in der deutschen Geschichte, die so ergebnisoffen in die Regierungsverantwortung getreten ist, wie die von Adenauer 1953. Sie konnte es sich leisten, weil die grundlegenden politischen Weichenstellungen in der 1. Wahlperiode erfolgt waren.

Adenauer hatte zu Beginn der Wahlperiode das Bundesministerium für Familienfragen neu geschaffen. Im Laufe der Wahlperiode kamen zwei neue Ministerien hinzu: Schon am 26. Oktober 1950 wurde das bisherige „Amt Blank" eingerichtet, das sich mit Fragen eines deutschen Wehrbeitrags befasst hatte. Dieses wurde nun zum Verteidigungsministerium ausgebaut. Ferner wurde mit Franz-Josef Strauß (CDU/CSU) als Bundesminister das Atomministerium geschaffen. Dem Innenminister wurden zahlreiche neue innenpolitische Aufgaben übertragen. Schwerpunkte der Innenpolitik waren die Förderung der Kriegsheimkehrer, des Wohnungsbaus, Ausbildung und Schulung von Fachkräften, Verbesserung der Agrarstruktur und die Schaffung von Arbeitsplätzen. Schon im Frühjahr 1954 wurde die Förderung der Kriegsheimkehrer aus dem Innenministerium herausgelöst und dem zum 1. Februar 1954 umbenannten Bundesministerium für Vertriebene, Flüchtlinge und Kriegsgeschädigte zugewiesen.

Die SPD konnte nicht viel mehr machen, als sich in ihre oppositionelle Rolle zu fügen. Parteivorsitzender Ollenhauer sehnte sich deswegen nach einer Normalisierung des Verhältnisses zwischen Regierung und Opposition, um irgendwie noch an Entscheidungen partizipieren zu können. Zu dieser Zeit kursierte in Bonn der Witz, die SPD hätte ihr Steuer um 360 Grad herumgeworfen; doch nach der Rede Ollenhauers zur Regierungserklärung Adenauers am 20. Oktober 1953 habe es eher so ausgesehen, als seien es doch nur 180 Grad gewesen. Das sah eher nach einer Verständigung mit der CDU/CSU aus, als nach jener Schärfe, wie sie in der 1. Wahlperiode und noch im Wahlkampf zum 2. Bundestag bestanden hatte. Bestes Beispiel für den Verständigungskurs war die Debatte um die Gleichberechtigung von Mann und Frau, die keine Fortsetzung des Streites aus dem Parlamentarischen Rat wurde, sondern sachlich blieb von der ersten Beratung am 12. Februar 1954 bis zur Schlussabstimmung am 3. Mai 1957, als alle Fraktionen dem Gesetz zustimmten.

Um eine „gewisse Auflockerung der Debatte zu erzielen“, wurde die „Zwischenfrage“ eingeführt. Am 10. Dezember 1953 wies Bundestagspräsident Ehlers auf die im Plenarsaal installierten Saalmikrophone hin. Sie sollten nicht nur bei der Fragestunde genutzt werden, sondern auch für eventuelle Zwischenfragen während der Debatte. Es dauerte fast zwei Monate, bis am 5. Februar erstmals Max Becker (FDP) eine Zwischenfrage stellte. Zwei Jahre später gelangte die Zwischenfrage in die Geschäftsordnung des Bundestages. Schon bald wurde die Zwischenfrage nicht mehr dazu benutzt, nur eine ergänzende Information zu erhalten, als vielmehr in „Scheinfragen“ die eigene politische Überzeugung vorzutragen.

Eugen Gerstenmaier

Am 29. Oktober 1954, vier Wochen nach seinem 50. Geburtstag, verstarb Bundestagspräsident Hermann Ehlers, die für die CDU/CSU so bedeutsame konfessionelle Integrationsfigur. Nach dem Trauerstaatsakt am 2. November im Plenarsaal, wurde am 16. November 1954 Eugen Gerstenmaier (CDU/CSU) im dritten Wahlgang mit nur 49,9 % der abgegebenen Stimmen zum Bundestagspräsidenten gewählt. Es war das schlechteste Wahlergebnis, das je ein Präsident erhalten hatte, was im Nachhinein sehr überrascht. Von Konrad Adenauer (CDU/CSU) vorgeschlagen, musste sich Gerstenmaier gegen den von der FDP favorisierten Ernst Lemmer (CDU) durchsetzen. Das war ein bis heute einmaliger Vorgang, dass zwei Kandidaten aus derselben Fraktion in Stellung gebracht wurden. Adenauer brauchte den als kirchennah verschrienen Protestanten, um das Image der bikonfessionellen CDU/CSU zu verändern, in der neun Jahre nach ihrer Gründung mit weit über 70 % immer noch die Katholiken dominierten.

Gerstenmaier war ein protestantischer Theologe und gehörte der Widerstandsgruppe „Kreisauer Kreis" gegen Hitler an. Nach dem 20. Juli 1944 wurde er von der Gestapo verhört und saß bis zu seiner Befreiung durch die Amerikaner in Bayreuth im Zuchthaus. Er war „von aufbrausender Natur, nicht ohne eine gewisse Selbstgerechtigkeit und Ungeschicklichkeit, vor allem wenn es darum ging, sich gegen Angriffe zu verteidigen, die er als ungerecht empfand" (Rainer Poeschel). Und doch sollte Gerstenmaier fortan zu den führenden Politikergestalten der jungen Bundesrepublik werden. 14 Jahre, bis 1969, blieb Gerstenmaier Präsident und ist der am längsten amtierende deutsche Parlamentspräsident.

Frack und Cut im Bundestag

Als Theologe hatte Gerstenmaier Sinn für Zeremonien, Rituale und Liturgie. Deutschlands wirtschaftliche, gesellschaftliche und politische Konsolidierung verlangte „nach einem strengen, würdevollen Stil der parlamentarischen Selbstdarstellung" (Thomas Dehler [FDP]). Schon in der 1. Wahlperiode hatte Karl Mommer (SPD) gefordert, den Bonner Plenarsaal „als Symbol der Demokratie" auszugestalten. Mit der „Fetten Henne" 1953 war ein erster Schritt getan. Mommers Idee, zur Eröffnung der Plenarsitzungen ein kleines Zeremoniell einzuführen, fand das Interesse Gerstenmaiers, der im Ältestenrat am 26. Januar 1955 bekanntgab: Zukünftig betritt der Präsident in Begleitung mit dem Direktor von der nördlichen Wandelhalle her den Plenarsaal. Sein

Eintritt wird durch ein Glockenzeichen und den Ruf „Der Präsident" angekündigt. Dabei erheben sich die Abgeordneten von ihren Sitzen. An seinem Platz angelangt erklärt er stehend: „Die Sitzung ist eröffnet."

Am 27. Januar 1955, als das Zeremoniell eingeführt wurde, jährte sich zum zehnten Mal der Einmarsch der sowjetischen Armee in das Reichsgebiet. Der amtierende Präsident, Carlo Schmid, ergriff die Gelegenheit, der Opfer jener Zeit, aber auch derer des deutschen Widerstands zu gedenken, die von den Nazis hingerichtet wurden. Während dieser Gedenkworte blieben die Abgeordneten stehen. Damit war für den Bundestag eine würdevolle Eröffnungszeremonie gefunden worden, die im Wesentlichen bis heute gebräuchlich ist. Schmid trug den Cutaway mit silbergrauer Krawatte und Direktor Hans Troßmann mit der Urschrift des Grundgesetzes in der Hand einen „Stresemann".

Schon im Frühjahr 1955 war der Cutaway Bestandteil der „bundeshauptstädtischen Eleganz". Der Bundestagspräsident war unerwartet zum Trendsetter der Herrenmode geworden. Der Glockenton zur Eröffnung einer Sitzung erschallt bis heute. Seit der 14. Wahlperiode wird der Cutaway nicht mehr getragen. Das Bundestagspräsidium unter Parlamentspräsident Wolfgang Thierse (SPD) hatte mit dieser Tradition stillschweigend gebrochen.

Deutschlands Rückkehr auf die diplomatische Weltbühne

Der 10. Dezember 1953 wurde zum außenpolitischen Aufschlag im 2. Bundestag. Es war der fünfte Jahrestag der Annahme der Erklärung der Menschenrechte durch die Vereinten Nationen, die schon dem Parlamentarischen Rat bei den Formulierungen der Grund- und Freiheitsrechte des Grundgesetzes zur Verfügung stand. In der Sitzung am 10. Dezember 1953 wurde auch ein Entschließungsantrag anlässlich der nach Berlin einberufenen Viermächtekonferenz verabschiedet, in dem alle Fraktionen einmütig „erneut den Willen des ganzen deutschen Volkes" zum Ausdruck brachten, „seine nationale und staatliche Einheit zu wahren und als gleichberechtigtes Mitglied in einem vereinten

Europa dem Frieden der Welt zu dienen". Am 25. Februar 1954 berichtete Bundeskanzler Adenauer über die Ergebnisse der Konferenz, die vonseiten der DDR für propagandistische Störmanöver instrumentalisiert wurde. Adenauer bekräftigte, dass die Teilung Deutschlands nicht auf einem innerdeutschen Zwist beruhe, sondern auf dem Konflikt der vier Siegermächte.

In seiner Regierungserklärung am 7. April 1954 sprach Adenauer von der Spaltung Deutschlands, die von der Sowjetunion betrieben werde, die ihrerseits am 25. März 1954 angekündigt hatte, dass sie mit der DDR diplomatische Beziehungen aufnähme wie mit anderen souveränen Staaten auch. Damit war in die deutsche Nachkriegsordnung, für die man sich international auf einen „Modus vivendi" verständigt hatte, eine Wendung gekommen, die auf eine deutsche Zweistaatenlösung hinauslief. In einer Entschließung erklärte der Bundestag am 7. April 1954, dass alleine die Bundesrepublik einen demokratisch legitimierten Anspruch habe, das deutsche Volk zu vertreten („Alleinvertretungsanspruch").

In Folge der sowjetischen Ankündigung waren von westlicher Seite Bemühungen losgetreten worden, nun die Bundesrepublik international stärker einzubinden. 1954 und 1955 entstand ein ausgeklügeltes Vertragsgeflecht mit der Bundesrepublik, das am 5. Mai 1955 in Kraft trat und als „Pariser Verträge" in die deutsche Nachkriegsgeschichte einging. Dazu gehörte der zwischen der Bundesrepublik und den Drei Westmächten am 26. Mai 1952 unterzeichnete Deutschland-Vertrag (auch „Generalvertrag" oder „Bonner Vertrag" genannt), der das Besatzungsstatut aufhob und einen deutschen Verteidigungsbeitrag für Westeuropa vorsah. Nachdem die französische Assemblée nationale am 30. August 1954 die Zustimmung zu dem Vertrag über die Europäische Verteidigungsgemeinschaft (EVG) verweigerte, standen die Verträge von 1952 auf dem Prüfstand und wurden um das „Pariser Protokoll" vom 23. Oktober 1954 ergänzt. Ferner gehörte zu den „Pariser Verträgen" der Beitritt der Bundesrepublik zum Brüsseler Vertrag und zum Nordatlantikvertrag (NATO), womit militärische Sicherheitsgarantien für die Bundesrepublik verbunden waren. Schließlich gab es einen Vertrag über den Aufenthalt ausländischer Streitkräfte in der Bundesrepublik („Aufenthaltsvertrag“) vom 23. Oktober 1954 und das deutsch-französische Abkommen über das Statut der Saar.

Die Staatsgewalt der Bundesrepublik über ihre inneren und äußeren Angelegenheiten blieb eingeschränkt soweit die Drei Westmächte noch Rechte aus der „Berliner Deklaration“ herleiteten, die 1945 in Potsdam beschlossen worden war. Die letzten alliierten Vorbehaltsrechte wurden erst am 2. Oktober 1990 – am Tag vor der deutschen Einigung – für suspendiert erklärt.

Elf Gesetze beziehungsweise Verträge gehörten zum Pariser Vertragswerk, die im Bundestag von der SPD alle abgelehnt wurden. Diese sah auch in der Plenardebatte am 5. Mai 1955 anlässlich des Inkrafttretens der Verträge keinen Grund zum Feiern und klagte, dass das Besatzungsstatut durch die Verpflichtungen zur Leistung eines militärischen Beitrags lediglich in Vertragsrecht umgewandelt worden sei. Von Souveränität Deutschlands – so die SPD – könne keine Rede sein.

Noch weitere Gesetze, die der europäischen Integration Deutschlands dienten, sollte es in dieser Wahlperiode geben.

Adenauers Moskau-Besuch

Eines der zentralen Themen des 2. Bundestages wurde die Frage der Kriegsgefangenen in der Sowjetunion. Schon der 1. Bundestag hatte sich mit den Deutschen Kriegsgefangenen in der Sowjetunion befasst, als am 4. Mai 1950 die größte russische Nachrichtenagentur TASS berichtete, dass sich 890 532 Kriegsgefangene in russischer Hand befänden. Adenauer ordnete die Zahl ein, die schon am 14. März 1947 durch den russischen Außenminister Molotow bekanntgegeben worden war, nachdem vorher bereits 1 003 974 Kriegsgefangene entlassen worden seien. Darüber hinaus hatte die TASS schon vor Gründung der Bundesrepublik die Zahl der deutschen Kriegsgefangenen mit 3,5 Millionen angegeben. Was war von solchen Zahlen zu halten? Adenauer hegte Zweifel an ihrem Wahrheitsgehalt. Er ging davon aus, dass das

Schicksal von 1,5 Millionen Kriegsgefangenen immer noch ungeklärt gewesen wäre. Aus dem Bundestag heraus appellierte der Bundeskanzler, „ich glaube, von diesem Platz aus an Sowjetrussland im Namen der Menschlichkeit die Aufforderung richten zu müssen, Erklärung darüber zu geben, was mit diesen anderthalb Millionen deutschen Kriegsgefangenen geschehen ist".

Damit war das Thema gesetzt. Schon am 26. Oktober 1950 gab Adenauer (CDU/CSU) zum Gedenken an die deutschen Kriegsgefangenen eine Regierungserklärung im Bundestag ab. In der 2. Wahlperiode gab Adenauer zum Gedenken der noch nicht heimgekehrten Kriegsgefangenen am 20. Oktober 1953 und erneut am 22. Oktober 1954 eine Regierungserklärung ab. Schon am 21. Februar 1951 verabschiedet der Bundestag das Gesetz vom 23. April 1951 zur Sammlung von Nachrichten über Kriegsgefangene, festgehaltene oder verschleppte Zivilpersonen und Vermisste, das zuletzt am 2. März 1974 geändert worden war.

Kaum war die Bundesrepublik souverän geworden, lud in Reaktion auf die Pariser Verträge die sowjetische Regierung am 7. Juni 1955 Adenauer zu Gesprächen nach Moskau ein. Adenauer kam die Einladung entgegen. Er versprach sich nun wirtschaftliche und kulturelle Beziehungen zur Sowjetunion. Die Sowjetunion war nach Einschätzung der Bundesregierung der Schlüssel zur Wiedervereinigung. Bereits 1952 gab es im Bonner Auswärtigen Amt Überlegungen zur Aufnahme handelspolitischer Beziehungen, und die Freilassung der Kriegsgefangenen war dafür eine zentrale Voraussetzung. Adenauer konnte gar nicht anders, als die Einladung anzunehmen, auch wenn es gerade deswegen mit Dehler und seiner FDP-Fraktion zu einem heftigen Koalitionskrach gekommen war.

Unverzichtbar war für Adenauer: 1. die Pariser Verträge bleiben bestehen; 2. die Wiedervereinigung muss thematisiert werden; und 3. eine Aufnahme diplomatischer Beziehungen ist ohne die Rückkehr der Kriegsgefangenen undenkbar.

Vom 8. bis 14. September 1955 reiste Adenauer nach Moskau. Nach dem vierten Verhandlungstag schien es, als sei die deutsche Mindestforderung, eine Vereinbarung über die Kriegsgefangenen zu treffen, nicht erreichbar. Ob Adenauers Androhung, früher als vorgesehen die Heimreise anzutreten, die Sowjets überzeugt hatte, ist unklar. Denn Adenauer selbst kolportierte diese Legende, seine Weisung, die Lufthansa-Maschine früher nach Moskau zu bestellen, habe bei den Sowjets zu einer konzilianteren Haltung geführt. Konnte und musste Adenauer aber wirklich riskieren, die Verhandlungen platzen zu lassen? Die Sowjets waren doch schon bereit, die Kriegsgefangenen freizulassen, wie schon vor der Moskau-Reise aus Ost-Berlin bekannt geworden war.

Gegen die Warnungen seiner Berater, hatte Adenauer bezüglich der Freilassung der 9626 Kriegsgefangenen auf das sowjetische Ehrenwort vertraut. Konzessionen machte er ferner bei seiner Zustimmung, seine eigenen deutschlandpolitischen Vorbehalte nicht in das Schreiben über die Aufnahme der Beziehungen aufzunehmen. Auch die Nichtanerkennung der territorialen Verhältnisse, die Gegenstand eines Friedensvertrags seien, sowie den unveränderten Alleinvertretungsanspruch der Bundesrepublik sollten nicht im offiziellen Protokoll bzw. Kommuniqué, sondern lediglich in einem Brief niedergelegt werden.

Die Freilassung der deutschen Kriegsgefangenen war also einzig und alleine auf mündliche Zusage erreicht worden. Die Aufnahme diplomatischer Beziehungen stand immerhin einer Wiedervereinigung nicht im Wege.

Trotz der verhältnismäßig mageren Ergebnisse inszenierte Adenauer seinen Moskau-Besuch als großen Erfolg, sodass damals wie heute der Moskau-Besuch pars pro toto für die gesamte Adenauer-Ära steht.

Der „Erfolg" Adenauers wurde dadurch zusätzlich unterstrichen, dass Gerstenmaier den Bundeskanzler in Gegenwart von zahlreichen Fotografen und Fernsehteams am Kölner Flughafen abholte. Gerstenmaier schrieb in seinen Erinnerungen (S. 425f.): „Ich war in Moskau nicht dabei. Die Berichte, die ich […] hörte, zeigten übereinstimmend [… Adenauers] großartiges politisches und staatsmännisches Format. Als der Rundfunk den Abschluss der Verhandlungen und die Freilas-

Bundestagspräsident Eugen Gerstenmaier (CDU/CSU) empfängt Bundeskanzler Konrad Adenauer (CDU/CSU) nach der Rückkehr aus Moskau am Flughafen Köln/Bonn am 15. September 1955

sung der Kriegsgefangenen und Verurteilten meldete, tat ich etwas, was ich weder zuvor noch danach getan habe. Ich fuhr zum Flughafen Wahn, um den Bundeskanzler zu empfangen und ihm namens des Deutschen Bundestages und des deutschen Volkes den Dank auszusprechen."

Auf dem Rückweg mit dem Auto vom Flughafen nach Rhöndorf hatte Adenauer zu Gerstenmaier gesagt: „Jetzt sollten wir eigentlich Wahlen haben" (Kilian, S. 207). Adenauers Interesse musste es sein, diesen Erfolg nicht auszukosten, aber bis zur Bundestagswahl 1957 im Bewusstsein der Deutschen wach zu halten.

Bundesversammlung und Bundestag in Berlin

Die zweite Bundesversammlung wurde zum 17. Juli 1954 von Bundestagspräsident Ehlers in Berlin in der Ostpreußenhalle des Messegeländes am Funkturm einberufen. Keiner der vier Siegermächte erhob Bedenken oder Einwände gegen Berlin als Tagungsort. Theodor Heuss wurde zur Wiederwahl von der Fraktion der CDU/CSU vorgeschlagen. Die KPD schlug unerwartet den Heidelberger Nationalökonom und Soziologen Professor Alfred Weber vor. Weber, der von dem Vorschlag selbst überrascht wurde, verwahrte sich telefonisch gegen seine Aufstellung und ließ die Bundesversammlung wissen, dass er die KPD nicht ermächtigt hatte, ihn als Kandidaten zu benennen. Heuss wurde gleich im ersten Wahlgang mit großer Stimmenmehrheit gewählt.

Niemals hatte der Bundestag in den ersten Wahlperioden Zweifel aufkommen lassen, dass Berlin die Hauptstadt Deutschlands ist. In mehreren, nahezu einstimmig angenommenen Gesetzestexten und Entschließungen hatte der Bundestag seit 1949 diese Auffassung immer wieder bekräftigt. Mit „Hauptstadt" immer auch „Parlaments- und Regierungssitz" verbunden gewesen. § 2 des Gesetzes über die Deutsche Bundesbank vom 26. Juli 1957 lautete zum Beispiel, diese „hat ihren Sitz am Sitz der Bundesregierung; solange sich dieser nicht in Berlin befindet, ist Sitz der Bank Frankfurt am Main."

Der WAV beantragte die Entschließung: „Ausschüsse des Bundestages sollen bei Erörterungen von Berliner Angelegenheiten und bei Fragen von grundsätzlich gesamtdeutscher Bedeutung in Berlin tagen. Ebenso sollen nach Möglichkeit bei besonderen Anlässen Plenarsitzungen des Deutschen Bundestages in Berlin stattfinden". Die Entschließung wurde am 20. Juni 1951 angenommen.

In der 2. Wahlperiode wurde auf Antrag der DP am 8. Juni 1955 beschlossen, dass das Bundesministerium für gesamtdeutsche Fragen eine Dienststelle in Berlin einrichten sollte. Geradezu selbstverständlich an der Tagesordnung waren Formulierungen wie bei der Erläuterung des Haushaltsgesetzes für 1957 von Bundesfinanzminister Fritz Schäffer am 7. Dezember 1956: „Berlin wird in diesem Jahr – d. h. ohne Rücksicht auf das geringere Notopferaufkommen – die Bundeshilfe erhalten, die es zur Erfüllung seiner Aufgaben und zum Wiederaufbau als Hauptstadt braucht [...]"

So gab es wiederholt Gesetze und Entschließungen, die die Verlegung von Bundesorganen nach Berlin vorsahen und die Berlin-Präsenz des Bundes unterstützten, damit Berlin befähigt bliebe „seine

Aufgaben als Hauptstadt eines geeinten Deutschlands zu erfüllen" – so die Formulierung im Gesetz über die Sicherung des Landes Berlin im Finanzsystem des Bundes.

Am 19. Oktober 1955 fand erstmalig eine Plenarsitzung in Berlin statt und der 3. Bundestag wurde öffentlichkeitswirksam sogar zu seiner konstituierenden Sitzung nach Berlin einberufen.

Das Saarland als 10. Land der Bundesrepublik

Im Kontext der Europäischen Integration Deutschlands war die Frage der Zukunft lange ungelöst. Bewegung kam mit einer Volksabstimmung im Saarland am 23. Oktober 1955, in der das Europäische Statut für das Saarland mit 67,7 % abgelehnt worden war. Das Saarstatut sah die politische Autonomie und die wirtschaftliche Anbindung des Saarlandes an Frankreich vor. Danach kam es im Saarland zu einer partiellen Verfassungsrevision sowie zu neuen Verhandlungen zwischen Frankreich und Deutschland, woraufhin am 31. Januar 1956 der saarländische Landtag die „Angliederung" des Saarlandes an die Bundesrepublik Deutschland beschlossen hatte.

Erst am 1. Januar 1957 trat das Saarland der Bundesrepublik Deutschland politisch bei. Schon am 14. Dezember 1956 hatte der Bundestag ein Gesetz über die Eingliederung des Saarlandes beschlossen, in dem ein besonderes Verfahren für die Wahl der zehn saarländischen Volksvertreter enthalten war, die seit dem 10. Januar 1957 Mitglieder des Bundestages waren.

Der vollständige Beitritt des Saarlandes, mit dem Wegfall der Zollgrenzen und der Einführung der D-Mark, erfolgte allerdings erst am 6. Juli 1959, der als „Tag X" mit Freude erwartet wurde.

Die Wehrverfassung und der Wehrbeauftragte des Bundestages

Bundeskanzler Adenauer verfolgte schon seit 1950 den Gedanken einer deutschen Beteiligung an den europäischen Verteidigungsplänen, darunter etwa der „Pleven-Plan" der Franzosen. Aus Protest zu seiner Wiederaufrüstungspolitik trat schon am 11. Oktober 1950 sein Bundesminister des Inneren Gustav Heinemann (CDU/CSU) zurück, und gründete später noch eine eigene Partei.

Am 26. Oktober 1950 wurde dann Theodor Blank (CDU) zum Leiter der neugeschaffenen Dienststelle des „Beauftragten des Bundeskanzlers für die mit der Vermehrung der alliierten Truppen zusammenhängenden Fragen" (Dienststelle Blank). Adenauer begründete in seiner Regierungserklärung am 8. November 1950 seine Überzeugung, dass sich die Bundesrepublik an der Verteidigung des Westens beteiligen müsste und am 7. Februar 1952 sprach er sich erneut für einen deutschen Verteidigungsbeitrag und der Errichtung einer Europäischen Verteidigungsgemeinschaft aus.

Am 26. Februar 1954 beschloss der 2. Bundestag eine Grundgesetzänderung, die dem Bund die ausschließliche Gesetzgebungskompetenz für Verteidigungsangelegenheiten und Fragen des zivilen Bevölkerungsschutzes zusprach.

Nach Inkrafttreten der Pariser Verträge wandelte Adenauer die „Dienststelle Blank" in das Bundesministerium für Verteidigung um und ernannte am 8. Juni 1955 Theodor Blank (CDU/CSU) zum Bundesminister für Verteidigung. Nach schwedischem Vorbild wurde in der Bundesrepublik mit Gesetz vom 19. März 1956 der Artikel 45b Grundgesetz eingefügt. Zum Schutz der Grundrechte bei den Soldaten und als Hilfsorgan des Bundestages bei der Ausübung der parlamentarischen Kontrolle wurde ein Wehrbeauftragter des Bundestages berufen, als Teil des Gesamtgefüges des Bundestages.

Die Amtszeit des Wehrbeauftragten endet nach Ablauf von fünf Jahren, auch wenn der Nachfolger noch nicht gewählt ist. Im Juni 1982 wurde die Dienststelle des Wehrbeauftragten als Organisationseinheit in die Bundestagsverwaltung eingegliedert. Die letzte Änderung war das Gesetz zur Änderung des Gesetzes über den Wehrbeauftragten des Deutschen Bundestages am 30. März 1990. Demnach war zum Wehrbeauftragten jeder Deutsche wählbar, der das Wahlrecht zum Bundestag besitzt und das 35. Lebensjahr vollendet hatte.

Wurden die Pariser Verträge von der Opposition noch rundweg angelehnt, so waren die Grundgesetzänderungen mit der Wehrverfassung durch eine Mehrheit von 390 gegen 20 Stimmen angenommen worden.

Volksaufstand in Ungarn

Die Wiederbewaffnung der Bundesrepublik in der 2. Wahlperiode wurde schon bald durch die weltpolitische Lage als gerechtfertigt angesehen. In einer Sondersitzung schaute die Bundesregierung am 8. November 1956 mit Sorge auf die Niederschlagung des sogenannten Ungarischen Volksaufstandes durch sowjetische Truppen. Der Volksaufstand sei eine Kundgebung des Freiheitswillens gegenüber einer unmenschlichen Diktatur, betonte Adenauer. Die Sicherung des Weltfriedens könne nur erreicht werden, wenn den Völkern das Recht auf freie Selbstbestimmung gewährt werde. Angestrebt werde der Ausbau der Westeuropäischen Union und der atlantischen Gemeinschaft. Zum Abschluss seiner Rede hob Adenauer hervor, dass es die gemeinsame Aufgabe aller freien Staaten sei, die moralischen Werte zu kräftigen, die das Zusammenleben zwischen den Völkern dieser Welt bestimmen müssen. Zur Erfüllung dieser Aufgabe sei die besondere Unterstützung der Bemühungen der Vereinten Nationen erforderlich.

In seiner Rede gab Heinrich Krone (CDU/CSU) zunächst seiner Freude Ausdruck, dass Frankreich und Großbritannien im Vorderen Orient die Waffen zum Schweigen gebracht hätten. In Ungarn hätte die Sowjetunion beweisen können, dass sie zu ihrem Bekenntnis stünde, die Souveränität eines Landes nicht anzutasten. Das Versagen der westlichen Welt könne aber nicht darin bestehen, dass der Westen keine militärische Hilfe geleistet hätte, sondern darin, dass diese ungarische Bewegung nicht auf gewisse Realitäten hingewiesen worden sei. Der Aggressor in Ungarn konnte die zeitweilige Uneinigkeit und Schwäche des Westens ausnutzen. Nur durch unbeugsamen moralischen Rückhalt für die Menschen in der DDR sei eine deutsche Wiedervereinigung erreichbar.

Für die SPD betonte Wilhelm Mellies hingegen, dass die Teilung Deutschlands nicht durch die Mitgliedschaft der Bundesrepublik in der NATO und der Westeuropäischen Union (WEU) überwunden werden könnte, sondern durch eine Stärkung der Vereinten Nationen.

Die Debatte zur Errichtung der EWG

Anders als bei den Pariser Verträgen war die Zustimmung des Bundestages zu den Verträgen der Europäischen Wirtschaftsgemeinschaft (EWG) wesentlich größer, weil der Unterausschuss „Brüsseler Verträge" des Auswärtigen Ausschusses regelmäßig über den Stand der Verhandlungen unterrichtet worden war. In der Regierungserklärung am 21. März 1957 erläuterte der Staatssekretär des Auswärtigen Amtes Walter Hallstein die Position der Bundesregierung, zumal er die Verhandlungen von deutscher Seite im Wesentlichen geführt hatte. Vor allem hatte allmählich die Opposition eingesehen, wie wichtig die europäische Integration war als Garant für einen Frieden in Westeuropa und für Deutschland – auch ohne Friedensvertrag. Umgekehrt brachte die Annäherung der CDU/CSU an manche deutschlandpolitische Position der SPD nun Teile der seit Februar 1956 zusammengeschrumpften FDP, darunter vor allem Thomas Dehler gegen den Westkurs des Bundeskanzlers auf.

Bonn und Weimar

Der langjährige Weimarer Parlamentspräsident Löbe (SPD) hatte als Alterspräsident 1951 die Traditionen und die Kontinuitäten von Reichstag und Bundestag herausgestellt. Im Gegensatz dazu betonte der Schweizer Journalist Fritz René Allemann 1956 bereits mit dem Titel seines Buches „Bonn ist nicht Weimar" eher die Gegensätze der beiden Republiken. Weniger der Inhalt als der griffige Buchtitel gehörten zu den geflügelten Worten, mit denen die Bonner Republik schon bald fortan ihr gerade erst erworbenes Selbstbewusstsein schlagwortartig beschrieb. Der Buchtitel „Bonn ist nicht Weimar" wurde zu einem einzigartigen Narrativ. Erst seit den 2010er-Jahren haben Staats- und Verfassungsrechtler einen nüchterneren und viel wohlwollenderen Blick aus staatsrechtlicher Perspektive auf das bedeutsame Weimarer Verfassungswerk gewagt.

Am 29. August 1957 kam der 2. Bundestag zu seiner letzten Sitzung zusammen.

3. Wahlperiode (1957–1961)

Es gibt nur eine Volkspartei

Absolute Mehrheit für die CDU

Die Bundestagswahl am 15. September 1957 war für die CDU/CSU-Fraktion großartig ausgegangen. Zum ersten und einzigen Mal erhielt die Fraktion die absolute Mehrheit. Das spiegelte sich auch in der Sitzverteilung wider: CDU/CSU 278, SPD 181, FDP/DVP/DPS 43, DP 17. Von den 22 Berliner Abgeordneten fielen auf die SPD 12, CDU 8, FDP 2. Nie wieder hat eine Partei 54,3 % der Mandate im Bundestag erlangt. Das grandiose und bis heute unerreichte Wahlergebnis war sicher nicht der zu dieser Wahl erstmals eingeführten Briefwahl zu verdanken gewesen, sondern einzig Konrad Adenauer, der seit seiner Rückkehr aus Moskau auf dem Höhepunkt seines politischen Schaffens angekommen war. Schon bald wurde die CDU die „Adenauer-Partei" genannt, weil dieser die christliche Sammlungsbewegung überhaupt erst zusammenführte. Ihr Pluralismus erforderte pragmatische Entscheidungen, weswegen die CDU die moderne Partei im Gegensatz zur SPD war.

Am 15. Oktober 1957 konstituierte sich der 3. Bundestag in der Kongresshalle in Berlin. Alterspräsidentin Marie-Elisabeth Lüders (FDP) eröffnete die Sitzung. Bei seiner Wiederwahl zum Bundestagspräsidenten erhielt Eugen Gerstenmaier beachtliche 88,5 % der abgegebenen Stimmen. Vizepräsidenten wurden zum dritten Mal in Folge Carlo Schmid (SPD) und ferner Richard Jaeger (CDU/CSU) sowie Max Becker (FDP).

Schon am 22. Oktober 1957 wurde Konrad Adenauer (CDU/CSU) zum dritten Mal in Folge zum Bundeskanzler gewählt. Er bildete eine Regierungskoalition aus CDU/CSU und der DP, obwohl die Mehrheitsverhältnisse im Bundestag auch eine Alleinregierung der CDU/CSU erlaubt hätten, woran Adenauer jedoch nicht gelegen war. Es hätte ihn noch mehr angreifbar machen können, als er es ohnehin schon war.

Kein Bundeskanzler war so populär wie Adenauer zu Beginn der 3. Wahlperiode. Bald kamen erste Anekdotensammlungen mit Adenauer-Zitaten und machten ihn legendär. Manche Sprüche erreichten das Niveau von Aphorismen. Definitiv nicht von Adenauer stammt der Ausspruch: „Was kümmert mich mein Geschwätz von gestern". Er dient noch heute vielmehr manchem dazu, eine Kehrtwende der eigenen Überzeugung nicht rechtfertigen zu müssen. Das aber war nie Adenauers Stil.

Außenpolitische Debatten

Schon am 12. Dezember 1957 offenbarte sich das Dilemma in der Auseinandersetzung über die Haltung der Bundesregierung gegenüber der NATO. Die von der SPD, FDP und DP geforderte Debatte wurde von der CDU/CSU abgelehnt. Fritz Erler (SPD) warf daraufhin der Regierung vor, in der NATO die Abrüstungsbemühungen zu wenig ernsthaft zu fördern. Ewald Bucher (FDP) warnte davor, politische Weichenstellungen vorzunehmen, ohne diese nicht zuvor im Bundestag zu beraten. Herbert Schneider (DP) begründete die Haltung seiner Fraktion übrigens damit, dass man doch der Welt selbstverständlich demonstrieren müsse, von welch breiter Mehrheit des deutschen Volkes die Politik der Bundesregierung getragen werde. Hans Furler (CDU/CSU) konterte, dass keiner der NATO-Staaten vor der Konferenz am 16. Dezember 1957 eine öffentliche Diskussion in seinem Parlament durchgeführt habe.

Am 23. Januar 1958 berichtete Außenminister Heinrich von Brentano (CDU/CSU) dann über den Verlauf und die Ergebnisse der Konferenz der Regierungschefs der NATO-Staaten in Paris und über die Sitzung der Außenminister der sechs EWG-Länder nach Inkrafttreten der Römischen Verträge am 1. Januar 1958. Staatssekretär Hallstein wurde zuvor zum Präsidenten der Kommission der EWG bestellt. Heinrich von Brentano sah darin einen Vertrauensbeweis in die Politik der

Bundesregierung. Das Ergebnis der Pariser NATO-Konferenz bezeichnete er als „Ausdruck der Entschlossenheit, gemeinsam alle Kräfte dafür einzusetzen, dass aus der Bedrohung des Friedens keine Gefährdung des Friedens wird“. Man hatte die sowjetischen Vorschläge zur Sicherung des Friedens bewertet und das Interesse der Bundesregierung an der Beendigung des „Unrechtstatbestandes der Teilung Deutschlands“ auch gegenüber den NATO-Partnern bekräftigt.

Erich Mende (FDP) kritisierte mit scharfen Worten die Vorgehensweise der Bundesregierung, die sich noch vor der Beantwortung einer Großen Anfrage öffentlich positioniert hatte. Dies sei eine Aushöhlung des Initiativ- und Interpellationsrechts des Bundestages. Auch die außenpolitische Erklärung des Bundeskanzlers im Rundfunk sei eine Missachtung des Parlaments gewesen. Er war der Auffassung, dass die Wiedervereinigung Deutschlands nicht durch den Druck der NATO-Klammer auf die Sowjetunion erreicht werden kann, und warnte vor der Dynamik der Pariser Verträge.

Der SPD-Fraktionsvorsitzende Erich Ollenhauer forderte die Regierung nachdrücklich auf, „jede einigermaßen ernsthafte Möglichkeit“ für erste Schritte der Abrüstung und Entspannung in Verhandlungen zu versuchen. Ollenhauer stellte fest, „dass mit Sicherheit über das Wettrüsten kein Weg zur Wiederherstellung der Einheit Deutschlands in Freiheit führt. Es gibt da keine Chance, wenn es bei der jetzigen internationalen Situation des Stillstandes in der Abrüstungsfrage und in der Entspannungspolitik bleibt, oder wenn wir gar noch darüber hinausgehen und das Wettrüsten fortsetzen.“

Nach Kurt Georg Kiesinger (CDU/CSU) war die Sorge Ollenhauers nicht unbegründet. Er führte dann aber aus: „Auch ich weiß es, es steckt etwas Wahres in dem Gedanken, dass eine deutsche Wiedervereinigung schlecht vorstellbar ist, wenn sich auf die Dauer geballte militärische Kräfte beider Seiten unmittelbar gegenüberstehen.“ Er warnt allerdings davor, die Wiedervereinigung auszuklammern und den Status quo stillschweigend zu akzeptieren, wie es Ollenhauer und Carlo Schmid in Straßburg zum Ausdruck gebracht hätten.

Bundeskanzler Adenauer erklärte „Der große Gegensatz, der in der Welt leider Gottes besteht, ist doch der Gegensatz zwischen den Vereinigten Staaten und der Sowjetunion. Um alles das gruppieren sich die kleinen Völker, zu denen auch wir gehören. Wir sind eben keine Großmacht mehr."

Die Debatte, die wegen ihres Niveaus und ihrer Sachlichkeit von der Presse gelobt wurde, hatte erst in der Nacht jene Schärfe erreicht, in der Thomas Dehler (FDP) in den Saal rief: „Glauben Sie noch, dass dieser Mann den Willen hat, das deutsche Volk zur Einheit zu führen?" Grund für diesen Temperamentsausbruch war, dass Dehler behauptete, Adenauer habe die sogenannte Stalin-Note von 1952 als Chance für eine Wiedervereinigung ungenutzt verstreichen lassen. Statt sich nun in der Debatte noch zu rechtfertigen, verteidigte Adenauer erst zwei Tage später in einer Rundfunkansprache seinen Umgang mit der Note damit, dass die von Stalin angebotene Normalisierung eine Bolschewisierung Deutschlands zur Folge gehabt hätte.

In der zweiten Märzhälfte 1958 standen auf der Grundlage zweier großer Anfragen der CDU/CSU und der FDP eine deutschlandpolitische Debatte sowie – zum ersten Mal – die Frage einer Atombewaffnung Deutschlands im Mittelpunkt. Adenauer begründet die Notwendigkeit einer Atombewaffnung der Bundeswehr damit, dass die Bundesrepublik als wichtiger Bestandteil der NATO sich ohne eine atomare Bewaffnung vertragswidrig verhielte. Truppenfreie und atomwaffenfreie Räume hielt auch Außenminister von Brentano für gefährlicher, als dass sie die sicherheitspolitische Lage der Bundesrepublik verbessere. Ohne Risiko könnte die Sowjetunion in Deutschland einfallen, wenn sich die Bundesrepublik nicht vernünftig bewaffne, ergänzte Verteidigungsminister Strauß (CDU/CSU). Als Friz Erler (SPD) die Politik Adenauers mit Hitlers Politik verglich, verließen zahlreiche Abgeordnete der Regierungskoalition den Plenarsaal.

Zwei Jahre später, am 24. Mai 1960, gab Adenauer eine Regierungserklärung zur gescheiterten Pariser Konferenz vom 16. Mai 1960 ab. Ziel des Gipfeltreffens zwischen USA, UdSSR, Großbritannien und

Frankreich war es unter anderem gewesen, die Bedrohung der Freiheit der Stadt Berlin abzuwenden. Auch Außenminister von Brentano hatte in seiner Regierungserklärung vom 30. Juni 1960 darlegt, dass die Sowjetunion weiterhin nicht dazu bereit sei, über eine Veränderung der durch den Krieg und Gewalt geschaffenen Machtpositionen auch nur zu diskutieren. Bei dieser Gelegenheit hielt Herbert Wehner (SPD) jene Grundsatzrede, in der er den außenpolitischen Kurswechsel der SPD hin zur Westbindung öffentlich vollzog.

Die 3. Bundesversammlung und ein Staatsakt zum 10-jährigen Bestehen der Bundesrepublik

Bundestagspräsident Gerstenmaier hatte wie sein Amtsvorgänger Ehlers die Bundesversammlung nach Berlin einberufen. Schon im Vorfeld erhob die sowjetische Regierung in einer Note an die Drei Westmächte und an die Bundesregierung Protest und bezeichnete die Absicht, die Wahl in Berlin durchzuführen, als „Provokation".

Nach 10-jähriger Amtszeit konnte Theodor Heuss nicht wiedergewählt werden. Am 7. April 1959 erklärte Adenauer seine Kandidatur zum Nachfolger. Erst am 5. Juni 1959 unterrichtete er in der CDU/CSU-Fraktionssitzung seinen Verzicht, um weiterhin im Amt des Bundeskanzlers zu bleiben. Fieberhaft suchte die CDU/CSU einen neuen Kandidaten und einigte sich auf den bisherigen Bundesminister für Landwirtschaft, Ernährung und Forsten Heinrich Lübke. Die SPD schlug Carlo Schmid, den langjährigen Vizepräsident des Bundestages, vor und die FDP Max Becker, ebenfalls Vizepräsident des Bundestages. Beide waren Zählkandidaten, denn Lübke erhielt die erforderliche Stimmenzahl schon im zweiten Wahlgang.

Berlin verlor Bundestagspräsident Gerstenmaier nie aus den Augen. Im Zusammenhang mit den Vorbereitungen zur Bundesversammlung 1959 kümmerte er sich persönlich um den Wiederaufbau des Reichstagsgebäudes, „und zwar mit dem Zweck, dereinst Haus des Bundestages zu sein." Nach seiner Auffassung brauchte der Bundestag auch niemanden zu fragen, ob er in Berlin tagen dürfe oder nicht.

Am 15. September 1959 kamen Bundestag und Bundesrat gemäß Artikel 56 des Grundgesetzes zur Vereidigung des neuen Bundespräsidenten Lübke im Plenarsaal des Bundestages zusammen. Die gemeinsame Sitzung wurde zugleich zu einem Staatsakt anlässlich des zehnjährigen Bestehens der Bundesrepublik Deutschland erklärt, in dem das Recht auf Wiedervereinigung eingefordert wurde.

Für Gerstenmaier war die Vereidigung des neuen Bundespräsidenten der richtige Zeitpunkt, einen Augenblick innezuhalten, einen Blick zurückzuwerfen in „die Tiefen und Niederungen, aus denen wir emporgestiegen sind und dessen eingedenk zu sein, was uns an Glück widerfahren, an Gnade zuteilgeworden ist." Als bedeutendste Leistung sah er es an, „dass wir mit unseren ehemaligen Gegnern im Westen heute in Freundschaft leben und dass wir nicht nur ihren verlässlichen Schutz, sondern auch ihre politische Unterstützung genießen, in unserem Ringen, mit der schwersten politischen Hinterlassenschaft des Zweiten Weltkrieges fertig zu werden."

Auflösung der DP-Fraktion

Am 1. Juli 1960, knapp ein Jahr vor Ende der Wahlperiode, hatte sich die DP-Fraktion aufgelöst; neun ihrer Mitglieder wechselten am 20. September 1960 zur CDU/CSU-Fraktion. Die übrigen sechs DP-Abgeordneten schlossen sich am 2. Juli 1960 als Gruppe „Deutsche Partei" zusammen. Die ihr zugesprochenen Gruppenrechte wurden im Ältestenrat beraten und am 28. September 1960 vom Präsidenten im Plenum zur Abstimmung gebracht. Demnach durften die Abgeordneten nur noch beratend in den Ausschüssen verbleiben. Im Ältestenrat und im Vorstand des Bundestages blieb der Vertreter der DP als Teilnehmer ohne Stimmrecht. Der DP-Abgeordnete Victor-Emanuel Preusker, der am 1. Juli 1960 fraktionslos und am 20. September mit den anderen acht Abgeordneten CDU-Mitglied geworden war, hatte auf Wunsch der CDU/CSU-Fraktion am 4. Oktober 1960 auf das Amt des Vizepräsidenten verzichtet, ohne dass ein Nachfolger für die neu gebildete Gruppe DP gewählt wurde.

Die SPD will Volkspartei werden: Das Godesberger Programm 1959

Schon nach dem Tode des Parteivorsitzenden Kurt Schumacher 1952 vollzog sich in der SPD ein Wandel, der sich bereits bei den Vorstandswahlen auf dem Stuttgarter Parteitag 1958 abzeichnete. Im November 1959 verabschiedete die SPD dann auf einem Sonderparteitag in Bad Godesberg ein neues Parteiprogramm, das sogenannte Godesberger Programm. Dieses war Ausdruck eines nicht zuletzt von Herbert Wehner betriebenen Reformprozesses in der SPD, der offenkundig nötig schien, nachdem die CDU im Bundestagswahlkampf die absolute Mehrheit erzielt hatte.

Das Godesberger Programm löste das bis dahin gültige Heidelberger Programm von 1925 ab. Erstmals sollten neue Parteimitglieder und vor allem Wählerstimmen auch außerhalb der Arbeiterschaft, und zwar vor allem im Mittelstand und auch bei den Christen, gewonnen werden. Das Godesberger Programm verabschiedete sich vom Sozialismus als Endziel der Politik. Die ursprünglich marxistische Grundlage der Partei wurde durch das Bekenntnis zu christlicher Ethik, Humanismus und klassischer Philosophie ersetzt. Grundwerte des nun auf die Fahnen geschriebenen „demokratischen Sozialismus“ wurden Freiheit, Gerechtigkeit und Solidarität. Die aus der Kaiserzeit stammende SPD nahm auch in wirtschaftspolitischen Fragen Abschied vom traditionell-sozialistischen Gedankengut und betonte die Notwendigkeit von freiem Wettbewerb und freier Unternehmerinitiative, also einer sozialen Marktwirtschaft. In der Sicherheitspolitik bekannte sich das Godesberger Programm zur Landesverteidigung und distanzierte sich damit von ihrem Deutschlandplan aus dem Jahre 1954.

Durch das mit großer Mehrheit angenommene Godesberger Programm – nur 16 von 340 Delegierten stimmten dagegen – wandelte sich die alte marxistisch-sozialistische Klassenpartei von Kurt Schumacher nun unter Erich Ollenhauer zu einer linken, demokratisch-pluralistischen Volkspartei. Das Programm machte die SPD zukunftsfähig. Bei den Bundestagswahlen 1961 und 1965 konnte sie, mit Willy

Brandt seit November 1960 als Kanzlerkandidat, deutlich zulegen und sich zur Regierungspartei entwickeln.

Das Godesberger Programm war für die nächsten Jahrzehnte das Parteiprogramm der Sozialdemokratischen Partei Deutschlands (SPD) und wurde erst im Dezember 1989 durch das Berliner Programm abgelöst.

Sondersitzung zum Mauerbau

Beherrschte zu Beginn der 3. Wahlperiode die außenpolitische Debatte im Bundestag das Geschehen, so standen in der Schlusssitzung nur noch Gesetze auf der Tagesordnung, die zuvor den Vermittlungsausschuss passiert hatten. Gerstenmaier hatte am 30. Juni 1961 den 3. Bundestag „verabschiedet", als am 13. August 1961 durch die Stadt Berlin von Seiten der DDR von 10 000 Volks- und Grenzpolizisten eine Mauer hochgezogen wurde, die zukünftig den sowjetischen Sektor Berlins, die „Hauptstadt der DDR", von den drei Westsektoren Berlin trennte. Die menschlichen Dramen in den nächsten Tagen, Wochen und letztlich auch Jahren waren kaum absehbar. Die Mauer, die in der DDR-Propaganda als „Antifaschistischer Schutzwall" verkauft wurde, zerstörte alle Hoffnungen auf eine Wiedervereinigung. Tatsächlich war sie aber gebaut worden, um den riesigen Flüchtlingsstrom von Ost nach West zu unterbinden. Mit Ausnahme von 13 Kontrollpunkten schloss die DDR alle Sektorenübergänge; die S- und U-Bahnverbindungen wurden unterbrochen, das Brandenburger Tor abgeriegelt und sogar Telefonverbindungen zwischen der DDR und der Bundesrepublik sowie Berlin (West) wurden blockiert.

Interfraktionell wurde umgehend eine Sondersitzung zum 18. August einberufen. Die Abgeordneten wurden aus dem Urlaub oder aus dem Wahlkampf in ihren Wahlkreisen nach Bonn einbestellt, um eine Erklärung der Bundesregierung zur politischen Lage entgegenzunehmen und in Beratung über die Lage in Berlin einzusteigen. Zwei Stunden und 39 Minuten sollte die 167. und letzte Plenarsitzung dauern. Redner waren seitens des Bundestages Adenauer, Heinrich Krone (beide CDU),

Neubauer und Ollenhauer (beide SPD) sowie Mende (FDP) und schließlich die fraktionslosen Abgeordneten Behrisch und Schneider. Nach der Geschäftsordnung des Bundestages hatten aber auch die Ministerpräsidenten im Bundestag Rederecht, weswegen auch dem Regierenden Bürgermeister von Berlin, Willy Brandt, in der Plenarsitzung das Wort erteilt wurde. Er war im Wahlkampf zum 4. Bundestag auch der Spitzenkandidat der SPD.

Bundeskanzler Konrad Adenauer bezeichnete den Mauerbau als „unmissverständliche Bankrotterklärung einer 16-jährigen Gewaltherrschaft". Er wies auf den Widerspruch des Mauerbaus zu den Viermächtevereinbarungen über Groß-Berlin hin und missbilligte die Zustimmung der UdSSR zu diesem Willkürakt. Die Bundesregierung und ihre Verbündeten waren sich in der Bewertung der Aktion einig. Adenauer war zuversichtlich, dass das Selbstbestimmungsrecht der Völker seinen Siegeszug fortsetzen und auch vor der Zonengrenze nicht haltmachen werde. Die DDR-Regierung bezeichnete er schließlich als „Marionettenregime", denn der Bundesnachrichtendienst hatte schon Anfang August 1961 Adenauer wissen lassen, dass sich die DDR bei der Sowjetunion die Zustimmung zum Mauerbau eingeholt hatte.

Wirkte Adenauer staatsmännisch, hielt Willy Brandt hingegen eine flammende Rede und konstatierte, dass das Recht auf Freizügigkeit brutal zertrampelt worden sei. Er forderte das Eingreifen internationaler Institutionen und beschuldigte die „Zonenregierung" der Annexion Ost-Berlins, eben jenem Teil, der mit den westlichen Zonen immerhin eine gemeinsame „Viermächtestadt" bilden sollte. Auch wies Brandt darauf hin, dass der Mauerbau das Verhältnis der Bundesrepublik zur Sowjetunion beeinflussen würde und appellierte an den Bundestag, die Verbindungen zwischen der Bundesrepublik und West-Berlin noch enger zu gestalten.

Erich Mende (FDP) warnte schließlich vor einem „neuen Korea", das es zu verhindern gelte.

Der Kommentar in der *Süddeutschen Zeitung* fiel bemerkenswert aus. Sie schrieb von einer „Pflichtübung", der sich der Bundestag mit einer „würdevollen Veranstaltung“ entledigt hätte. Letztlich war diese Sitzung jedoch eine hochemotionale Debatte, von der man eine nüchterne Analyse der Lage nicht hätte erwarten können. Es war eine zutiefst trostlose Situation, in der die Abgeordneten des 3. Bundestages zu dieser Sondersitzung zusammengerufen worden waren.

Gerstenmaier konnte schließlich in der letzten Sitzung der Wahlperiode am 22. August 1961, in der die Bundesärzteordnung verabschiedet worden war, die zuvor den Vermittlungsausschuss passiert hatte, noch einmal der „Landsleute in Berlin [... und] in der schwer leidenden Zone“ gedenken.

4. Wahlperiode (1961–1965)

Das erste Drei-Fraktionen-Parlament

Modernisierung des Wahlkampfes durch die SPD

Ein Monat nach dem Mauerbau, am 17. September 1961, wurde der 4. Bundestag gewählt. Für den Wahlkampf hatte sich die SPD schon mit ihrem Godesberger Programm inhaltlich neu aufgestellt. Dem präsidial wirkenden alten Adenauer stellte sie den sich modern und geradezu jugendlich gerierenden Willy Brandt entgegen. Erstmals setzte die SPD dennoch nicht auf einen Personenwahlkampf, sondern hatte im November 1960 dem Regierenden Bürgermeister von Berlin eine ganze Mannschaft, die zukünftige Ministerriege, präsentiert. Darauf reagierte die CDU, indem sie neben den erfolgreichen Kanzler den erfolgreichen Wirtschaftsminister Ludwig Erhard als „Kronprinzen" setzte.

Gleichzeitig begab sich Willy Brandt nach US-amerikanischen Vorbild auf „Deutschland-Fahrt" und lud Adenauer zu einem Fernsehduell ein. Doch der lehnte ab; er hielt die Gleichstellung von amtierendem Regierungschef und Kanzlerkandidat für unangemessen.

Konstituierung und Regierungsbildung

Die Konstituierung des 4. Bundestages am 17. Oktober 1961 fand vorerst zum letzten Mal in Berlin, und diesmal wieder in der Kongresshalle statt. Erstmals wurden nur drei Parteien in den Bundestag gewählt. Die CDU/CSU erhielt 251 Sitze, die SPD 203 und die FDP 67. Von den (nicht voll stimmberechtigten) 22 Berliner Abgeordneten erhielt die SPD 13 Sitze und die CDU/CSU 9 Sitze.

Vorsitz der konstituierenden Sitzung: Alterspräsident Robert Pferdmenges (CDU/CSU). Wiederwahl von Eugen Gerstenmaier (CDU) zum Bundestagspräsidenten (mit 91,9 % der abgegebenen Stimmen). Vizepräsidenten wurden Carlo Schmid (SPD), nun zum vierten Mal, Richard Jaeger (CDU/CSU), Erwin Schoettle (SPD) sowie Thomas Dehler (FDP), der schon in der 3. Wahlperiode am 28. September 1960 dem verstorbenen Vizepräsidenten Max Becker nachgefolgt war.

Um Adenauers Koalitionsverhandlungen mit der FDP zu erleichtern, erklärte von Brentano am 30. Oktober 1961 seinen Rücktritt als Außenminister. Zum ersten Mal in der Geschichte des Bundestages wurde ein Koalitionsvertrag geschlossen, nur weil Adenauer seinen Rücktritt als Bundeskanzler angekündigt hatte und sein Nachfolger an den Koalitionsvertrag gebunden werden sollte. Am 7. November 1961 wurde Adenauer zum vierten Mal zum Bundeskanzler gewählt.

Bundeskanzler Konrad Adenauer erklärte bereits sehr früh, nicht mehr erneut vier Jahre im Amt des Bundeskanzlers bleiben zu wollen. Dass tatsächlich Wirtschaftsminister Ludwig Erhard im Namen des Bundeskanzlers die erste Regierungserklärung am 29. November 1961 abgegeben hatte, war ein Zeichen dafür. Seine Rede war stark auf den fortgesetzten wirtschaftlichen Erfolg der Bundesrepublik ausgerichtet, ferner bezeichnete er den Élysée-Vertrag als den größten außenpolitischen Erfolg und bekräftigte schließlich drei Grundprinzipien der Deutschlandpolitik: Verzicht auf Gewaltanwendung und Gewaltdrohung, Wiederherstellung der deutschen Einheit in Freiheit und Frieden sowie keine „Anerkennung des kommunistischen Regimes in Mitteldeutschland“, womit die DDR gemeint war.

Während die weltpolitischen Auseinandersetzungen zwischen den USA und der UdSSR über die Stationierung sowjetischer Mittelstreckenraketen auf Kuba die Welt auf einen Atomkrieg steuerten, hatte in der Bundesrepublik die sogenannte Spiegelaffäre den Glauben an die Demokratie und Rechtsstaatlichkeit erschüttert.

Die Spiegelaffäre

Am 26. Oktober 1962 wurden auf Anordnung der Bundesanwaltschaft in einer Nachtaktion die Redaktionsräume des Nachrichtenmagazins *Der Spiegel* in Hamburg und Bonn durchsucht. Die Chefredakteure Claus Jacobi und Johannes K. Engel wurden wegen Verdacht des Landesverrats festgenommen. Rudolf Augstein stellt sich zwei Tage später selbst der Polizei und sein stellvertretender Chefredakteur, Conrad Ahlers, wurde nach einem Anruf des Verteidigungsministers Strauß beim deutschen Militärattaché in Madrid an seinem spanischen Urlaubsort verhaftet. Damit hatte sich Strauß – so später die Bonner Staatsanwaltschaft – der Amtsanmaßung und Freiheitsberaubung schuldig gemacht. Augstein blieb 103 Tage in Untersuchungshaft.

Der Spiegel hatte zuvor Vertrauliches über das NATO-Manöver „Fallex 62“ und über atomare Bewaffnungspläne der Bundeswehr berichtet, aber vor allem den mangelhaften Zustand der Bundeswehr und den verantwortlichen Bundesverteidigungsminister Franz Josef Strauß kritisiert. Dieser stand ohnehin schon im Fokus, denn am 21. März 1962 war ein Untersuchungsausschuss zur Prüfung von Behauptungen über die Tätigkeit von Strauß bei der Vorbereitung eines Bauprojekts für die Errichtung von Wohnungen für die US-Streitkräfte (sogenannter FIBAG-Ausschuss) eingerichtet worden.

Bald konzentrierte sich das Interesse vor allem auf die Begleitumstände der Aktion. Während der Fragestunde am 7. November 1962 verteidigte der Bundeskanzler die Maßnahmen. Ohne Rücksicht auf eine Unschuldsvermutung sagte Bundeskanzler Adenauer im Bundestag, wie es im Stenografischen Protokoll heißt:

„Nun, meine Damen und Herren,
(anhaltende Zurufe von der SPD)
wir haben
(fortgesetzte Zurufe von der SPD)
einen Abgrund von Landesverrat im Lande.
(Abg. Seuffert: Wer sagt das?)
– Ich sage das.

(Laute Rufe von der SPD: Aha! So? – Abg. Seuffert: Ist das ein schwebendes Verfahren oder nicht?)

Denn, meine Damen und Herren,

(Zuruf des Abg. Seuffert)

wenn von einem Blatt, das in einer Auflage von 500 000 Exemplaren erscheint, systematisch, um Geld zu verdienen, Landesverrat getrieben wird – –

(Erregte Zurufe von der SPD: Pfui! Huh! – Pfeifen und anhaltende Zurufe von der SPD, u. a. von den Abgeordneten Seuffert und Hermsdorf.)“

Der Tumult war derartig groß, dass Adenauer nicht weitersprechen konnte und Präsident Gerstenmaier sogar überlegt haben soll, die Sitzung abzubrechen.

Die *Süddeutsche Zeitung* kommentierte am nächsten Tag: Wenn eine Regierung bestimmt, „was ein Rechtsstaat ist, so müssen wir ernsthaft bezweifeln, dass wir in einem solchen leben.“ Die Frankfurter Allgemeine Zeitung bezweifelte indirekt, dass die Regierung Interesse an einer Aufklärung gehabt hätte. Und der Schwarzwälder Bote sprach von einem „rabenschwarzen Tag“, den der Bundestag erlebt habe.

Im Laufe des Verfahrens musste Verteidigungsminister Franz Josef Strauß schließlich zugeben, persönlich für die Festnahme von Ahlers in Spanien gesorgt zu haben, was „etwas außerhalb der Legalität“ war, wie Bundesinnenminister Hermann Höcherl zugestand. Die Regierungskrise offenbarte sich auch in riesigen Protestaktionen wegen des Eingriffs in die Pressefreiheit, auf denen mit dem Slogan „Augstein raus / Strauß rein“ auch der Rücktritt von Strauß gefordert wurde.

Adenauer stellte sich zunächst vor seinen Verteidigungsminister, woraufhin seine fünf FDP-Minister Hans Lenz, Wolfgang Mischnick, Walter Scheel, Wolfgang Stammberger und Heinz Starke am 19. November 1962 zurücktraten. Mit seinem eigenen Rücktritt ermöglichte Strauß dem Bundeskanzler die Neubildung seines Kabinetts. Aus dem alten Kabinett war nur Kai-Uwe von Hassel geblieben, alle anderen Kabinettsmitglieder – auch die der CDU/CSU –wurden am 14. Dezember 1962 vereidigt. Adenauer selbst betonte in seiner Regierungserklärung einlenkend, dass „die Arbeit des Parlaments [...] für die Arbeit der Regierung eine absolute Notwendigkeit“ sei.

Die Spiegel-Affäre war bis dahin die größte innenpolitische Krise in der Geschichte der Bundesrepublik und war Vorzeichen für weiterreichende gesellschaftliche, kulturelle und politische Veränderungen. Dass Adenauer nicht jetzt schon zurücktrat, war ausschließlich auf außenpolitische Erwägungen zurückzuführen. Auch wenn unter dem seit der letzten Bundesversammlung gehandelten „Kronprinzen“ Ludwig Erhard die Wahrscheinlichkeit groß schien, dass seine Politik kontinuierlich fortgeführt würde, so war doch auch außenpolitisch das Signal wichtig, dass Adenauer den mit Frankreich eingefädelten Élysée-Vertrag abschließen würde. Immerhin übernahm Erhard zunehmend Regierungserklärungen im Bundestag und wurde Hauptredner der CDU/CSU-Fraktion. So wurde auch die Regierungserklärung am 22. Februar 1962 zur Sturmflutkatastrophe an der Nordsee vom Wirtschaftsminister abgegeben.

Der Élysée-Vertrag

Anfang der 1960er-Jahre stand die Bundesregierung im Konfliktfeld zweier außenpolitischer Konzeptionen, nämlich dem Anspruch auf Vorherrschaft der USA in Westeuropa sowie dem französischen Führungsanspruch mit Charles de Gaulles Vision eines „Europas der Vaterländer“. Vor allem wegen des Deutsch-Französischen Freundschaftsvertrags vom 22. Januar 1963 waren die USA verstärkt bemüht, die Bundesrepublik auf ihre Seite zu ziehen.

Ohne das eine zu lassen und das andere zu tun, hatte Adenauer mit seinem Staatsbesuch in Paris vom 2. bis 8. Juli 1962 der deutsch-französischen Aussöhnung zum Durchbruch verholfen.

Dieser – kurz Élysée-Vertrag genannte – bilaterale Vertrag wurde im Bundestag ratifiziert, doch um eine Präambel erweitert, in der ausdrücklich festgestellt wurde, dass durch den neuen Vertrag die Verpflichtungen aus den anderen von der Bundesrepublik abgeschlossenen Verträge unberührt blieben. De Gaulle sah darin eine Verwässerung von Geist und Sinn des Vertrages. Adenauer erklärte im Bundestag dazu in der 2. und 3. Lesung am 16. Mai 1963, dass die deutsch-französische Aussöhnung gar nicht gegen die bestehenden europäischen Institutionen gerichtet sei, sondern die Voraussetzung für eine politische Union Europas. Der Vertrag erwies sich in der weiteren Zukunft tatsächlich als eine Grundlage für die Zusammenarbeit auf politischem und kulturellem Gebiet. In dem Vertrag verpflichteten sich beide Staaten zu ständigen Konsultationen und Treffen, die im Wechsel in Paris und Berlin, später auch zwischen den Parlamenten gepflegt wurden.

Seit Sommer 1964 zählten neben Ludwig Erhard in der CDU/CSU auch Außenminister Gerhard Schröder und Verteidigungsminister Kai-Uwe von Hassel zu den Atlantikern, die sich gegen eine gar zu exklusive Beziehung der Bundesrepublik zu Frankreich wandten. Vor dem Hintergrund des Kalten Krieges wollten sie aber nicht auf den militärischen Schutz der USA verzichten. Gerade angesichts der Kuba-Krise hatte Adenauer in seiner Regierungserklärung am 6. Februar 1963 die Lehre gezogen, „zu welch gefährlichen, ja geradezu tollkühnen Aktionen die sowjetische Führung" in der Lage sei. Auch Adenauer zeigte sich dankbar über die Entschlossenheit der USA. Der Streit in der Union zwischen Atlantikern und Gaullisten wurde nie grundsätzlich gelöst, sondern durch Pragmatismus überwunden, sodass die CDU die „Partei der deutsch-französischen Freundschaft" werden konnte.

Das Ende einer Ära: Adenauer tritt zurück

Selbstverständlich hatte ein Politiker wie Adenauer Gegner und auch Feinde, aber ein Kanzlerrücktritt setzt einen größeren Druck, vor allem aus den eigenen Reihen voraus. Schon bei seiner Kandidatur als Bundespräsident galt er bei manchem als „angeschlagen". In der Berlin-Krise im August 1961 nahmen ihm viele Menschen übel, dass er zu wenig seine Solidarität mit den Berlinern bekundet hätte. Da hatte im kollektiven Gedächtnis der Deutschen der US-Präsident John F. Kennedy mit der Solidaritätsbekundung „Ich bin ein Berliner" am 26. Juni 1963 vor dem Rathaus Schöneberg, eine größere Popularität in der Berlinkrise erlangt als der Bundeskanzler. Die Spiegelaffäre im Herbst 1962 hatte Adenauer schließlich eine ernsthafte Regierungskrise beschert, woraufhin dieser am 2. Dezember 1962 erklärte, im Herbst 1963 vom Amt des Bundeskanzlers zurücktreten zu wollen.

Es war erst- und einmalig in der Geschichte des Bundestages, als Gerstenmaier zu Adenauers Abschied vom Amt des Bundeskanzlers am 15. Oktober 1963 eigens den Bundestag einberief. Diese Geste „versöhnte mit vielem, was in all den Jahren ebenfalls in Bonn geschehen war", schrieb Wilhelm Greiner in der Rhein-Neckar-Zeitung. Gerstenmaiers Lobeshymne auf Adenauer, die sich der 87 Jahre alte Kanzler stehend von seinem Sitz als Bundestagsabgeordneter 40 Minuten lang anhörte, war eine der Sternstunden des Parlaments und eine der wirklich großen Reden im Bundestag. Gerstenmaier demonstrierte mithin einmal mehr auch seine eigene Rednerkunst. Die Rede trug dazu bei, dass sich die Öffentlichkeit sowie die veröffentlichte Meinung des Landes gleichermaßen in diesem Staat und seinem Parlament wiedererkannt hatten. Die FAZ notierte: Wenn Adenauer am Schluss den Politikern und dem deutschen Volk dankte, dann hatten auch diese ihm zu danken, und genau diesen Dank sprach Gerstenmaier aus. Alois Rummel sprach im Südwestfunk davon, dass Adenauer „zum Bundeskanzler aller Bürger dieser Republik geworden" war. „Nicht einmal Bismarck hat das von sich sagen können", formulierte Rummel. Allen nachfolgenden Bundeskanzlern hat man dies, selbst wenn man es hätte sagen wollen, bislang zeitlebens verwehrt und allenfalls für Staatstrauerakte aufgehoben. Le Figaro feierte Adenauer anlässlich seiner Verabschiedung im Bundestag als „Prophet und Schöpfer" Europas und die Washington Post schrieb, es wäre undankbar gewesen, wenn die „freie Welt" – damit war nicht nur Westdeutschland gemeint – den „gefürchteten Mann" am Tage seines Rücktritts nicht gegrüßt hätte.

Dadurch, dass Gerstenmaier uneigennützig und aus freien Stücken heraus diese Sondersitzung zu Adenauers Rücktritt einberufen hatte, stellte er Adenauer noch zu Lebzeiten ein bedeutendes Zeugnis aus, und bildete ein Narrativ, wie es in der Geschichte der Bundesrepublik keinem Spitzenpolitiker mehr gelungen war.

Mit Adenauers Rücktritt war eine Ära nicht nur in der deutschen Geschichte, sondern in der Geschichte Europas zu Ende gegangen. Nun aber war es auch Zeit, mit einer neuen Riege von Politikern neue politische Lösungen zu finden.

Mit 279 von 484 abgegebenen Stimmen wurde Ludwig Erhard, den die CDU/CSU-Fraktion schon am 23. April 1963 zum Kanzlerkandidaten nominiert hatte, am 16. Oktober 1963 zum Bundeskanzler gewählt. Zunächst änderte sich wenig, da die Regierungskoalition aus CDU/CSU und FDP fortgeführt wurde und die SPD in der Opposition blieb. Es wirkte sich jedoch auf die Bundestagsarbeit aus, dass Erhard die straffe Führung der Regierungsarbeit durch einen „kollegialen" Führungsstil ersetzte, der aber schon im Frühjahr 1965 als Führungsunwilligkeit wahrgenommen wurde. Erst am 1. Dezember 1964 wählte die CDU/CSU-Fraktionen mit Rainer Barzel einen neuen Vorsitzenden in der Nachfolge des altgedienten Parlamentariers und Bundesministers Heinrich von Brentano. Der anfängliche Erfolg des „Bundeskanzlers mit wirtschaftspolitischer Expertise", lag weniger an ihm, als an der wirtschaftlichen Hochkonjunktur, die bis Mitte des Jahrzehnts andauerte, und es der Bundesregierung erlaubte, zusehends ausgabenträchtige Gesetze in den Bundestag zu verabschieden, sodass die Staatsausgaben anstiegen. Dass sich Erhard in den ersten beiden Jahren seiner Kanzlerschaft mit außenpolitischen Schwerpunktsetzungen unnötigerweise zwischen Atlantikern und Gaullisten aufrieb, bemerkten wohl nur Insider. Dennoch wurde Erhard in der Wahl zum 5. Bundestag als Spitzenkandidat der CDU aufgestellt.

Der Tod von Erich Ollenhauer, dem Parteivorsitzenden der SPD und Vorsitzenden der SPD-Bundestagsfraktion, am 14. Dezember 1963, fand längst nicht die Aufmerksamkeit wie Adenauers Rücktritt, aber er riss eine empfindliche Lücke in die SPD-Fraktion, die erst am 3. März 1964 mit Fritz Erler einen neuen Vorsitzenden wählte.

4. Bundesversammlung

Am 1. Juli 1964 trat die 4. Bundesversammlung wieder in der Berliner Ostpreußenhalle am Funkturm zusammen. Auch dieses Mal wiederholte die sowjetische Regierung im Vorfeld ihre Proteste von vor fünf Jahren und drohte mit Folgen, wenn die Bundesversammlung in Berlin abgehalten werden würde. Bundestagspräsident Gerstenmaier betonte in seiner Eröffnungsansprache die Pflicht der Bundesrepublik zu einer loyalen Partnerschaft mit den Drei Westmächten und erläuterte, dass diese „die Sicherheit West-Berlins garantieren", „den Schutz dieser Bundesversammlung übernommen" und die Proteste der Regierung der Sowjetunion „sogleich und einhellig abgewiesen" hatten.

In der Bundesversammlung schlug die CDU/CSU den bisherigen Bundespräsidenten Lübke zur Wiederwahl vor. Die SPD-Fraktion verzichte nicht nur auf einen eigenen Vorschlag, sondern befürwortete sogar mehrheitlich die Wiederwahl Lübkes. Später wurde das Vorgehen als Vorleistung der SPD für eine spätere große Koalition gewertet. Die FDP nominierte ihren ehemaligen Bundesminister der Justiz, Ewald Bucher. Heinrich Lübke wurde im ersten Wahlgang mit großer Mehrheit wiedergewählt.

Rederecht für den Wehrbeauftragten

Von Beginn an hatte der Wehrbeauftragte als zentraler Ombudsmann zwischen Parlament und Soldaten im Plenum kein Rederecht. Der Wehrbeauftragte Hellmuth Heye hatte sich deswegen in einer Artikelserie in einer Illustrierten über die innere Verfassung der Bundeswehr zu Wort gemeldet. Als dies heftige Kritik auslöste, hatte er am 10. November 1964 um seine vorzeitige Entlassung gebeten. Aufgrund der Notwendigkeit, Missstände in der Truppe öffentlich zu machen und damit der Kontrolle der Bundeswehr durch den Wehrbeauftragten Gehör in der Öffentlichkeit zu verschaffen, wurde am 27. Januar 1965 die Geschäftsordnung dahingehend geändert, dass der Wehrbeauftragte Rederecht im Bundestag erhält. Die erste Worterteilung im Plenum erfolgte in der 5. Wahlperiode am 20 Juni 1967 in Verbindung mit der Veröffentlichung des Jahresberichts des Wehrbeauftragten. Das war eine Lösung, die sich bis heute bewährt hat.

Ende der Bundestagspräsenz in Berlin

Nach der Konstituierung des 4. Bundestages tagte erst gegen Ende der Wahlperiode das Plenum am 7. April 1965 erneut in Berlin. Bis dahin wurden die Plenarsitzungen stets bei den drei westlichen Schutzmächten angemeldet und erhielten stets eine positive Beachtung in der Presse. Auch die Sowjetunion sah nie einen Anlass zu irgendeinem Protest. Die Haltung der DDR und der Sowjetunion änderte sich erst infolge der Berlin-Krise des Jahres 1958. Von nun an wurde die Anwesenheit von Organen des Bundestages in Berlin von östlichen Protesten begleitet.

Die letzte Plenarsitzung am 7. April 1965 fand erstmals im Zeichen massiver Störungen seitens der Sowjetunion und der DDR statt und führte zu einer krisenhaften und beunruhigenden Zuspitzung der Lage. Während der Sitzung flogen sowjetische Kampfflieger des Typs MiG im Tiefflug über Berlin, durchbrachen die Schallmauer und feuerten auch noch Übungsmunition ab.

Gleichwohl drückte Bundestagspräsident Gerstenmaier in der Sitzung seine Freude aus, dass der Deutsche Bundestag „nach Jahren wieder einmal in Deutschlands Hauptstadt zu einer regulären Sitzung zusammentreten kann“. Mit Nachdruck wies er die „Drohungen und Schikanen“ zurück, mit denen „die in Pankow residierenden Handlanger einer fremden Besatzungsmacht uns an der Ausübung unseres Rechtes zu verhindern sucht [...] Das Recht des Deutschen Bundestages, in Berlin zu tagen, ist unantastbar.“ Es sei schlichter Unsinn, irgendetwas anderes zu unterstellen, als „dass wir dem Frieden von ganzem Herzen dienen“. „Aber dem Frieden in Deutschland und in der Welt wird nicht gedient, wenn man sich vor dem Unrecht duckt statt ihm die Stirne zu bieten." Gerstenmaier dankte den westlichen Verbündeten, dass sie die Rechte des deutschen Volkes mitverteidigten und bekräftigte den Willen des Bundestages, die Rechte der westlichen Schutzmächte Berlins auf das loyalste zu respektieren.

Schon wenige Tage später, am 11. April 1965, sprachen sich die Drei Westmächte gegen weitere Plenarsitzungen des Bundestages in Berlin (West) aus.

Das Viermächte-Abkommen über Berlin vom 3. September 1971 schloss Plenarsitzungen schließlich ganz aus. Ausschuss-Sitzungen konnten weiterhin in Berlin stattfinden, wenn sie im Zusammenhang mit den Bindungen zwischen Bund und Berlin standen. Die Fraktionen des Bundestages durften ihre Sitzungen in Berlin nicht gleichzeitig durchführen. Bei ihnen brauchte die Tagesordnung keinen Berlin-Bezug aufzuweisen.

Selbst wenn die Bundestagssitzungen in Berlin die Wiedervereinigung keinen Schritt nähergebracht hatte, so trugen sie doch dazu bei, das Bewusstsein für Recht und Freiheit in ganz Deutschland lebendig zu halten. „Auch das ist eine Realität.", schrieb Hans Becker in der Rheinischen Post.

Die Times formulierte geradezu prophetisch: „Sollte der Bundestag damit aufhören, gelegentlich in Berlin zu tagen, würden die Kommunisten schon bald tönen, dass Westdeutschland seine Interessen in Berlin verwirkt hat".

Bilanz der 4. Wahlperiode

Am 2. Juli 1965 „verabschiedete" Gerstenmaier den 4. Bundestag, auch wenn der Bundestag am 6. und am 23. Juli 1965 nochmals zusammentrat. Gerstenmaier zog aus der Sicht des Parlaments eine Bilanz. 198 Plenarsitzungen gab es und damit 32 Sitzungen mehr als in der Wahlperiode zuvor. Die Ausschüsse und Gremien des Bundestages hatten 3066 Sitzungen abgehalten; in der Wahlperiode zuvor waren es 500 weniger. Die Fraktionen tagten 688 Mal gegenüber 661 Mal. 428 Gesetze wurden verabschiedet, nur vier mehr als in der 3. Legislaturperiode. Die Zahl der Zollverordnungen sei von 43 auf 241 gestiegen. Das Plenum habe zu 223 EWG-Verordnungen Stellung genommen. 24 Abgeordnete hatten ihr Mandat niedergelegt, zwei wechselten die Fraktion und 35 starben.

Alle Verantwortlichen hätten sich darum bemüht, durch eine Aktualisierung der politischen Debatte im Plenum einen Beitrag zur Parlamentsreform zu leisten. So sei die Fragestunde „intensiviert" und am 10. Februar 1965 die erste „Aktuelle Stunde" durchgeführt worden. Ziel war es, die Debatten lebhafter und damit interessanter zu gestalten. Die erste „Aktuelle Stunde" im Bundestag befasste sich übrigens mit der Pressekonferenz des französischen Staatspräsidenten vom 4. Februar 1965. In dieser „Aktuellen Stunde" hatte die SPD klarzustellen versucht, dass die Wiederherstellung der deutschen Einheit nicht ohne die USA und Großbritannien gelöst werden könne.

In allen Fraktionen des Hauses spiegelte sich – so Gerstenmaier in seiner Bilanz – die Realität der pluralistischen Gesellschaft wider. Die Fraktionen stünden unter dem Zwang, Kompromisse zu schließen und gemeinsame Entscheidungen zu treffen, die dem Interesse des Ganzen Rechnung tragen.

Der deutsche Parlamentarismus hatte sich nach Auffassung von Gerstenmaier in den letzten 100 Jahren von der nahezu ausschließlich öffentlichen Debatte immer weiter wegbewegt. Das könne man ernstlich beklagen, aber kaum nennenswert ändern, da eine Öffentlichkeit der Bundestagsausschüsse „der Offenheit, der Differenzierung und der Versachlichung ihrer Beratungen" nicht dienen würde.

Unerwähnt in der Rede Gerstenmaiers blieb, dass trotz einer teils sehr lebhaften Diskussionskultur der 4. Bundestag der Bundestag mit den wenigsten Ordnungsmaßnahmen war. Das zeugt von einer hohen Disziplin und war sicher auch dem Drei-Fraktionen-Parlament geschuldet. Erst der 16. Bundestag (2005-2009) erreichte einen vergleichbar niedrigen Stand.

Die weltpolitische Lage – so Gerstenmaier aber – sei trotz aller Entspannungsbemühungen nicht heiterer, sondern ernster geworden, und die deutsche Frage bliebe zukünftig eine der zentralen Aufgaben. Die Durchführung der Plenarsitzung in Berlin hatte er schließlich als „schlichte Pflicht" bezeichnet, wobei er den drei Schutzmächten dankte, die diese Sitzung ermöglicht hätten.

Nach dieser Rede stimmte auch die Presse in teils sentimentale oder zugleich Hoffnung machende Rückblicke ein. Antonius Jahn schrieb im Handelsblatt, der Bundestag sei auch personell das unmittelbare Erbe der Weimarer Republik gewesen. Das Parlament „wurde im Ganzen geprägt durch Menschen, die bereits vor 1933 politisch aktiv waren. Ab Herbst 1965 ist das vorbei. Die Struktur des Bundestages wird dann eine völlig neue sein." Jahn setzte auf die „jungen Leute", und bezeichnete sie als „die kühlen, routinierten und gleichzeitig verbindlichen Techniker", welche zukünftig „die Atmosphäre bestimmen".

Auch die Politik hatte mit dem Ende der Ära Adenauer einen bevorstehenden Generationenwechsel erkannt. Der Ton zwischen den Fraktionen wurde schärfer. Man fürchtete seitens der CDU den „totalen Wahlkampf", der alles bisherige Wahlkampfgetöse an Agitation übertreffen würde. Die vier im Bundestag vertretenen Parteien CDU, CSU, SPD und FDP schlossen eigens für den Wahlkampf zur Wahl am 19. September 1965 bereits am 9. Januar 1965 ein Wahlkampfabkommen ab, in dem sie sich auf einen fairen und kostengünstigen Wahlkampf verständigten.

5. Wahlperiode (1965–1969)

Parlamentsreform und Notstandsgesetzgebung in der Großen Koalition

Konstituierung

Am 19. Oktober 1965 eröffnete der ehemalige Bundeskanzler Konrad Adenauer (CDU/CSU) als Alterspräsident die konstituierende Sitzung des 5. Bundestages. Auf eine längere Ansprache verzichtete er, mahnte aber die Pflichten der Abgeordneten an und prophezeite eher beiläufig: „Wir werden aller menschlichen Voraussicht nach während der nächsten vier Jahre schweren Zeiten entgegengehen."

Aufgrund des Wahlergebnisses vom 19. September 1965 fielen an die CDU/CSU 251 Sitze, an die SPD 217 und an die FDP 50. Hinzu kamen von den nicht voll stimmberechtigten 22 Berliner Abgeordneten für die SPD 15 Sitze, die CDU/CSU 6 und die FDP 1.

Bei seiner außer Zweifel stehenden Wiederwahl zum Bundestagspräsidenten erhielt Eugen Gerstenmaier (CDU/CSU) nur 75,8 % der abgegebenen Stimmen, das Traumergebnis der vorherigen Wahlperiode von 91,9 % war weit unterschritten. Vizepräsidenten wurden Carlo Schmid (SPD), Richard Jaeger (CDU/CSU), Thomas Dehler (FDP) und Erwin Schoettle (SPD). Am 9. Dezember 1965 wurde mit Maria Probst (CDU/CSU) erstmals eine Frau zur Vizepräsidentin des Bundestages in der Nachfolge von Jaeger gewählt, der zum Bundesminister der Justiz berufen worden war. Nach dem Tod von Bundestagsvizepräsidentin Probst am 1. Mai 1967 wurde Jaeger, der mit der Bildung der Großen Koalition seinen Ministerposten verlor, am 11. Mai 1967 erneut zum Bundestagsvizepräsidenten gewählt. Am 8. September 1967 wurde Walter Scheel (FDP) zum Nachfolger des verstorbenen Vizepräsidenten Thomas Dehler (FDP) gewählt.

In seiner Ansprach hatte Gestenmeier die deutsche Einheit beschworen und erinnerte daran, dass in der Politik der „Kompromiss in der Regel unentbehrlich" sei. „Deshalb sollte kein Parlamentarier gering denken vom Kompromiss. In ihm erscheint weit öfter die Tugend als die Schwäche. Ein Kompromiss kann auch einmal von der Schwäche charakterisiert sein; aber weit öfter steht und lebt in ihm der Respekt vor der Überzeugung und Freiheit auch des anderen und der Mut zum Nüchternen, zum Notwendigen und zum Möglichen." Zur Ausschusstätigkeit stellte Gerstenmaier mit kritischem Unterton dar: „Es mag sein, dass der Fleiß des Bundestages in der Leistung seiner Ausschüsse kund wird, sein Rang, sein politischer, sein geistiger, sein moralischer Rang wird sich jedoch in seinem Plenum darstellen. Deshalb ist der Wunsch, der immer wiederkehrende Wunsch nach der lebendigen Plenardebatte in sich selber begründet und berechtigt."

Die Kanzlerschaft Erhards

Die Wiederwahl von Ludwig Erhard zum Bundeskanzler, dem „Vater des Wirtschaftswunders", erfolgte am 20. Oktober 1965. Erhard bildete in den nächsten sieben Tagen eine Regierungskoalition aus CDU/CSU und FDP. In seiner Regierungserklärung wurden die Standardthemen abgearbeitet: Die Regierung müsse Wirtschaft und Währung stabil halten, haushaltswirksame Gesetze sollten nur eingebracht werden, wenn sie gedeckt werden können. Die öffentlichen Ausgaben müssten auf ein vertretbares Maß reduziert werden. Arbeitszeitverkürzungen seien vorerst nicht zu verantworten, im Gegenteil, der Kanzler forderte, die wöchentliche Arbeitszeit um eine Stunde zu erhöhen. Auch wandte er sich gegen eine Subventionspolitik. In der Außenpolitik wollte sich die Regierung weiterhin um die Wiedervereinigung Deutschlands bemühen und die europäische und atlantische Zusammenarbeit fördern und ein besseres Verhältnis zum Ostblock anstreben.

In der Aussprache zur Regierungserklärung prangerte der SPD-Fraktionsvorsitzende Fritz Erler die Zerstrittenheit der Koalition an, die mangelnde Entschlusskraft des Bundeskanzlers und das finanzielle Chaos. Er traute der Regierung nicht zu, sich an der Überwindung der internationalen Krisen beteiligen zu können.

Und er sollte Recht behalten. Knapp ein Jahr hielt sich die Regierung Erhards, als am 28. Oktober 1966 alle Bundesminister der FDP aus der Regierung austraten. Der Bruch der Regierungskoalition erfolgte nach Ablehnung eines Kompromisses des Kabinetts über Steuererhöhungen zum Ausgleich des Haushalts 1967 durch die FDP. Ein konstruktives Misstrauensvotum wurde nicht in Erwägung gezogen. Auch SPD und FDP waren nicht in der Lage, sich auf ein gemeinsames Konzept zu einigen. Immerhin war eine sozialliberale Koalition angedacht worden. Stattdessen gab es zunächst eine Minderheitsregierung. Dann stellte die SPD am 8. November 1966 im Bundestag ein Vertrauensfrage-Ersuchen an Bundeskanzler Erhard. Mit 255 gegen 246 Stimmen nahm der Bundestag den Antrag an.

In der sich anschließenden Plenardebatte forderte Herbert Wehner (SPD) Neuwahlen und beschwor die Abgeordneten: „Heute haben wir alle hier […] Gelegenheit, die Souveränität des vom Volke gewählten Bundestages unter Beweis zu stellen und damit unserer freiheitlich demokratischen Ordnung einen Dienst zu erweisen."

Doch Erhard wollte dem Ersuchen „unter gar keinen Umständen nachkommen" und lehnte es ab, Empfehlungen oder Belehrungen über Demokratie entgegenzunehmen.

Das Abstimmungsergebnis zum Ersuchen der Vertrauensfrage war das erste Abstimmungsergebnis seit 1949, das die CDU/CSU-Fraktion verloren hatte. Für den integren und gutgläubigen Erhard, der mit Intrigen gar nicht umgehen konnte, verband sich damit auch eine menschliche Tragik. Obwohl Erhard noch Bundeskanzler und CDU-Parteivorsitzender war, beschloss die CDU/CSU-Bundestagsfraktion, einen neuen Kanzlerkandidaten zur Überwindung der Regierungskrise aufzustellen.

Kurt Georg Kiesinger

In der CDU/CSU-Fraktionssitzung am 10. November 1966 setzte sich Kurt Georg Kiesinger im dritten Wahlgang gegen Bundesaußenminister Gerhard Schröder und den Fraktionsvorsitzenden Rainer Barzel durch. Gerstenmaier hatte auf seine Kandidatur zugunsten Kiesingers verzichtet.

Nachdem Kiesingers Verhandlungen mit dem bisherigen Koalitionspartner FDP am 25. November 1966 gescheitert waren, verständigten sich Kiesinger und der SPD-Vorsitzende Willy Brandt schon einen Tag später, trotz fundamentaler inhaltlicher Gegensätze zwischen CDU/CSU und SPD, auf eine Große Koalition. Daraufhin trat Erhard, der schon am 2. November 1966 erklärt hatte, an seiner Person solle eine Regierungsbildung nicht scheitern, am 30. November als Bundeskanzler zurück.

Die Große Koalition war von langer Hand vorbereitet worden. Schon bei der Konstituierung des 4. Bundestages sprachen sich Willy Brand, Bundespräsident Heinrich Lübke und andere für eine Große Koalition aus. Die Große Koalition war gar nicht so bedrohlich wie Beobachter und Politikwissenschaftler glaubten. Schon der Wiederaufbau der deutschen Länder wurde seit 1945 durchweg von Allparteienregierungen bewältigt und mit dem Ausscheiden der KPD seit 1948, von der CDU und der SPD alleine.

Am 1. Dezember 1966 wurde Kiesinger mit 340 gegen 109 Stimmen zum Bundeskanzler gewählt. Die FDP zählte aber nur 49 Abgeordnete. Kiesinger erhielt die Zustimmung von 68,5 % aller Abgeordneten; dabei zählten die Abgeordneten der beiden Koalitionsparteien über 87 % der Mandate. Bis zur Wahl Angela Merkels 2013 war es dennoch das beste Wahlergebnis, das ein Bundeskanzler je erhielt. Auch wenn Adenauer Kiesinger wegen „mangelnder Durchsetzungsfähigkeit" abgelehnt hatte, heißt es noch längst nicht, dass er ihn nicht gewählt hätte.

Vor seiner Wahl zum Bundeskanzler war Kiesinger Ministerpräsident von Baden-Württemberg und davor von 1949 bis 1959 Bundestagsabgeordneter. Während Bundesminister wiederholt ohne Bundestagsmandat in das Bundeskabinett kamen, ist Kiesinger bis heute der einzige Bundeskanzler, der nicht dem Bundestag angehörte. An Sitzungen des Bundestages nahm er teil und erhielt Rederecht, doch war er nicht stimmberechtigt und erhielt auch keine Diäten. 1967 wurde der Bundeskanzler auch Parteivorsitzender der CDU und blieb es bis 1971.

Die Ohrfeige

Wie kein anderer bundesrepublikanischer Spitzenpolitiker wurde Kiesinger wegen seiner nationalsozialistischen Vergangenheit angefeindet. Noch vor dem Reichstagsbrand am 27. Februar 1933 war er Mitglied der NSDAP geworden und ging nach dem Reichstagsbrand schon auf Distanz zur Partei, was sich auch darin ausdrückte, dass er nie seinen Mitgliedsbeitrag abgeführt hatte.

Mehrere Prominente, darunter Günter Grass, Karl Jaspers und Heinrich Böll, riefen ihn auf, nicht als Bundeskanzler zur Verfügung zu stehen. *Der Spiegel*-Journalist Conrad Ahlers schaffte ein Dokument herbei, das Kiesinger belastete. Noch vor seiner Nominierung zum Bundeskanzler ließ Kiesinger Abschriften davon fertigen und an die Mitglieder der Unionsfraktion verteilen. Die Diskussion um Kiesingers NS-Vergangenheit erhielt Aufwind, als Beate Klarsfeld, die mit einem Juden verheiratet war, den Bundeskanzler auf dem CDU-Parteitag in Berlin am 7. November 1968 öffentlich ohrfeigte und ihn damit wegen seiner NS-Vergangenheit demütigen wollte.

Zur Arbeit der Großen Koalition

Kiesinger war in seiner kurzen Kanzlerschaft der „wandelnde Vermittlungsausschuss“ (Philipp Gassert). Einen Koalitionsausschuss gab es nicht, aber man traf sich wiederholt in Kiesingers Urlaubsort Kressbronn am Bodensee, weshalb man auch ein wenig spöttisch vom „Kressbronner Kreis“ sprach.

Obwohl Außenminister Willy Brandt wiederholt die Politik des Bundeskanzlers konterkarierte und es viele interne Reibereien gab, konnten die meisten geplanten Gesetzesvorhaben abgeschlossen werden. Dazu zählte das lang umkämpfte Vorhaben, eine Notstandsgesetzordnung in das Grundgesetz einzufügen. Selbst wenn es Abweichler in den Koalitionsparteien geben sollte, war die für eine Verfassungsänderung erforderliche Zwei-Drittel-Mehrheit bequem zu erreichen. Deswegen konnte die SPD-Fraktion auch für ihre Mitglieder gefahrlos die Fraktionsdisziplin für die Abstimmungen am 30. Mai 1968 aufheben. 54 SPD-Abgeordnete stimmten tatsächlich gegen die Notstandsgesetzgebung. Die Änderungen des Grundgesetzes schufen die verfassungsrechtlichen Voraussetzungen für die Notstandsgesetze, darunter die Einrichtung eines Gemeinsamen Ausschusses zusammen mit dem Bundesrat als Ersatzparlament für den Fall der Behinderung oder Beschlussunfähigkeit im Verteidigungsfall.

Die Arbeit im Bundestag und in der Regierung bestimmten bemerkenswerterweise drei parteipolitisch gegensätzliche Paare, die wie sich einander ergänzende „sharing partner" prägend für die Regierungsarbeit der Großen Koalition wurden. Es waren die Fraktionsvorsitzenden Rainer Barzel (CDU/CSU) und Helmut Schmidt (SPD), der am 14. März 1967, nach dem Tode von Fritz Erler Vorsitzender der SPD-Bundestagsfraktion geworden war. In der Öffentlichkeit waren neben dem Bundeskanzler Kiesinger und seinem Außenminister Brandt dann vor allem die Bundesminister Karl Schiller (SPD) für Wirtschaft und Franz Josef Strauß (CDU/CSU) für Finanzen bekannt geworden. Sie erhielten in Anlehnung an die Bildergeschichte des humoristischen Zeichners und Dichters Wilhelm Busch die Namen „Plisch und Plum". Die Erholung der Wirtschaft ermöglichte den beiden einvernehmlich die Sanierung des öffentlichen Haushalts.

Außenminister Willy Brandt ließ – weitgehend unbemerkt von der Öffentlichkeit – von seinem Vertrauten und zum Ministerialdirigenten und Leiter des Politischen Planungsstabes im Auswärtigen Amt ernannten Journalisten Egon Bahr seine „neue Ostpolitik" vorbereiten.

Bahr hatte diese schon 1963 in seiner „Tutzinger Rede“ mit der Botschaft „Wandel durch Annäherung“ begründet.

Am 14. Dezember 1966 wurde Karl Mommer (SPD) zum Vizepräsidenten des Bundestages in der Nachfolge von Carlo Schmid gewählt, der endlich, in seiner fünften Amtszeit, einen Ministerposten erhielt; er wurde Bundesminister für die Angelegenheiten des Bundesrats.

Gegen die Notstandsregelungen entstand nach ausländischen Vorbildern auch in Deutschland eine gewaltbereite Protestbewegung. Diese „Außerparlamentarische Opposition“ (APO) verband sich mit der marxistischen und antiparlamentarischen Studentenrevolte, die sich gegen den US-amerikanischen Vietnamkrieg und die NATO richtete und zugleich gegen das „herrschende System“ und das sogenannte „Establishment“. Die Wortführer der APO hatten eine Veränderung der politischen und gesellschaftlichen Verhältnisse im Sinn, an dessen Anfang die Forderung nach einer „Demokratisierung“ der Hochschulen ging. Wiederholt, so auch auf einer Sondersitzung nach den „Osterunruhen“ 1968, ging der Bundestag mit Verständnis für die Motive der Unzufriedenheit der Protestbewegung ein, versäumte es aber nicht, die Gewalt, mit der die Ziele verfolgt wurden, entschieden zu verurteilen.

Bundestagsbauten

Der 2. Bundestag entschied am 6. Februar 1957 gegen vier Stimmen, in Bonn keine Bauten für den Bund durch die öffentliche Hand errichten zu lassen. Man ging damals noch davon aus, bald nach Berlin zurückkehren zu können. Diese Selbstblockade des Bundestages wurde erst nach dem Bau der Berliner Mauer 1961 aufgehoben. Die Aussicht, dass die alte Hauptstadt in absehbarer Zeit wieder Regierungssitz würde, war geschwunden. Damit wuchs die Bereitschaft, in Bonn nach neuen Lösungen für die Raumprobleme des Bundestages zu suchen. Seit 1964 lagen Neubaupläne für ein Bürohochhaus vor. Am 17. Februar 1965, gegen Ende der 4. Wahlperiode, wurde der Bau eines Bürohochhauses mit 447 Büroräumen für Abgeordnete, 20 Sitzungssälen und 120 Büroräumen für

Das neue Abgeordnetenhochaus „Langer Eugen" war von seiner Fertigstellung 1969 bis zur Errichtung des „Post Tower" 2002 das höchste Gebäude in Bonn und ein Wahrzeichen der Stadt

Ausschüsse bewilligt. Der Baubeginn des „Neuen Hochhauses" erfolgte am 29. August 1966. Im November 1969 waren die letzten Etagen bezogen.

Das „Neue Hochhaus", für das 12 Millionen D-Mark Baukosten angesetzt worden waren, kostete schließlich 48,5 Millionen D-Mark. Es erhielt schon bald den Namen „Langer Eugen", weil Eugen Gerstenmaier seine Fertigstellung forcierte. Trotz aller Notwendigkeit erkannte Gerstenmaier selbstkritisch: Der Bau des neuen Bürohochhauses „bedeutet eine Verlagerung der Parlamentsarbeit aus dem Plenum heraus und damit natürlich weithin in die Unsichtbarkeit."

Das Hochhaus hingegen wurde zum sichtbaren Wahrzeichen des Parlamentsviertels und der Stadt Bonn.

Gerstenmaier geht und von Hassel setzt sein Werk fort

1968 geriet Gerstenmaier im Zusammenhang mit der vom Bundestag 1965 einstimmig verabschiedeten 7. Novelle des Wiedergutmachungsgesetzes unter massiven öffentlichen Druck, als das Magazin „Stern" bekannt machte, dass er selbst Nutznießer dieser „Lex Gerstenmaier" war, weil ihm dadurch eine finanzielle Entschädigung in beträchtlicher Höhe zugutekam. Selbst Rudolf Augstein musste im Spiegel zugestehen, sein Rücktritt sei zwar „aus keiner umwerfend verwerflichen Handlung hervorgegangen", doch sah Gerstenmaier, alleingelassen von seinen Parteifreunden, keinen anderen Ausweg, als am 23. Januar 1969 sein Amt als Bundestagspräsident niederzulegen. Am 23. November 1977 wurde der eigentlich untadelige Gerstenmaier auf der Gründungsversammlung der „Vereinigung ehemaliger Mitglieder des Bundestages" zum Vorsitzenden der Vereinigung gewählt, sodass er dem Geschehen im Bundestag nahe blieb.

Nachfolger wurde schon am 5. Februar 1969 Kai-Uwe von Hassel, der mit 262 von 457 Stimmen ins Amt des Parlamentspräsidenten gewählt worden war; das waren 57,3 % der abgegebenen Stimmen. Er war seit Januar 1963 in der Nachfolge von Franz Josef Strauß Bundesminister der Verteidigung und war ein bedächtiger Norddeutscher mit reichlicher Parlamentserfahrung und darüber hinaus bekleidete er auch schon das Amt des Bundesratspräsidenten, als er Ministerpräsident von Schleswig-Holstein war. Von Hassel war im Gegensatz zu dem strebsamen und intellektuellen Gerstenmaier eher bescheiden und konziliant auch im Umgang mit Mitarbeitern.

Notwendige Parlamentsreformen in politisch unruhigen Zeiten

Als von Hassel sein Amt antrat, blieben ihm abzüglich der parlamentarischen Sommerpause nur wenige Monate bis zum regulären Ende der Wahlperiode. Er tat gut daran und das aus voller Überzeugung, dass er das von Gerstenmaier angestoßene Reformwerk schnell fortführte. Angesichts von gesellschaftspolitischen Umbrüchen und internationalen Konflikten schien der Reformbedarf besonders groß. Am 5. April 1968 gedachte der Bundestag des am Vortag ermordeten Martin Luther King; am 30. April 1968 kam der Bundestag zur Sondersitzung wegen der Studentenunruhen nach dem Attentat auf Rudi Dutschke zusammen; am 25. September und am 16. Oktober 1968 sprach Kiesinger zur Besetzung der ČSSR und zum Festhalten der Bundesregierung an ihrer Friedenspolitik. Dieser politischen Lage war auch die Grundgesetzänderung vom 6. Dezember 1968 geschuldet, mit der das Widerstandsrecht des Volkes gegen die Beseitigung der verfassungsmäßigen Ordnung ins Grundgesetz aufgenommen wurde.

Am 28. Juni 1967 verabschiedet der Bundestag das „Parteiengesetz", in dem die Aufgaben von Parteien festgelegt wurden.

Ebenfalls noch unter Gerstenmaier wurde am 15. März 1967 das Gesetz über die Rechtsverhältnisse der Parlamentarischen Staatssekretäre verabschiedet, die fortan auf Vorschlag des Bundeskanzlers vom Bundespräsidenten ernannt wurden. Dem Bundeskanzler und den Ressortministern für Auswärtiges, Inneres, Finanzen, Wirtschaft, Arbeit, Verteidigung, Verkehr und Post wurde je ein Parlamentarischer Staatssekretär zur Seite gestellt, ohne dass diese eine gesetzlich näher umschriebene Aufgabe erhielten. Ihre Berufung war schon Bestandteil der Koalitionsverhandlungen zwischen der CDU/CSU und der SPD. An die Einführung der Parlamentarischen Staatssekretäre wurden die Erwartungen geknüpft, sie sollten den Bundesminister bei seiner Arbeit entlasten und das Amt sollte eine Art „Minister-Schule" darstellen. Die Entlastungsfunktion ist tatsächlich vor allem in der Fragestunde des Bundestages auch öffentlich deutlich geworden: Die Mehrzahl der Mündlichen Anfragen wird seit langem durch die Parlamentarischen Staatssekretäre beantwortet.

Am 27. März 1969 wurde im Zuge der Geschäftsordnungsänderung die Mindestmitgliederzahl einer Fraktion von bisher 15 Abgeordneten auf fortan 5 % der Gesamtzahl der Abgeordneten festgelegt.

Zum 1. April 1969 erhielten die Mitglieder des Bundestages die Möglichkeit, einen Mitarbeiter einzustellen. Von Hassel selbst bestand darauf, dass die Abgeordneten selbst entscheiden dürften, wen sie einstellen wollen. Bis dahin waren die Abgeordneten völlig auf sich selbst gestellt und ihre eigene Arbeitskraft angewiesen oder konnten gegebenenfalls auf Bedienstete der eigenen Fraktion zurückgreifen. Der zur

Verfügung gestellte Betrag betrug zunächst 1 500 DM monatlich und reichte für eine Bürokraft, wurde aber im Laufe der Jahre stetig erhöht.

Am 12. Juni 1969 verabschiedet der Bundestag ein Gesetz zur Änderung des Parteiengesetzes, das erst am 24. April 1969 verabschiedet worden war. Es sah unter anderem vor, die erforderliche Mindeststimmzahl herabzusetzen und somit auch kleinere Parteien zu begünstigen. Dem Gesetz war eine Entscheidung des Bundesverfassungsgerichts vom 3. Dezember 1967 vorausgegangen.

Die 5. Bundesversammlung: mit Mühe und Not in Berlin

Am 14. Oktober 1968 kündigte Bundespräsident Heinrich Lübke seinen vorzeitigen Rücktritt zum 30. Juni 1969 an. Auch die fünfte Bundesversammlung wurde nach längerem Hin und Her wegen des Tagungsortes und nach längerem diplomatischem Tauziehen wieder nach Berlin einberufen. Bundestagspräsident von Hassel folgte damit einer Vorentscheidung seines Vorgängers Gerstenmaier, der schon am 18. Dezember 1968 angekündigt hatte, die nächste Bundesversammlung wieder nach Berlin einzuberufen. Daraufhin hatte die Sowjetunion, beginnend mit einer Protesterklärung an die Drei Westmächte vom 23. Dezember 1968, eingehende diplomatische Bemühungen entfaltet, um eine Änderung der Entscheidung zu erreichen.

Im Verlauf ihrer diplomatischen Bemühungen bot die Sowjetunion der Bundesregierung verbesserte Beziehungen an, falls die Bundesversammlung nicht in Berlin stattfinden würde. Kiesinger gab gegenüber dem sowjetischen Botschafter Semjon K. Zarapkin zu verstehen, dass die Bundesregierung dem zustimmen könnte, wenn die Sowjetunion als Gegenleistung die Besuche von Bewohnern aus den drei Westsektoren Berlins in Ost-Berlin ermöglichen würde. Tatsächlich kam es zu Passierscheingesprächen zwischen dem Berliner Senat und der DDR, die jedoch an den Bedingungen Ost-Berlins scheiterten.

Die sowjetische Regierung deutete an, dass sie bereit sein könnte, die Unterhaltung „normaler Verbindungen“ zwischen West-Berlin und der Bundesrepublik zuzusichern. Doch am 8. Februar 1969 verkündete die DDR ein Reiseverbot auf dem Landweg von Westdeutschland nach Berlin (West) für Mitglieder der Bundesversammlung. Anfang März wurden Manöver des Warschauer Pakts im Raum von Berlin angekündigt. Am 28. Februar verlangte Moskau von der DDR Maßnahmen gegen angebliche militärische Tätigkeiten der West-Berliner Industrie zu ergreifen. Ost-Berlin verfügte darauf scharfe Transportkontrollen. Schließlich kam es vom 1. bis 7. März zu erheblichen Verkehrsbehinderungen auf den Autobahnen; fast täglich wurde der Zugang für mehrere Stunden ganz gesperrt.

Trotz allem fand am 5. März 1969 die 5. Bundesversammlung in Berlin und erneut in der Ostpreußenhalle statt. Die CDU/CSU nominierte den Bundesminister der Verteidigung Gerhard Schröder und die SPD Gustav W. Heinemann, den Bundesminister der Justiz. Beide Kandidaten waren Mitglieder im Kabinett Kiesinger. Erst im dritten Wahlgang wurde Gustav Heinemann zum Bundespräsidenten gewählt. Er kündigte einen politischen Klimawandel an.

Keine Verjährung für nationalsozialistische Verbrechen

20 Jahre nach Kriegsende rückte die NS-Vergangenheit Deutschlands in zweierlei Weise in den Fokus des politischen Interesses. Im Frühjahr 1965 war die lange offen gehaltene Entscheidung für die Aufnahme diplomatischer Beziehungen mit Israel unausweichlich geworden, als sich mit Ägypten weitere arabische Staaten entschlossen hatten, diplomatische Beziehungen mit der DDR zu unterhalten.

Darüber hinaus galt das Recht der Verjährung von schweren Straftaten nach 20 Jahren. Dieses Recht schützte die noch zahlreichen unentdeckten nationalsozialistischen Verbrecher. Wie groß aber das Interesse an gerichtlicher Aufarbeitung war, hatte noch im Jahre 1963 der Frankfurter Auschwitz-Prozess gezeigt, den der hessische Generalstaatsanwalt Fritz Bauer initiiert hatte, und bei dem in 183 Verhandlungstagen 359 Zeugen aus 19 Ländern verhört worden waren und an dessen Ende sechs lebenslange Gefängnisstrafen sowie drei Freisprüche aus Mangel an Beweisen standen. Gegen alle rechtsstaatlichen

Bedenken setzt sich die Auffassung durch, dass in der NS-Zeit begangene Straftaten weiterhin verfolgt werden müssten. Ohne die 20-Jahres-Frist direkt zu verlängern, wurde das Datum für deren Ablauf hinausgeschoben, indem der Beginn ihrer Laufzeit zunächst auf den 1. Januar 1950 als Beginn einer funktionierenden deutschen Gerichtsbarkeit festgesetzt wurde. Als dann 1969 die Frage erneut akut wurde, verabschiedete der Bundestag am 26. Juni 1969 das 9. Strafrechtsänderungsgesetz, womit die Verjährung von Völkermord aufgehoben und die Verjährung von Mord von 20 auf 30 Jahre verlängert wurde.

Am 3. Juli 1969 kam der 5. Bundestag zu seiner letzten Sitzung zusammen, nachdem zuvor am 1. Juli Bundespräsident Gustav Heinemann vereidigt worden war. Dieser Bundestag war außergewöhnlich. Er leitete den Politikwechsel, der in der 6. Wahlperiode vollzogen wurde, ein. Die Arbeit der Großen Koalition wurde durch bisher nie dagewesene öffentliche Proteste begleitet. Der zu Beginn der 5. Wahlperiode 1965 vollzogene Generationenwechsel kam symbolhaft durch den Tod von Konrad Adenauer (19. April 1967), Thomas Dehler (21. Juli 1967) und Paul Löbe (3. August 1967) zum Ausdruck.

6. Wahlperiode (1969–1972)

Politikwechsel im Fokus der Staatssicherheit der DDR?

Konstituierung

Am 20. Oktober 1969 konstituierte sich der 6. Bundestag. Die CDU/CSU erhielt 250 Sitze, die SPD 237 und FDP 31. Hinzu kamen die nicht voll stimmberechtigten 22 Berliner Abgeordnete, davon von der SPD 13, CDU/CSU 8, FDP 1. 155 Abgeordnete waren zum ersten Mal in den Bundestag gewählt worden. Bei der Wahl zum 6. Bundestag am 28. September 1969 wurde die CDU/CSU zwar trotz leichter Verluste stärkste Kraft, aber die SPD erhöhte ihren Stimmenanteil und konnte zusammen mit der FDP eine neue Regierung bilden.

Alterspräsident wurde William Borm (FDP), ein Unternehmer, der seit 1965 Mitglied des Bundestages war und lange dem FDP-Bundesvorstand angehörte. Dass er Ende der 1950er-Jahre als Agent des DDR-Ministeriums für Staatssicherheit (MfS) tätig war, wurde erst viele Jahre nach seinem Tod bekannt. Auch wenn es niemand wusste, war die Stasi im Zentrum der Macht angekommen.

Da die CDU/CSU-Fraktion aus der Bundestagswahl als stärkste Fraktion hervorgegangen war, stand der Wiederwahl von Kai-Uwe von Hassel zum Bundestagspräsidenten nichts im Wege. Mit nur noch 79,5 % der abgegebenen Stimmen wurde nur zum Ausdruck gebracht, wo die Mehrheiten dieser Wahlperiode bestehen würden, nämlich nicht bei der CDU/CSU. Vizepräsidenten wurden Carlo Schmid (SPD), Richard Jaeger (CDU/CSU), Hermann Schmitt-Vockenhausen (SPD) und Liselotte Funcke (FDP). Fraktionsvorsitzende des Drei-Fraktionen-Parlaments waren Rainer Barzel (CDU/CSU), Herbert Wehner (SPD) und Wolfgang Mischnick (FDP).

SPD wird Regierungspartei

Einen Tag nach der Konstituierung des Bundestages wurde der SPD-Parteivorsitzende Willy Brandt, der schon 1961 und 1965 als Kanzlerkandidat der SPD in den Wahlkampf gegangen war, endlich mit 251 von 495 abgegebenen Stimmen zum Bundeskanzler gewählt. Vergeblich versuchte Kurt Georg Kiesinger (CDU/CSU), die FDP von der Bildung der sozialliberalen Koalition abzuhalten, indem er ihr langfristige Zusagen unterbreitete, darunter eine Garantie gegen jedwede Wahlrechtsänderung. Über die sozialliberale Koalition zeigte sich Kiesinger zutiefst verärgert. Er kündigte an, die FDP, „die sich jetzt als Schlüsselfigur in der Bundesrepublik betätigt", aus allen Landtagen „herauszukatapultieren". Die CDU/CSU aber musste – was kaum vorstellbar und nicht vorhersehbar war – für die nächsten 13 Jahre in die Opposition.

„Herr Frahm" wird Bundeskanzler

Willy Brandt wurde als Heribert Frahm in Lübeck geboren und hatte den Namen Brandt 1933 angenommen, als er nach Norwegen emigrierte. 1938 von den Nazis ausgebürgert, nahm er die norwegische Staatsbürgerschaft an, kam 1947 als Presseattaché der norwegischen Militärmission beim Alliierten Kontrollrat nach Berlin und wurde 1948 wieder deutscher Staatsbürger.

1949 bis 1957 war Brandt Mitglied des Bundestages. In der Hochphase des Kalten Krieges, während des Baus der „Berliner Mauer", erreichte er hohe Popularität als Regierender Bürgermeister von Berlin (West).

Von der CDU/CSU wurde Brandt stets als „Herr Frahm" geschmäht, zumal als „Flaggschiff" für einen „demokratischen Sozialismus". Nur dank seines Pragmatismus, seines Realitätssinns und seines politischen Instinkts wurde er über Jahrzehnte hinweg zur Integrationsfigur in der SPD.

Aus einer reinen Notlage heraus koalierte Kiesinger überhaupt in der 5. Wahlperiode mit Brandt, der im Kabinett der Großen Koalition Außenminister und Vizekanzler war. Nun aber 1969 konnte er selbst als Bundeskanzler gestalten und mit Egon Bahr die Neubestimmung der bundesrepublikanischen Ostpolitik in Angriff nehmen.

Politikwechsel

Bereits in seiner ersten Regierungserklärung am 28. Oktober 1969 erläuterte Brandt die Grundzüge seines Reformprogramms, das auf einen Politikwechsel hinauslaufen sollte. Brandt wollte „die Leistungen der letzten zwei Jahrzehnte [nicht] leugnen, bezweifeln oder gar geringschätzen. Sie sind Geschichte geworden." Brandt bekannte sich aber zu einer Politik der „aktiven Friedenssicherung". Er bot der DDR Verhandlungen auf Regierungsebene an. Das Verhältnis zwischen den beiden Teilen Deutschlands sollte „über ein geregeltes Nebeneinander zu einem Miteinander" entwickelt werden. Dabei lehnte er – wie er bekräftigte – die völkerrechtliche Anerkennung der DDR jedoch weiterhin ab. Auch „wenn zwei Staaten in Deutschland existieren, sind sie doch füreinander nicht Ausland", beteuerte Brandt mit Blick auf die CDU/CSU auch zu späterer Zeit immer wieder.

Brandt kündigte zudem eine Steuerreform an. Bildung und Wissenschaft stellte er an die Spitze der Reformen und kündigt einen langfristigen Bildungsplan für die nächsten 15 bis 20 Jahre an. Ferner beabsichtigte er, das Wahlalter von 21 auf 18 Jahre herunterzusetzen (so geschehen am 18. Juni 1970), die Fortentwicklung der bundesstaatlichen Struktur, eine Reform der Verwaltung und des öffentlichen Dienstes, eine Reform der Rechtspflege, des Zivil- und Strafrechts, eine Modernisierung der Regierungstätigkeit sowie eine kritische Bestandsaufnahme der Bundeswehr. All diese Ziele verkaufte Brandt auch unter dem Slogan „Mehr Demokratie wagen", womit er sich den Polarisierungen in weiten Bereichen der Gesellschaft entgegenstellen und Alternativen zu überkommenen hierarchischen Strukturen anbieten wollte. Gegen heftigen Widerstand in seiner eigenen Partei bemühte sich Brandt, damit die 1968er Generation zu gewinnen.

In der Außen- und Sicherheitspolitik knüpfte der Kanzler an die Friedensnote der Bundesregierung vom 25. März 1966 an, mit der eine Entspannungspolitik unter Kiesinger gegenüber den Ostblock-Staaten eingeläutet worden war. Neu aber war die Verständigung mit der Sowjetunion und den Völkern Osteuropas. Gemeinsam mit den Verbündeten wollte er sich einsetzen für den Abbau der militärischen Konfrontation in Europa.

In der Aussprache zur Regierungserklärung gab es heftige Proteste von der CDU/CSU, die nicht bereit war, die DDR als Staat anzuerkennen. Brandt hatte am 29. Oktober der Opposition vorgeworfen im Bundestag sehr moderat zu sprechen, doch außerhalb des Bundestages Äußerungen zu tun, die „sogar Hugenberg in den Schatten" stellen. Daraufhin entstand ein minutenlanger Tumult mit Pfui-Rufen. Alfred Hugenberg kontrollierte gegen Ende der Weimarer Republik und in der beginnenden Nazizeit die Hälfte der Presse in Deutschland und war einer der Wegbereiter des Nationalsozialismus. Im Kabinett Adolf Hitlers 1933 war er sogar Wirtschaftsminister. Nationalsozialistische Vergleiche hatten im Bundestag stets die Atmosphäre vergiftet, so auch jetzt, als Willy Brandt der Opposition solche Vorhaltungen machte.

Bilaterale Begegnungen und große Gesten

Am 20. März 1970, einen Tag nach seiner Begegnung mit dem DDR-Ministerpräsidenten Willi Stoph in Erfurt, berichtete Brandt im Bundestag. Es war klar, dass in der DDR genau zugehört wird, was und wie Brandt berichten würde. Er hatte kein Interesse, den aufgenommenen Dialog mit der DDR zu gefährden. Deswegen gab es zu seinem Bericht keine Aussprache. Die Fraktionen durften aber Erklärungen abgegeben.

Scheinbar unbedarft erzählte Brandt im Bundestag, wie Stoph ihn gefragt habe, welche Ziele die Bundesrepublik eigentlich gegenüber der DDR verfolge. Er habe ihm erklärt, dass die Bundesrepublik keine aggressiven Absichten habe, sondern eine nachbarliche Zusammenarbeit anstrebe. Es müsse alles unterlassen werden, was die Möglichkeit verbaue, dass „das deutsche Volk sich eines – wenn auch vermutlich fernen – Tages im Rahmen einer europäischen Friedensordnung in freier Selbstbestimmung über die politische Art seines Zusammenlebens entscheiden könnte." Doch den derzeitigen Status von Berlin wolle er nicht verändern.

Die CDU/CSU stellte sich gegen Brandts Unterfangen, solange „an der Mauer in Berlin und entlang der Demarkationslinie weiter geschossen wird". Barzel sprach ein klares „Nein" zum Kurs der Bundesregierung aus. Es gab keinerlei Gemeinsamkeiten zwischen der Opposition und der Regierungskoalition.

Am 15. April 1970 berichtet Brandt von seiner USA-Reise und seiner Begegnung mit US-Präsident Richard Nixon am 10. April 1970. Demzufolge hatte Brandt Nixon nicht um „grünes Licht" für seine Ostpolitik bitten müssen, denn „das Licht stand schon auf Grün, als ich zu den Gesprächen ankam".

Am 27. Mai 1970 verteidigt Brandt seine Ost- und Deutschlandpolitik der Entspannung und Aussöhnung, die den Frieden in Europa sicherer machen würde. Die siebenstündige Plenarsitzung gilt als eine der heftigsten Sitzungen in der Geschichte des Bundestages, in der der schwer erkrankte Karl Theodor Freiherr von und zu Guttenberg (CDU/CSU) einer der Hauptredner der Opposition war. Brandt musste sich den Vorwurf anhören, seine Regierung opfere die Einheit Deutschlands für eine vage Hoffnung auf Entspannung.

Gleich nach der parlamentarischen Sommerpause wurde am 18. September 1970 der Moskauer Vertrag vom 12. August 1970, der im Katharinensaal des Kremls in Moskau geschlossen worden war, im Plenum behandelt. Wieder wurden nur Erklärungen der Fraktionen zugelassen. Diese „zeichneten sich durch Untertöne, nicht durch schrille Obertöne aus", wie der Journalist Herbert Kremp in der Zeitung „Die Welt" bemerkte.

Weltweites Aufsehen erregte Ende des Jahres 1970 Brandts spontaner Kniefall vor dem Ehrenmal des jüdischen Ghettos in Warschau am 7. Dezember 1970 während eines Staatsbesuches. Es waren vor allem solche Gesten, aber auch seine konkreten Bemühungen für die Wiedervereinigung sowie um Frieden in Europa, die international die Aufmerksamkeit auf Willy Brandt richteten und wofür er mit dem Friedensnobelpreis ausgezeichnet worden war. So hatte Brandt mit dem Warschauer Vertrag die Oder-Neiße-Grenze als deutsch-polnische Grenze anerkannt. „Meine Regierung nimmt die Ergebnisse der Geschichte an", so sagte Brandt bei Unterzeichnung des Warschauer Vertrags in Polen. Der Bundestag nahm am 20. Oktober 1971 die Nachricht vom Nobelpreis entgegen, als gerade der Haushalt für 1972 beraten worden war. Bundestagspräsident von Hassel unterbrach die Debatte, informierte darüber das Hohe Haus und gratulierte mit den Worten: „Herr Bundeskanzler, diese Auszeichnung ehrt Ihr aufrichtiges Bemühen um den Frieden in der Welt und um die Verständigung zwischen den Völkern."

Reform der Bundestagsverwaltung

Seit 1953 bestand die Bundestagsverwaltung in ihrer Grundstruktur unverändert und schien von Hassel seit seinem Amtsantritt in der 5. Wahlperiode reformbedürftig. 1968 erstellte der Präsident des Bundesrechnungshofes in seiner Eigenschaft als „Bundesbeauftragter für die Wirtschaftlichkeit in der Verwaltung" ein Gutachten über die Bundestagsverwaltung. Auf dessen Grundlage wurden 1970/71 zahlreiche neue Organisationseinheiten – und Strukturen geschaffen. Neu war vor allem die Errichtung der „Hauptabteilung Wissenschaftliche Dienste" (W) mit den drei Abteilungen „Wissenschaftliche Dokumentation (WD)", „Wissenschaftlicher Fachdienst (WF)" und „Zentralstelle für Petitionen und Eingaben (Pet)".

Innovativ und nach Vorbild des amerikanischen Kongresses waren die „Fachbereiche" in der Abteilung „Wissenschaftlicher Fachdienst (WF)" geschaffen worden. Die einzelnen Fachbereiche stellten die enge organisatorische Verbindung zwischen den Gutachtergruppen und Ausschusssekretariaten her. Die Wissenschaftlichen Fachbereiche sollten auf wissenschaftlicher Grundlage Informationen aufbereiten, die den jeweiligen Fachausschüssen bei der Arbeit zugutekommen sollten.

1970 wurde das „Presse- und Informationszentrum" mit den drei Referaten „Presse, Rundfunk, Fernsehen"; „Parlamentskorrespondenz" und „Öffentlichkeitsarbeit" eingerichtet. Hinter der Bezeichnung „Parlamentskorrespondenz" verbarg sich ein Informationsdienst, der vor allem für Journalisten in einer nüchternen und parteipolitisch ausgewogenen Weise aus dem Bundestag berichtete. Wertvoll waren hier insbesondere die knappen Zusammenfassungen zur Ausschusstätigkeit, die üblicherweise unter Ausschluss der Öffentlichkeit erfolgte. Der Korrespondenzdienst „heute im bundestag" (hib) erschien erstmals am 15. September 1970. Er ist als Papierversion bald nach Einführung des Internetangebotes des Bundestages 1996 verschwunden, hat aber bis heute seinen Namen und seine Funktion als Email-Newsletter behalten sowie seit August 2020 zusätzlich auf dem Social-Media-Kanal X (früher Twitter).

Die Abteilung Z wurde in die beiden Gruppen „Zentrale Verwaltung" und „Dienste für Abgeordnete" eingeteilt. Bei den Diensten für die Abgeordneten waren jene Anlaufstellen eingerichtet, die sich um Fragen der Diäten, der Nebeneinkünfte, der Parteienfinanzierung und so weiter befassten, denn die neu geschaffenen Vorschriften aus dem Abgeordneten- und Parteiengesetz mussten umgesetzt werden. Hier wurden die Abgeordnetenmitarbeiter verwaltungstechnisch begleitet sowie die Abgeordneten bei der Einstellung von Mitarbeitern beraten.

Die elektronische Abstimmungsanlage: Eine unendliche Geschichte

Im Frühjahr 1970 beauftragte der Ältestenrat des Bundestages die Firma AEG-Telefunken mit dem Einbau der elektronischen Abstimmungsanlage, die am 9. Juni 1970 durch 210 Mitarbeiter von Bundesgrenzschutz und Bundestagsverwaltung ausprobiert wurde. Bei diesem

Test flogen die Sicherungen raus und auf zahlreichen Plätzen gab es Probleme mit den Sitzkontakten, weswegen keine Verbindung zwischen dem Tastenpult und dem angeschlossenen Computer hergestellt werden konnte. So stellte von Hassel erst am 21. Januar 1971 im Ältestenrat fest, dass die Anlage betriebsbereit sei.

Doch nach mehreren missglückten Versuchen, die stets Spott, Hohn und gelegentlich auch Heiterkeit unter den Abgeordneten provozierten, legte der Bundestag in der 7. Wahlperiode (1972–1976) den Abstimmungscomputer still. Die Anschaffungskosten und Reparaturen hatten gut eine Million DM gekostet. Hinzu kamen monatliche Betriebskosten von ca. 5600 DM, die anfielen, obwohl die Anlage nicht funktionierte. Die Geschäftsordnung des Bundestages sah, außer bei Wahlen, keine geheimen Abstimmungen vor, sondern setzte auf Transparenz zum Abstimmungsverhalten der Abgeordneten, übrigens auch gegenüber der eigenen Fraktion. Mit anderen Worten: Die Fraktionsdisziplin – im Volksmund auch böswillig der „Fraktionszwang" genannt – konnte mit der Anlage nicht umgesetzt werden.

Die Stasi und das Misstrauensvotum vom 27. April 1972

Mit seiner Außenpolitik überschritt Brandt Grenzen. Er näherte sich in einer einzigartigen Geschwindigkeit den kommunistischen Unrechtsstaaten des Ostblocks, die als Satellitenstaaten der Sowjetunion kaum souverän genannt werden konnten.

Sechs Monate, nachdem bekannt gegeben worden war, dass Willy Brandt den Friedensnobelpreis erhalten würde, stellte am 27. April 1972 die CDU/CSU-Fraktion einen Antrag auf ein konstruktives Misstrauensvotum gegen Bundeskanzler Willy Brandt nach Artikel 67 des Grundgesetzes und schlug vor, den Oppositionsführer Rainer Barzel (CDU/CSU) zum Bundeskanzler zu wählen. Doch von den stimmberechtigten Abgeordneten gaben nur 260, von den Berliner Abgeordneten elf, ihre Stimme ab. Für Barzel als neuen Bundeskanzler stimmten 247, gegen ihn zehn Abgeordnete. Bundestagspräsident von Hassel erklärte daraufhin, dass die absolute Mehrheit 249 Stimmen betragen würde und stellte fest, dass der von der CDU/CSU-Fraktion vorgeschlagene Abgeordnete Barzel die Mehrheit der Stimmen nicht erreicht hatte.

Demnach hatten wenigstens zwei Abgeordnete der CDU/CSU-Fraktion gegen Barzel gestimmt und damit einen Richtungswechsel in der Ostpolitik verhindert.

Gut ein Jahr später, am 29. Mai 1973, bezichtigte sich der ehemalige baden-württembergische CDU-Abgeordnete Julius Steiner in einem Interview selbst als Geheimdienstagent für die Bundesrepublik und die DDR tätig gewesen zu sein. Er habe bei dem Misstrauensvotum nicht für Barzel gestimmt. Dafür habe er 50 000 DM von dem Parlamentarischen Geschäftsführer der SPD Karl Wienand erhalten. Wienand bestritt diesen Vorwurf zeitlebens. Die Bundesanwaltschaft leitete ein Ermittlungsverfahren wegen des Verdachts der geheimdienstlichen Agententätigkeit gegen Steiner ein, stellte es aber schon 1975 ergebnislos ein. Darüber hinaus setzte der Bundestag einen Untersuchungsausschuss ein, obwohl an der Selbstbezichtigung Steiners keiner zweifelte.

Im November 2000 berichtete *Der Spiegel*, dass der zweite Abweichler beim Misstrauensvotum Leo Wagner (CSU) gewesen sei, der vom MfS ebenfalls 50 000 Mark bekommen habe, um nicht für Barzel zu stimmen. Wagner erhielt das Geld von einem bayerischen Journalisten, der seit 1966 für die Stasi gearbeitet hatte. Der 2006 verstorbene Leo Wagner hatte diesen Vorwurf stets bestritten.

Die Akten des Ministeriums für Staatssicherheit bestätigen, dass Steiner Ende Februar/Anfang März 1973 als Informeller Mitarbeiter (IM) mit dem Decknamen „Simon" von der Stasi erfasst worden war. Also lange nach dem konstruktiven Misstrauensvotum. Für Leo Wagner legte die Stasi im Dezember 1975 einen IM-Aktenvorgang unter dem Decknamen „Löwe" an. Fünf Mal hatte „Simon" im Jahre 1973 Informationen nach Ost-Berlin geliefert, während „Löwe" in einem eigenen IM-Vorgang seit Ende 1975 registriert war und zwischen 1976 und 1983 insgesamt 42 Informationen übermittelte.

Demnach war Wagner 1972 einfach nur ein korrupter Abgeordneter, dessen finanziellen Probleme der zivile Auslandsgeheimdienst kannte und ausnutzte.

Das MfS „manipulierte" das Misstrauensvotum gegen Willy Brandt, indem es zielgerichtet an korrupte Abgeordnete herantrat. Eine von der Stasi gelenkte Bundestagsfraktion hatte es jedoch nie gegeben.

Im SED-Archiv liegt ein Dokument, ein Gespräch des Staatsratsvorsitzenden der DDR, Erich Honecker, bei seinem rumänischen Kollegen Nicolae Ceauşescu im Mai 1972, demzufolge Honecker sagte: „Das heißt, wir haben unsererseits […] viele Maßnahmen getroffen, um der Regierung Brandt die Ratifizierung der Verträge von Moskau und Warschau durch den Bundestag zu erleichtern. Wir hatten die verschiedensten Aussprachen, auch über interne Kanäle. An und für sich haben wir fast alles getan, wovon man annehmen könnte, dass es die Position der Regierung Brandt bei der Ratifizierung der Verträge stärkt, und wir haben noch kurz vor der Behandlung des Misstrauensvotums, das durch die CDU/CSU im Bundestag gestellt wurde, bestimmte Maßnahmen getroffen, um die Regierung Brandt zu stützen. Es ist also die groteske Lage eingetreten, dass wir als die stärksten Helfer für die Stabilisierung der Regierung Brandt auftreten mussten. Wir haben das getan, weil diese Regierung selbstverständlich für uns alle angenehmer ist als eine Regierung unter Leitung von Barzel und Strauß."

Die Vertrauensfrage und die Auflösung des Bundestages

Auch wenn Barzel zunächst scheiterte, war doch offenbar, dass Brandt nicht einmal mehr über die absolute Mehrheit verfügte. Es war eine Frage der Zeit, wann Brandt an den Mehrheitsverhältnissen scheitern würde. Das war dann schließlich die Ablehnung des Etats des Bundeskanzlers (Einzelplan 04) am 28. April 1972 mit 247 zu 247 Stimmen; sie führte zur Unterbrechung der Haushaltsberatungen auf unbestimmte Zeit.

Am 17. Mai 1972 verabschiedet der Bundestag in dritter Lesung die sog. Ostverträge. Sie umfassten die Berlin-Regelung mit Reiseerleichterungen, diplomatische Beziehungen zu Ungarn und Bulgarien wurden aufgenommen und es wurde eine wirtschaftliche, technische und kulturelle Zusammenarbeit mit der Sowjetunion und anderen Staaten des Warschauer Pakts vereinbart. Die Verträge wurden nur ratifiziert, weil die CDU/CSU-Abgeordneten sich der Stimme enthielten, um ein Scheitern der bereits abgeschlossenen Verträge zu vermeiden.

Doch schon am 18./19. Mai 1972 schlugen Mitglieder der Regierungskoalition Neuwahlen vor und die Opposition fordert den Rücktritt von Bundeskanzler Willy Brandt. Auch die Regierungsumbildung im Juni/Juli 1972 konnte Brandt nicht retten. Am 22. September 1972 stellte Willy Brandt im Bundestag die Vertrauensfrage.

Außenminister Walter Scheel (FDP) nannte als Verdienste des Bundestages die Verträge von Moskau und Warschau, die die Berlin-Regelung möglich gemacht hätten, die Erweiterung der Europäischen Wirtschaftsgemeinschaft, die Erhöhung und Dynamisierung der Kriegsopferrenten, die Erhöhung von Alters- und Unfallrenten sowie des Kindergeldes und schließlich die Einführung kostenloser Voruntersuchungen und den Wegfall der Krankenversicherungsbeiträge für Rentner und die Rentenreform.

Gerhard Schröder (CDU/CSU), der Außenminister Ludwig Erhards, kreidete ohne „Anspruch auf Vollständigkeit“ dieser Regierung an, sie habe in zwei Jahren zwei Finanzminister „verbraucht“, über ihre Reformen nur geredet, statt zu handeln, und mit ihrer „Friedenspolitik“ nur den Beifall „von Deutschlands Gegnern“ erhalten. Schröder endete: „Gebt Deutschland, was es braucht: eine bessere Regierung!“ Und Reiner Barzel ergänzte in seiner Ansprache, in der er Bundeskanzler Brandt direkt ansprach: „Sie haben die Chance gehabt. Sie haben die Chance vertan. Der Wähler hat das Wort.“

In namentlicher Abstimmung geben von den 496 voll stimmberechtigten Abgeordneten 482 ihre Stimme ab. Dazu kamen 22 Berliner Abgeordnete. Davon stimmen mit Ja 233 und 12 Berliner Abgeordnete, mit Nein stimmten 248 und 10 Berliner Abgeordnete, bei einer Enthaltung. Der Antrag des Bundeskanzlers, ihm das Vertrauen auszusprechen, hatte nicht die erforderliche Mehrheit gefunden.

Es blieb bemerkenswert, „dass die bisher schwerste innenpolitische Krise dieses Landes den Rahmen seiner demokratischen Grundordnung nicht gesprengt hat." Wusste Günther Scholz für die Deutsche Welle zu berichten.

Da alle Parteien für Neuwahlen waren, hatten die Fraktionen vereinbart, dass die Auflösungsanordnung des Bundespräsidenten gar nicht abgewartet werden sollte. Bundestagspräsident von Hassel stellte fest, die 6. Legislaturperiode werde vorzeitig zu Ende gehen, und es werde keine Sitzung des 6. Deutschen Bundestages mehr geben. Auch ein Schlusswort hatte er vorbereitet: In der verkürzten Legislaturperiode seien von 333 verabschiedeten Gesetzen nur 15 hart umkämpft worden. Die 95-prozentige Einigkeit in der Gesetzgebung sei – so von Hassel zuversichtlich – „wohl Beweis für die Kraft unseres frei gewählten Parlaments, in einer schwierigen Zeit seine Aufgaben auch erfüllen zu können".

Mit Datum des 22. September 1972 übermittelte Bundespräsident Heinemann seine Auflösungsanordnung. Am 19. November 1972 fanden die Wahlen zum 7. Bundestag statt.

7. Wahlperiode (1972–1976)

Die SPD ist stärkste politische Kraft

Konstituierung

Zwei Wochen vor Weihnachten konstituierte sich am 13. Dezember 1972 der 7. Bundestag. Anders als von der CDU/CSU erhofft, bestätigte der Wähler die Politik Willy Brandts. Aber nicht nur das: Die SPD zog als stärkste Partei in den Bundestag ein. Damit fiel ihr das Vorschlagsrecht für einen Parlamentspräsidenten zu. Gemäß dem Wahlergebnis erhielt die SPD 242, CDU/CSU 234 und FDP 31 Sitze. Aus Berlin kamen für die SPD 12 Sitze für die CDU 9 und für die FDP 1.

Alterspräsident wurde der ehemalige Bundeskanzler Ludwig Erhard (CDU/CSU), der als die Hauptaufgabe des neuen Bundestages die Wahrung der Einheit der Nation und des politischen Stils der parlamentarischen Demokratie sah.

Die SPD schlug Annemarie Renger zur Bundestagspräsidentin vor, die, mit sehr reichlichen Vorschusslorbeeren bedacht, gleich 84,9 % der abgegebenen Stimmen erzielte. Vizepräsidenten wurden der vormalige Bundestagspräsident Kai-Uwe von Hassel (CDU/CSU), Hermann Schmitt-Vockenhausen (SPD), Richard Jaeger (CDU/CSU) und Liselotte Funcke (FDP). Alle drei Fraktionen bestätigten ihre Vorsitzenden der 6. Wahlperiode: Herbert Wehner (SPD), Rainer Barzel (CDU/CSU) und Wolfgang Mischnick (FDP). Am 9. Mai 1973 trat Barzel als Fraktionsvorsitzender zurück, weil seine Fraktion ankündigte, am 1. Mai den deutschen Beitritt zu den Vereinten Nationen abzulehnen. Es bedurfte acht Tage, bis am 17. Mai Karl Carstens zum Vorsitzenden der CDU/CSU-Bundestagsfraktion gewählt worden war. Bis dahin leitete Kiesinger die Fraktion kommissarisch und erklärte in der Debatte, in der der DDR-Grundlagenvertrag und der UNO-Beitritt zugleich diskutiert wurden, man hätte „mehr für die deutsche Frage in unserem Sinne und weniger als die anderen wollten" tun müssen. Offensichtlich hatten in der CDU die „Hartliner" obsiegt und Barzel die Segel gestrichen.

Schon einen Tag nach der Konstituierung wurde Willy Brandt zum Bundeskanzler mit 269 von 493 abgegebenen Stimmen gewählt. Die Regierungskoalition aus SPD und FDP stand.

Annemarie Renger wird Parlamentspräsidentin

Annemarie Renger (SPD), die Kurt Schumacher als Sekretärin und Vertraute von Dezember 1946 bis zu seinem Tode 1952 begleitet hatte, erfüllte idealtypisch die Forderungen der SPD, sie war eine Frau der der soziale Aufstieg gelungen war. Die Bundestagsverwaltung, die durch die vorrausgegangenen Reformen professionell aufgestellt war, hatte seinerzeit Renger vom ersten Tag an begleitet und aktiv unterstützt, zumal sie weder in einem Bundestagsgremium noch in der Fraktion jemals ein Leitungsamt innehatte.

Mit Selbstbewusstsein und Charme hatte sich Renger in der SPD durchgesetzt In ihren Lebenserinnerungen schrieb sie später: „Ich habe in dieser Zeit erreicht, was ich wollte: Es ist bewiesen, dass eine Frau das kann."

In ihrer Antrittsrede stellte Renger die Bedeutung, dass nun eine Frau gewählt worden war, selbst heraus: „Insofern hoffe ich, durch mein Bemühen, dem Amt nach besten Kräften gerecht zu werden, zugleich auch der Sache der Frauen einen Dienst leisten zu können." Das Amt des Bundestagspräsidenten bedeutete ihr übrigens so viel, dass sie sich auch gerne im Plenum mit „Frau Präsident" ansprechen ließ.

Aufmerksamkeit erhielten die Auslandsreisen Rengers nach Moskau, Polen und Israel, mit denen sie die politische Arbeit und Ausrichtung der sozialliberalen Koalition begleitete. Zu den Reformen ihrer

Annemarie Renger (SPD) – Präsidentin des Deutschen Bundestages 1972–1976
Links: Helmut Schellknecht – Direktor beim Deutschen Bundestag 1970–1984

Amtszeit zählte die Neuordnung des Petitionswesens. Stets betonte sie: „Die Qualität parlamentarischer Arbeit misst sich nicht an der Zahl der verabschiedeten Gesetze.“ Zurecht urteilte Bundeskanzler Helmut Schmidt später über Renger, dass sie die „Aufgaben dieses Amtes vier Jahre lang souverän gemeistert und dem Amt ihre persönliche Note aufgeprägt hat. Sie hat den Bundestag mit natürlicher Würde nach innen und nach außen repräsentiert [und war …] eine eindrucksstarke politische Frau.“

Besonderheiten und Akzente der 7. Wahlperiode

Im Januar 1973 nahm der Bundestag faktisch seine Arbeit auf. Schon am 22. Februar 1973 wurde die Wiedereinsetzung der Enquete-Kommissionen „Auswärtige Kulturpolitik“ und „Verfassungsreform“ beschlossen. Am 14. März 1973 gab es erstmals die sogenannte „Kabinett-Information“, damit sollte der Bundestag über die nötigen Kabinettsbeschlüsse aktiv in Kenntnis gesetzt werden. Am 3. Oktober 1973 unterrichtete Bundesminister des Auswärtigen Walter Scheel (FDP), dass die Generalversammlung der Vereinten Nationen am 18. September 1973 die Aufnahme der Bundesrepublik und der Deutschen Demokratischen Republik beschlossen hatte.

Die Ölpreiskrise von 1973 demonstrierte die Abhängigkeit der Industriestaaten von fossiler Energie, insbesondere von fossilen Treibstoffen. Die Bundesregierung brachte kurzerhand ihr Gesetz zur Sicherung der Energieversorgung, das am 9. November 1973 beschlossen wurde und auf dessen Grundlage an vier autofreien Sonntagen, beginnend mit dem 25. November 1973, ein allgemeines Fahrverbot verhängt sowie für sechs Monate generelle Geschwindigkeitsbegrenzungen (100 km/h auf Autobahnen, ansonsten 80 km/h) eingeführt wurden. Mit diesen Maßnahmen hatte die Regierung der Bevölkerung den Ernst der Situation nahezubringen versucht. Die folgende Wirtschaftskrise brachte Kurzarbeit, Arbeitslosigkeit, Sozialausgaben und Insolvenzen von Unternehmen.

1974 wurde ein Regierungsentwurf für das 5. Gesetz zur Reform des Strafrechts bei Abtreibung in den Bundestag eingebracht. Aus den Reihen der CDU/CSU-Oppositionsfraktion kamen ganze drei Gegenentwürfe. Im Prinzip favorisierte die CDU/CSU eine „Indikationsregelung“, die SPD und die FDP wollten eine „Fristenlösung“ bis zur 12 Schwangerschaftswoche. In der Generaldebatte am 25. April 1974, die von morgens bis Mitternacht dauerte und in der 27 Redner sprachen, bezeichnete Elfriede Eilers (SPD) die im Regierungsentwurf vorgesehene Fristenregelung als „entscheidenden Schritt hin zur Eigenverantwortung und sozialen Gleichstellung der Frauen“. Willy Brandt nannte die bis dahin bestehende Fassung des § 218 einen „schwer erträgliche[n] Restbestand sozialer Ungerechtigkeit des vorigen Jahrhunderts“. Paul Mikat (CDU/CSU) wies eine Fristenregelung scharf zurück und betonte, bei einem Embryo handle es sich um „individuelles menschliches Leben“, das „von Beginn seiner Existenz an und nicht erst ab dem dritten Monat“ zu schützen sei. Mikat verwies darauf, dass die Deutschen sich unter der Herrschaft des Nationalsozialismus „wie kein anderes Volk gegen das Leben versündigt“ hätten, und leitete daraus eine besondere moralische Verpflichtung ab, sich zur „grundsätzlichen Unverfügbarkeit menschlichen Lebens“ zu bekennen. Gleichwohl stimmte der Bundestag am 26. April 1974 mit knapper Mehrheit (247 gegen 233 Stimmen bei 9 Enthaltungen) für den Regierungsentwurf, der Straffreiheit für Abtreibungen innerhalb der ersten drei Schwangerschaftsmonate und nach ärztlicher Beratung vorsah. Gegen das neue Gesetz strengte die CDU/CSU ein Normenkontrollverfahren beim Bundeverfassungsgericht an, welches das Gesetz im Februar 1975 für verfassungswidrig erklärte. Die Richter bemängelten die unzureichende Berücksichtigung des Lebensrechts des Kindes, das im Zweifel auch gegen die eigene Mutter geschützt werden müsse, und schloss sich der Argumentation von Mikat an, indem es an die „Vernichtung unwerten Lebens“ im Nationalsozialismus erinnerte. Daraufhin wurde der § 218 verschärft. Die Fristenlösung wurde wieder abgeschafft. Der Schwangerschaftsabbruch blieb rechtmäßig, wenn zum Beispiel eine medizinische oder soziale Notlage gegeben war oder nach einer Vergewaltigung. Ohne Aufhebung der Fraktionsdisziplin verabschiedete der Bundestag am 12. Februar 1976 mit einfacher Mehrheit (sogenannte „Kanzlermehrheit“) eine Indikationsregelung, die bis zur Wiedervereinigung unangefochten blieb. Nur ein SPD-Abgeordneter stimmte mit der CDU gegen den Gesetzentwurf.

Der Rücktritt von Bundeskanzler Brandt

Brandt war in der eigenen Fraktion nicht unumstritten. Zeitweise stand er in heftigem Streit mit seinem eigenen Fraktionsvorsitzenden Herbert Wehner, dem „Zuchtmeister“ und Machtstrategen der SPD. Das machte Wehner seit Mitte der sechziger Jahre zum eigentlichen Führer der SPD. Er galt jedoch als Wählerschreck und konnte nie erster Mann der Partei werden. Das war lange Jahre Willy Brandt und erst als Brandt in der Verantwortung des Bundeskanzlers war, hatte Brandt wiederum Helmut Schmidt als den ersten Mann der Partei bezeichnet. Ab 1973 regierte Willy Brandt lustlos, die Ölpreiskrise (kurz „Ölkrise“) trug ihren Teil dazu bei und wurde für den intriganten Wehner ein willfähriger Gegner. Während des Besuchs in Moskau sagte Wehner noch mit Häme über Willy Brandt: „Der Herr badet gern lau“. Eineinhalb Jahre war Willy Brandt nun Bundeskanzler in der 7. Wahlperiode gewesen, als am 25. April 1974 die Bundesanwaltschaft bekannt gab, dass sein enger Mitarbeiter, Günter Guillaume, unter dem Verdacht der Spionage für die DDR festgenommen worden sei.

Mit der Enttarnung des DDR-Agenten Günter Guillaume konnte Wehner bequem Brandt zum Rücktritt auffordern, der tatsächlich am 6. Mai 1974 erfolgte. Mit dem „Fall Guillaume" sollte sich im Sommer 1974 noch eigens ein Untersuchungsausschuss befassen.

Trotz dieses unrühmlichen Abgangs gilt: Brandt war einer der wenigen führenden sozialdemokratischen Politiker, die ohne Vorbehalte für die Herstellung der staatlichen Einheit Deutschlands eintraten. Seine Ostpolitik, wie immer man sie auch im Detail bewerten möchte, kommt in ihrer historischen Bedeutung der Politik der Westintegration Adenauers gleich.

Bundeskanzler Helmut Schmidt

Helmut Schmidts Wahl zum Nachfolger von Willy Brandt lag auf der Hand. Brandt hatte Schmidt wiederholt als „den ersten Sozialdemokraten" bezeichnet. Als Brandt gegen den Rat von Helmut Schmidt dennoch im Zuge der „Affäre Guillaume" zurücktrat und Schmidt an seine Stelle trat, bewahrheiteten sich diese Worte.

Als Innensenator in Hamburg erlangte Schmidt auf einen Schlag durch seine Maßnahmen zur Bekämpfung der Hochwasserkatastrophe im Frühjahr 1962 eine ungewöhnliche Popularität.

Der 1967 zum Fraktionsvorsitzenden gewählte wurde 1969 in der sozialliberalen Koalition Verteidigungsminister, 1972 Bundesminister für Wirtschaft und Finanzen. Und in der 7. Wahlperiode Finanzminister.

Auch wenn die Regierungskoalition stand, war ein Politikwechsel unausweichlich, denn Helmut Schmidt galt als ein „in der Wolle gefärbter rechter Sozialdemokrat" und war der „talentierteste Staatsschauspieler aller Bundeskanzler vor ihm und nach ihm, sodass selbst in Zeiten des Meinungstiefs seine persönlichen Umfragewerte im Regelfall über denen der eigenen Partei lagen“ (Hans-Peter Schwarz). Schmidt bekam demnach vor allem aus dem bürgerlichen Lager Zuspruch.

Die Kanzlerschaft eines Bürgerlichen

Der Neubildung des Kabinetts, vor allem durch die Berufung von Innenminister Hans-Dietrich Genscher zum Außenminister, folgten umgehend Schmidts Maßnahmen gegen die Auswirkungen der irreführenderweise oft nur „Ölkrise“ genannten „Ölpreiskrise“ 1973 und gegen die Ursachen der Rezession in der Bundesrepublik. Die Bundesrepublik konnte schon damals dankbar sein, mit Schmidt einen Wirtschaftsfachmann als Bundeskanzler gehabt zu haben. Der zurückgetretene Brandt hatte sich für Wirtschaftsfragen nie interessiert.

In der Deutschland- und Ostpolitik setzte Schmidt den Kurs von Brandt konsequent fort. Schmidt betrieb aktiv den von den Warschauer-Pakt-Staaten initiierten Helsinki-Prozess, der 1975 mit der KSZE-Schlussakte einen ersten wichtigen Abschluss nahm und die Annäherung zwischen der Bundesrepublik und der DDR begünstigte. Schmidt kam erstaunlicherweise sogar mit dem „kommunistischen Kleinbürger“ und Staatsratsvorsitzenden der DDR Erich Honecker zurecht.

Schmidts Richtlinienkompetenz unterschied sich dadurch von Adenauer, dass er, ohne sich je bemüht zu zeigen, durchregierte und das mit einer Arroganz, die er nicht nur am Kabinettstisch zur Schau gestellt hatte und die ihm den fast schon euphemistischen Titel „Schmidt-Schnauze“ einbrachte. Schmidt führte sich zuweilen wie eine Art „Generaldirektor der Bundesrepublik Deutschland“ (Hans-Peter Schwarz) auf. Bei Zeitgenossen war die Meinung über Schmidt geteilt. Arnulf Baring bemerkte über die drei führenden Sozialdemokraten, die es immerhin vermochten, trotz aller Unterschiede, jahrelang die Spannungen untereinander nach außen nicht sichtbar werden zu lassen: Brandt war der Sympath und Charismatiker; Wehner war der Parteisoldat und Arbeiter; Schmidt hingegen war der „hochintelligente Führungsoffizier“, der vor Ehrgeiz „brannte“.

Zu seinen später häufig zitierten Aussprüchen zählt die Bemerkung: Wer in der Politik Visionen habe, solle zum Arzt gehen. Damit hatte

Schmidt bewusst oder unbewusst einer inhaltlichen Entleerung politischen Handels Vorschub geleistet (Arnulf Baring), die dem reinen Machterhalt dient.

Die 6. Bundesversammlung

Aufgrund des Vier-Mächte-Abkommens vom 3. September 1971 und dem ergänzenden Brief der drei Botschafter an den Bundeskanzler mit den „Klarstellungen und Interpretationen", sollte keine Bundesversammlung mehr in Berlin durchgeführt werden. Bundestagspräsidentin Renger entschied deswegen, die 6. Bundesversammlung am 15. Mai 1974 in der Beethovenhalle in Bonn einzuberufen.

In ihrer Eröffnungsansprache ging Renger darauf ein, dass Bonn als Sitz des Bundespräsidenten, des Bundestages, des Bundesrates und der Bundesregierung besonders geeignet sei für die Durchführung einer Bundesversammlung. Gleichzeitig bekräftigte sie die fortbestehende Verbundenheit mit Berlin und die selbstauferlegte Verpflichtung, alles zu tun, um entsprechend dem Viermächte-Abkommen vom 3. September die Bindungen aufrechtzuerhalten und zu entwickeln: „[...] die Berliner und ihre Stadt, unser Berlin, werden uns an unsere Aufgabe erinnern, ‚in freier Selbstbestimmung die Einheit und Freiheit Deutschlands zu vollenden'." So stand es ja auch in der Präambel des Grundgesetzes von 1949.

In der 6. Bundesversammlung wurden von der SPD und der FDP gemeinsam Walter Scheel (FDP), der Bundesaußenminister im Kabinett Brandt und von der CDU/CSU deren stellvertretender Fraktionsvorsitzende Richard von Weizsäcker benannt. Walter Scheel erhielt bereits im ersten Wahlgang die erforderliche Stimmenzahl und war zum Bundespräsidenten gewählt.

Reichstagsgebäude

Schon 1961 erhielt der Architekt Paul Baumgarten als Gewinner eines zulassungsbeschränkten Wettbewerbs den Auftrag für den Wiederaufbau des Reichstagsgebäudes. 1973 war das Gebäude fertiggestellt. Zahlreiche Schmuckelemente an der Fassade waren entfernt worden, die vier Ecktürme wurden in der Höhe reduziert und auf eine Kuppel wurde verzichtet. Die beschädigte, aber in großen Teilen erhaltene, aufwendige Innenarchitektur wurde fast vollständig entfernt oder verschwand hinter Abdeckplatten. Durch den Einzug neuer Geschosse wurde auch die Nutzfläche vergrößert. Der Plenarsaal wurde im Verhältnis zum alten Plenarsaal verdoppelt.

Baumgartens Gestaltung kostete 110 Millionen Mark. Sie entsprach dem Geschmack der 1960er-Jahre. Am 21. März 1971, zum 100. Jahrestag der ersten Reichstagssitzung, wurde symbolträchtig im neu hergestellten Reichstagsgebäude die Ausstellung „Fragen an die deutsche Geschichte" eröffnet. Am 30. Juni 1973 erfolgte schließlich die offizielle Übergabe des Reichstagsgebäudes durch den Architekten Paul Baumgarten an den Deutschen Bundestag.

Mit seiner Fertigstellung tauchte erstmals der Vorschlag auf, das Reichstagsgebäude durch das bulgarisch-französische Künstlerpaar Christo und Jeanne-Claude zu verhüllen, ein Projekt, das in der 13. Wahlperiode realisiert werden konnte.

Zentrale Debatten

Am 22. März 1974 verabschiedet der Bundestag ein Gesetz zur Neuregelung des Volljährigkeitsalters, das von 21 auf 18 Jahre gesenkt wurde. Es war ein konsequenter Schritt, nachdem das Wahlalter schon am 18. Juni 1970 auf 18. Jahre gesenkt worden war.

Ebenfalls am 22. Mai 1974 verabschiedet der Bundestag ein Gesetz zur Änderung des Parteiengesetzes, mit dem die Wahlkampfkosten-Erstattung erhöht wurde.

In der Bildungspolitik wurde am 12. Dezember 1974 das Hochschulrahmengesetz verabschiedet.

Am 23. Mai 1975 wurde das Grundgesetz für die Bundesrepublik 25 Jahre alt. Bundestagspräsidentin Renger gab dazu eine Erklärung im Bundestag ab und ließ zu diesem Anlass von der Urschrift des Grundgesetzes Faksimiles herstellen für die noch lebenden Mitglieder des Parlamentarischen Rates 1948 bis 1949.

Am 11. September 1975 hatten der Bund, das Land Nordrhein-Westfalen und die Stadt Bonn sich zu einer engen Zusammenarbeit beim weiteren Ausbau Bonns als Bundeshauptstadt verpflichtet.

Am 12. Februar 1976 fand die zweite Lesung über den § 218 StGB (Schwangerschaftsabbruch) statt. Der Bundestag verabschiedet das 15. Strafrechtsänderungsgesetz. Demnach blieb ein Schwangerschaftsabbruch grundsätzlich strafbar. Die Schwangere bleibt straffrei, wenn der Schwangerschaftsabbruch nach Beratung durch einen Arzt oder eine Beratungsstelle von einem Arzt vorgenommen wird und seit der Empfängnis nicht mehr als 22 Wochen vergangen sind.

24. Juni 1976. Der Bundestag verabschiedet ein Drittes Gesetzes zur Änderung des Diätengesetzes 1968 (Nichtanhebung der Diäten im Kalenderjahr 1976) und ein Gesetz zur Regelung des Rechts der allgemeinen Geschäftsbedingungen).

Beitritt zur UNO

In einem Zusatzprotokoll zum Grundlagenvertrag vereinbarten die Bundesrepublik und die DDR, in zeitlicher Abstimmung, ihren Antrag auf Mitgliedschaft in den Vereinten Nationen (VN) zu stellen. Am 18. September 1973 wurden von der 28. Generalversammlung die DDR als 133. und die Bundesrepublik als 134. Mitglied in die Weltorganisation aufgenommen. Ziel der Bundesrepublik war es, das verfassungsrechtliche Verbot eines Angriffskrieges (Art. 26 GG) in das Friedenssicherungssystem der VN einzubringen. Der Beitritt der Bundesrepublik, der den vorläufigen Abschluss der durch die sozial-liberale Koalition eingeläuteten Neuen Ostpolitik bildete, war umstritten, da nunmehr die DDR ihre weltweite Anerkennung erreichte.

Terrorismus

Die große innenpolitische Herausforderung waren die Terroranschläge der Roten Armee Fraktion (RAF). 1974 gelang es den verhafteten Mitgliedern der Baader-Meinhof-Gruppe trotz strenger Bewachung, über Mittelsmänner gemeinsam in den Hungerstreik zu treten. Nach dem

Tode des Terroristen Holger Meins im November 1974 wurde der Vorsitzende der Berliner CDU, Peter Lorenz, entführt. Bundeskanzler Schmidt gab den Forderungen nach, sechs inhaftierte Mitglieder der „Bewegung 2. Juni" freizulassen.

Am 13. März 1975 forderte Schmidt in seiner Regierungserklärung zur inneren Sicherheit, das ganze Instrumentarium des Rechtsstaates „strikt und konsequent" gegen Terroristen und deren Helfer anzuwenden.

Bilanz

In der 7. Wahlperiode hat der Bundestag 516 Gesetzentwürfe verabschiedet. 483 Gesetzentwürfe wurden einmütig und nur 33 gegen die Stimmen der Opposition verabschiedet. Die CDU/CSU trug als Opposition einen Großteil der sozialliberalen Gesetzesinitiativen mit. So gesehen war es ein geradezu harmonisches Miteinander und keine Gegnerschaft von Regierungskoalition und Opposition, wie vor allem in der 6. Wahlperiode. Auch die geringe Anzahl der Ordnungsrufe bestätigt das grundsätzlich harmonische Miteinander. Das war auch ein Verdienst von Helmut Schmidt. Zugleich hatten die innenpolitischen Krisen dazu beigetragen, den Parlamentarismus zu stärken.

In dieser Zeit entstand auch das Diktum, die CDU sei eine Regierungspartei und unfähig als Opposition. Sogar die Anrufung des Vermittlungsausschusses belegt dieses: 104 Mal wurde er angerufen, davon nur einmal auf Verlangen des Bundestages, sieben Mal auf Verlangen der Bundesregierung und 96 Mal auf Verlangen des Bundesrates.

Die Auflösung der Fraktionsgemeinschaft von CDU und CSU in Wildbad Kreuth

Seit der für die CDU/CSU verlustreichen Bundestagswahl 1969 ging der CSU-Parteivorsitzende Franz Josef Strauß auf entschiedenen Konfrontationskurs zur CDU und strebte eine selbständige bundesweite CSU an. Mit der Übernahme des CDU-Parteivorsitzes durch Helmut Kohl im Juni 1973 und seiner Forderung nach einer Trennung von Partei- und Fraktionsführung leitete Kohl eine inhaltliche Annäherung an die sozial-liberale Politik ein, die sich gegen die von Strauß geführte CSU und die Konservativen in der Union richtete.

Doch Strauß drängte weiter auf die Eigenständigkeit der CSU. Bei 30 zu 18 Stimmen führte er auf einer Klausurtagung in Kreuth am 19. November 1976 den Beschluss herbei, die Mitglieder der CSU im Bundestag zur Aufkündigung der Fraktionsgemeinschaft mit der CDU zu bewegen. Drei Tage später beschloss der CDU-Bundesvorstand, bei Aufkündigung der Unionsfraktion im Bundestag umgehend CDU-Bundestagskandidaten in Bayern aufzustellen. Daraufhin wurde der Kreuther Beschluss nicht umgesetzt.

Die letzte Sitzung des 7. Bundestages fand am 8. Dezember 1976 statt. Zum ersten Mal traf nach einer Bundestagswahl nochmals der alte Bundestag zusammen. Es kam erst am Ende der 13. Wahlperiode erneut vor. Am 8. Dezember 1976 aber verabschiedet der Bundestag ein Gesetz zur Neuregelung der Rechtsverhältnisse der Mitglieder des Deutschen Bundestages sowie eine viel beachtete Diätenerhöhung, die im Zusammenhang mit der Versteuerung der Abgeordnetenbezüge aufgrund eines Urteils des Bundesverfassungsgerichts beschlossen wurde.

Am 13. Dezember 1976 endete dann die 7. Wahlperiode.

Schon am 7. Dezember 1976 titelte der Bonner „General-Anzeiger“: „Ein fleißiger und billiger Bundestag nimmt seinen Abschied“. Kriterien, was ein fleißiges Parlament kennzeichnet, legte der Journalist nicht vor.

8. Wahlperiode (1976–1980)

Politik zwischen Humor, Intellektualität und Terrorismus

Konstituierung

Am 14. Dezember 1976 konstituierte sich der 8. Bundestag. Auf die CDU/CSU fielen 254 Sitze, auf die SPD 224 und auf die FDP 40. Aus Berlin kamen 22 nicht voll stimmberechtigte Abgeordnete, davon waren 11 von der CDU/CSU, 10 von der SPD und 1 von der FDP. Zum ersten Mal in der Geschichte des Bundestages lag die CDU in Berlin vorne.

Die CDU/CSU war in der 8. wie schon von der 1. bis 6. Wahlperiode die stärkste politische Kraft im Bundestag. Wohlweislich hatte die CSU ihre Auseinandersetzung mit der CDU in Kreuth erst nach der Bundestagswahl am 3. Oktober 1976 ausgetragen. Fraktionsvorsitzender der CDU/CSU wurde Helmut Kohl, der von 1969 bis 1976 Ministerpräsident des Landes Rheinland-Pfalz und seit 1973 Bundesvorsitzender der CDU war. Wenn er Bundesvorsitzender bleiben wollte, musste er in die Bundespolitik wechseln. Seine Wahl zum Fraktionsvorsitzenden war unstrittig, zumal er als Kanzlerkandidat bis dahin das zweitbeste Bundestagswahlergebnis der CDU bescherte. Fraktionsvorsitzender der SPD war wieder Herbert Wehner und bei der FDP Wolfgang Mischnick.

Der ehemalige Bundeskanzler, Alterspräsident Ludwig Erhard (CDU/CSU), leitete die konstituierende Sitzung. Die CDU/CSU schlug ihren bisherigen Fraktionsvorsitzenden Karl Carstens zum Bundestagspräsidenten vor, der mit 67,1 % der abgegebenen Stimmen gewählt wurde. Vizepräsidenten wurden die ehemalige Parlamentspräsidentin Annemarie Renger (SPD) sowie Richard Stücklen (CDU/CSU), Hermann Schmitt-Vockenhausen (SPD) und Liselotte Funcke (FDP).

Karl Carstens

Karl Carstens, der frühere beamtete Staatssekretär im Auswärtigen Amt (unter Heinrich von Brentano) sowie im Bundesverteidigungsministerium (unter Gerhard Schröder) und schließlich im Bundeskanzleramt (unter Kurt Georg Kiesinger) war seit 1972 Mitglied des Bundestages. Die CDU/CSU-Fraktion wählte ihn schon ein Jahr später, nach dem Rücktritt von Rainer Barzel, zum Vorsitzenden und damit zum Oppositionsführer. Carstens war kein Karrierist, sondern vielmehr ein hochgebildeter aber dennoch volksnaher Intellektueller mit einer ausgeprägten politischen Sensibilität. Die Rolle des Oppositionsführers stand seinem Naturell prinzipiell entgegen, dennoch hatte er es nicht an Schärfe fehlen lassen, wenn es erforderlich war, weswegen zahlreiche SPD-Abgeordnete ihm bei der Wahl zum Parlamentspräsidenten am 14. Dezember 1976 die Zustimmung verweigerten.

Mit Karl Carstens und Helmut Schmidt (SPD) waren in der 8. Wahlperiode die Verfassungsorgane Bundestag und Bundesregierung jeweils von einem Intellektuellen angeführt worden.

Den Bundestagspräsident Carstens zeichnete seine parteiübergreifend-ausgleichende Amtsführung aus. Ihn prägte das Amt, nicht umgekehrt! In seinen Reden unterstrich er die zentrale Rolle des Bundestages für die deutsche Politik und als Garant einer freiheitlichen Ordnung. In seine Amtszeit fielen die Terrorakte der Roten Armee Fraktion (RAF), mit denen der Staat getroffen werden sollte. Die extreme Linke stellte alles in Frage, was das Land, seinen Wohlstand und die politische Zuverlässigkeit bei den westlichen Verbündeten ausmachte.

Carstens wechselte nach dreijähriger Amtszeit in das Amt des Bundespräsidenten. Seine Nähe zum deutschen Volk als „Wanderpräsident" war nicht gekünstelt und widersprach auch nicht seiner hohen Intellektualität.

Karl Carstens (CDU/CSU), Präsident des Deutschen Bundestages 1976–1979 zusammen mit dem Vorsitzenden der CDU/CSU-Fraktion Helmut Kohl. Im Hintergrund: links Liselotte Funke (FDP) und in der Mitte Franz Josef Strauß (CDU/CSU)

Für lebhaftere Debatten und gegen die Gesetzesflut

Im September 1978 führte der Ältestenrat Begrenzungen für die Redezeiten ein und entwickelte das Format der „Aussprache", in der nur Kurzbeiträge von bis zu zehn Minuten gesprochen werden durften. Sie waren für drei Monate probehalber eingeführt worden, doch es gibt sie leicht modifiziert noch heute.

Mehrfach sprach sich Carstens für eine Eindämmung der Gesetzesflut aus und empfahl ein Gremium als „eine Art Schleuse" zu schaffen, in dem die Notwendigkeit einer Gesetzesvorlage unter allgemeinen Gesichtspunkten geprüft werden sollte.

Schließlich war Carstens auch der Überzeugung, dass man den Parlamentsdebatten manche Schärfe nehmen könnte, wenn nicht ständig irgendwo in der Bundesrepublik Landtagswahlen wären. Diese sollten seiner Meinung nach gebündelt und auf zwei bis drei Termine innerhalb einer Wahlperiode des Bundestages konzentriert werden.

Baumaßnahmen

Sehr aktiv war die Unterkommission des Ältestenrates für die Planung von weiteren Bauten und Umbauten des Bundestages. Die Bauaufsicht hatte gravierende Feuerschutzmängel im Abgeordnetenhochhaus („Langer Eugen") festgestellt, weshalb der Anbau eines separaten Treppen- und Aufzugsturms verlangt wurde. Als die Haushälter des Bundestages nicht ihre Zustimmung erteilen wollten, wurde Carstens ungehalten und sprach ein Machtwort: Er allein trage die Verantwortung für die Sicherheit aller Abgeordneten. Er dulde keinen weiteren Aufschub. Er werde deshalb auch ohne Zustimmung des Ausschusses den Bauauftrag für den Turm erteilen. Selbst wenn das gegen die Haushaltsordnung verstoße. Die Drohung verfehlte nicht ihrer Wirkung.

In seiner Abschiedsrede am 31. Mai 1979 formulierte er auf dem Niveau eines Aphorismus einen Leitfaden für staatliches Handeln: „Wer frei ist, trägt Verantwortung. Wer Rechte hat, hat auch Pflichten. Und wer Ansprüche stellt, vor allem an den Staat, muss auch bereit sein, Leistungen zu erbringen".

Schon einen Tag nach der Konstituierung des 8. Bundestages wurde am 15. Dezember 1976 Helmut Schmidt (SPD) mit knapper Mehrheit erneut zum Bundeskanzler gewählt und bildete wie in der Wahlperiode zuvor eine Regierungskoalition aus SPD und FDP.

In seiner Regierungserklärung am 16. Dezember 1976 kündigte Schmidt an, dass es weitere Abkommen mit der DDR geben werde, zur Verbesserung und Erleichterung der Lebenssituation der Menschen und zum Erhalt der Lebensfähigkeit der Stadt Berlin. Die CDU/CSU kritisierte Schmidts Deutschlandpolitik als „kurzatmig" und lehnte seine Politik als eine Politik der „Annäherung durch Anpassung" ab. Das ermutige die DDR weiter zur Abgrenzung von den freiheitlich westlichen Demokratien.

Gegen seine eigene Fraktion hielt Schmidt an seinem bisherigen wirtschaftspolitischen Kurs fest und befürwortete den Ausbau der Kernenergie. Europapolitisch schuf er 1979 durch die Einführung des sogenannten Wechselkursmechanismus (WKM) im Schulterschluss mit Frankreichs Regierungschef Valéry Giscard d'Estaing das europäische Währungssystem (EWS), die Voraussetzung für die Einführung des Euro 1999 und 2002.

International trat die Bundesrepublik 1978 dem Antarktis-Vertrag vom 1. Dezember 1959 bei, dessen Mitgliedstaaten die Unversehrtheit der Antarktis als Ziel verfolgten.

Finanzpolitisch holte Schmidt die Vergangenheit ein, als das Bundesverfassungsgericht am 25. Mai 1977 einen Verstoß gegen das Haushaltsbewilligungsrecht des Parlaments durch den damaligen Bundesminister der Finanzen Helmut Schmidt (SPD) feststellte.

Die neue Geschäftsordnung

Am 25. Juni 1980, kurz vor Ende der 8. Wahlperiode, verabschiedete der Bundestag eine neue Geschäftsordnung, die zum 1. Oktober 1980, also noch vor der Bundestagswahl, in Kraft treten sollte. Damit fanden die seit dem 5. Bundestag betriebenen Bemühungen einer Geschäftsordnungsreform ihren Abschluss.

Die alte Geschäftsordnung, stammte vom 6. Dezember 1951. Zahlreiche Bestimmungen waren überholt und Einrichtungen wie die Fragestunde oder die Aktuelle Stunde waren zwar eingeführt worden, fanden sich aber in den Anlagen wieder, sodass die Geschäftsordnung keine organische und übersichtliche Einheit mehr bildete und nun harmonisiert wurde. Grundgesetzänderungen etwa zur Konstituierung des Bundestages (Art. 39 GG) oder zum Petitionsrecht (Art. 45 GG) mussten in der Geschäftsordnung angemessen eingearbeitet werden.

Der Vorsitzende des Geschäftsordnungsausschuss Manfred Schulte (SPD) betonte zum Abschluss der Arbeit, der Ausschuss habe wegen der vielfältigen anderweitigen Verpflichtungen seiner Mitglieder sogar an Wochenenden tagen müssen. Die Hauptfunktionen der neuen Geschäftsordnung sah Schulte darin, sicherzustellen, „dass die parlamentarische Mehrheit in jedem Stadium der parlamentarischen Arbeit auch die Möglichkeit hat, ihren politischen Willen durchzusetzen". Den zweiten Grundsatz einer Geschäftsordnung sah der Ausschuss darin, dass Minderheiten die Gelegenheit haben müssten, ihren vom Mehrheitswillen abweichenden politischen Willen im Plenum wenigstens zu artikulieren.

Auch der alte Streit, ob frei gesprochen werden müsse oder abgelesen werden dürfe und der Präsident widrigenfalls einschreiten müsste, wurde diskutiert. Auch war man bemüht, Möglichkeiten zu finden, die Präsenz der Abgeordneten in Plenarsitzungen zu verbessern. Die gewünschte lebhafte Debatte im Plenum war schließlich seit der 1. Wahlperiode ein Thema.

Der Abgeordnete Schweitzer (SPD) sprach sich für die Einsetzung einer Enquete-Kommission „Parlamentsreform“ aus. Parlamentspräsident Richard Stücklen wünschte sich, doch einmal einen ganzen Tag Zeit zu haben, im Plenum über die Arbeit des Bundestages zu sprechen. Tatsächlich gab es später diese „Selbsverständnisdebatten“ des Bundestages, sie sind obsolet geworden durch die Einführung der „Vereinbarten Debatten“.

Auch wenn es keine Geschäftsordnungsänderung war, so betraf die Einführung allgemeiner unmittelbarer Wahlen der Abgeordneten zum Europäischen Parlament am 20. September 1976 den Bundestag erheblich. Es war der erste Schritt, dass nicht mehr nur Bundestagsabgeordnete im Europäischen Parlament Mitglied werden können, langfristig eröffnete diese Entscheidung den Weg zu mehr Partizipation, weil die gleichzeitige Mitgliedschaft im Bundestag später ausgeschlossen wurde. Vom 7. bis 10. Juni 1979 wurde die Direktwahl der Mitglieder des Europäischen Parlaments erstmals durchgeführt.

Am 18. September 1979 erteilte der Bundestag seine Genehmigung, die Fernsehsendungen aus dem Bundestag zukünftig in Farbe zu übertragen.

Der Deutsche Herbst 1977

Die Terroranschläge in Deutschland von Seiten der Linken und der „Roten Armee Fraktion“ (RAF) hingen wie ein Damoklesschwert über dem 8. Bundestag und belasteten die Regierungsarbeit von Schmidt.

Am 20. April 1977 gedachte der Bundestag der Opfer des Mordanschlags vom 7. April 1977, Generalbundesanwalt Siegfried Buback sowie seine beiden Begleiter Wolfgang Göbel und Georg Wurster. In seiner anschließenden Regierungserklärung warnte Schmidt davor, mit neuen Maßnahmen zur Terrorbekämpfung Freiheitsrechte einzuschränken, während die CDU/CSU schärfere Maßnahmen wünschte und schon am 5. Mai ihren Gesetzesentwurf gegen Terrorismus und Gewaltkriminalität sowie zum Schutz des inneren Friedens zur Debatte stellte.

Den traurigen Höhepunkt der Terroranschläge vonseiten der RAF bildete der „Deutsche Herbst" 1977. Aufgrund der Sommerpause sprach Bundestagspräsident Carstens erst am 8. September 1977 die Gedenkworte für den am 30. Juni 1977 ermordeten Vorstandssprecher der Dresdner Bank, Jürgen Ponto. Im Oktober 1977 wurde Bundeswirtschaftsminister Hans Friderichs (FDP) Pontos Nachfolger und neuer Bundesminister für Wirtschaft wurde Otto Graf Lambsdorff (FDP).

Am 5. September 1977 wurde der Arbeitgeberpräsident Hanns Martin Schleyer entführt und die Polizeibeamten Reinhold Brändle, Helmut Ulmer, Roland Pieler und Heinz Marcisz ermordet.

Am 15. September 1977 gab Bundeskanzler Schmidt aus Anlass des Terroranschlags von Köln und der Entführung von Hanns Martin Schleyer eine Regierungserklärung ab. Diesmal ging Schmidt nicht auf die Forderungen der Terroristen ein. Es folgte daraufhin am 13. Oktober 1977 die Entführung der Lufthansa-Maschine „Landshut" nach Mogadischu (Somalia) durch palästinensische Terroristen, die mit den linken deutschen Terroristen kooperierten.

Helmut Schmidt entschloss sich zur Befreiung der Geiseln in Mogadischu. Einer Spezialeinheit des Bundesgrenzschutzes GSG 9 gelang es am 18. Oktober, die Maschine zu stürmen und alle Geiseln unversehrt zu befreien. Die Rettung wurde als spektakulärer innenpolitischer Erfolg verbucht, als Erfolg Schmidts und des vor Ort agierenden Sonderbeauftragten der Bundesregierung Hans-Jürgen Wischnewski (SPD).

Andreas Baader, Gudrun Ensslin und Jan-Carl Raspe begingen in ihren Zellen daraufhin Selbstmord. Einen Tag später wurde im Kofferraum eines im Elsass abgestellten Autos die Leiche Hanns-Martin Schleyers gefunden.

Im Bundestag gedachte am 20. Oktober 1977 Bundestagspräsident Carstens des ermordeten Hanns Martin Schleyer sowie des ermordeten Flugkapitäns der Lufthansa-Maschine „Landshut", Jürgen Schumann.

Infolge der Herbstereignisse 1977 verabschiedete der Bundestag am 16. Februar 1978 Gesetze zur Änderung der Strafprozessordnung und des Strafvollzugsgesetzes zwecks Bekämpfung des Terrorismus. Demnach sollte u. a. das Durchsuchen von Wohnungen und Häusern erleichtert werden. Doch schon am 8. August 1978 kassierte das Bundesverfassungsgericht das sog. Kontaktsperregesetz für inhaftierte politische Gewalttäter, da es verfassungswidrig war. Ein weiteres Nachspiel hatte der Mord an Schleyer: Am 8. Juni 1978 schied Werner Maihofer (FDP) wegen Fahndungspannen in dem Entführungsfall aus dem Amt des Bundesinnenministers aus.

Mit dem Terrorismus befasste sich schließlich noch am 11. September 1980, mitten in der Parlamentarischen Sommerpause, der Innenausschuss eigens in einer Sondersitzung.

Breschnew – der „Staatsbesucher"

Der Erste Sekretär der KPdSU (seit 1964, ab 1966 Generalsekretär) und Vorsitzende des Präsidiums des Obersten Sowjet, Leonid Breschnew, war drei Mal auf Staatsbesuch in Bonn. Breschnew hatte stets den hegemonialen Anspruch der Sowjetunion in den Ländern des Warschauer Paktes klar gemacht und sich seit dem Kurswechsel unter Willy Brandt Hoffnungen gemacht, Deutschland könnte aus der NATO herausgelöst werden. Er hatte aber gleichzeitig das Nahziel nie aus dem Auge verloren, von wirtschaftlichem Wohlstand der Bundesrepublik zu profitieren. Vom 18. bis 22. Mai 1973 empfing Bundeskanzler Brandt Breschnew in Bonn. Während des Staatsbesuchs am 4. bis 7. Mai 1978 wurde mit Helmut Schmidt vereinbart, die bilateralen Beziehungen weiter auszugestalten. Der dritte Besuch Breschnews im November 1981, also in der 9. Wahlperiode, ebenfalls bei Bundeskanzler Schmidt, brachte im Hinblick auf den Streit um die sowjetischen Mittelstreckenraketen keine Annäherung. Atmosphärisch gerettet hatte Schmidt Breschnews Besuch, weil er diesen nicht in den Bonner Kanzlerbungalow, sondern zu sich in sein Hamburger Haus eingeladen hatte und dem Staatsbesuch eine sehr private Note gegeben hatte.

Die 7. Bundesversammlung

Die 7. Bundesversammlung wurde nach Bonn in die Beethovenhalle einberufen, wo sie am 23. Mai 1979, dem 30. Jahrestag der Verkündung des Grundgesetzes, stattfand. Die Bundestagsfraktion der CDU/CSU nominierte den amtierenden Bundestagspräsidenten Karl Carstens. Deswegen leitete die Versammlung auch sein Vizepräsident Richard Stücklen, der in seiner Ansprache an den Jahrestag erinnerte. Die SPD benannte die Vizepräsidentin des Deutschen Bundestages Annemarie Renger. Carstens erhielt bereits im ersten Wahlgang die erforderliche Stimmenzahl und legte am 31. Mai 1979 sein Amt als Bundestagspräsident nieder, woraufhin der bisherige Vizepräsident Richard Stücklen mit 87,4 % der abgegebenen Stimmen zum Bundestagspräsidenten gewählt wurde.

Richard Stücklen: Auf Socken in den Bundestag

Der mittelfränkische CSU-Abgeordnete Richard Stücklen kam in den 1. Bundestag auf Socken, weil man ihm im Nachtzug nach Bonn vom 6. auf den 7. September 1949, auf dem Weg zur Konstituierung des Bundestages, die Schuhe gestohlen hatte. Er war bislang der einzige Präsident mit CSU-Parteibuch und galt als fleißig und humorvoll. 1957 hatte ihn Konrad Adenauer zum Verkehrsminister machen wollen, als dieser antwortete: „Ich hatte eher an das Postministerium gedacht“, woraufhin er zum Postminister ernannt wurde. In seine Amtszeit fiel die Einführung der Postleitzahlen und aus dem „Postbenutzer" macht Stücklen den „Postkunden", der nicht „abgefertigt", sondern am Schalter „bedient" wird. Von 1966 bis 1976 war Stücklen Vorsitzender der CSU-Landesgruppe, die mehr als nur bayerische Gemütlichkeit in Bonn pflegte. Drei Jahre war er schon Vizepräsident, als er nun zum Bundestagspräsidenten gewählt worden war.

Stücklen versuchte erst gar nicht, den intellektuellen Habitus seines Vorgängers zu kopieren und hatte auch keine großen Reformideen. Sein Motto lautete: „Humor ist der Mutterboden der Demokratie [...] Wer als Politiker nicht lachen kann, bei dem hat das Volk nichts zu lachen." Stücklen wollte der Bonner Politik „den Stehkragen nehmen". Bei seiner Antrittsrede legt er demonstrativ ein ausgearbeitetes Manuskript zur Seite. So unkonventionell hat noch kein Bundestagspräsident sein Amt angetreten, schrieb „Die Zeit". Stücklen war zeitlebens volkstümlich und das verschaffte ihm sogar beim politischen Gegner Anerkennung. Herbert Wehner nannte Stücklen später einmal einen „schwarzen Ehrenmann".

Richard Stücklen (CDU/CSU) – Präsident des Deutschen Bundestages 1979–1979

Richard von Weizsäcker (CDU/CSU) wurde am 21. Juni 1979 zum Nachfolger von Stücklen als Bundestagsvizepräsident gewählt. Noch am 2. August 1979 starb Bundestagsvizepräsident Hermann Schmitt-Vockenhausen (SPD); zu seinem Nachfolger wählte der Bundestag Georg Leber (SPD). Am 23. November 1979 legte Bundestagsvizepräsidentin Liselotte Funcke (FDP) aufgrund ihrer Berufung zur Ministerin für Wirtschaft, Mittelstand und Verkehr in Nordrhein-Westfalen ihr Amt und Bundestagsmandat nieder. Als Ersatz für sie wurde Richard Wurbs (FDP) am 28. November 1979 gewählt.

Die Bundestagswahl wirft ihre Schatten voraus

Schon im Sommer 1979 kam es zu Entscheidungen und Veränderungen in der politischen Landschaft, die auch nicht folgenlos für den Bundestag blieben. Die CDU/CSU-Bundestagsfraktion hatte sich am 2. Juli 1979 für den bayerischen Ministerpräsident Franz Josef Strauß, statt des niedersächsischen Ministerpräsidenten Ernst Albrecht (CDU), als Kanzlerkandidat der Unionsparteien im Bundestagswahlkampf 1980 ausgesprochen.

Währenddessen aber formierten sich alternative Sammlungsbewegungen seit Sommer 1979 zu einer Partei, von der man erwarten konnte, dass sie als „grüne" Partei für den Bundestag kandidieren würde. Bei der Bremischen Bürgerschaftswahl am 7. Oktober 1979 erreichten sie mit einem Stimmenanteil von 5,1 % vier Mandate in der Bremischen Bürgerschaft. Hierdurch ermutigt, kündigten sie im November 1979 auf einem Kongress der grünen Gruppierungen und alternativen Listen in Offenbach die Gründung einer bundesweiten Partei „Die Grünen" an. Diese Gründung erfolgte am 12./13. Januar 1980 in Karlsruhe.

Aus Sorge vor Eskalationen während des Wahlkampfes schlossen am 19. März 1980 die vier im Bundestag vertretenen Parteien CDU, CSU, SPD und FDP – wie bereits am Ende der 4. Wahlperiode 1965 – ein Wahlkampfabkommen, in dem sie sich zu Fairness und Sparsamkeit verpflichteten.

Anfang Juni 1980 sprachen sich auf ihren Parteitagen die SPD und FDP zur Fortführung der sozial-liberalen Koalition aus. Die Grünen beschlossen am 21. Juni 1980 auf ihrer Bundesversammlung in Dortmund, sich an den Bundestagswahlen 1980 zu beteiligen.

Bilanz des 8. Bundestages

Die hohe Arbeitsbelastung im Bundestag führte dazu, dass seit der 8. Wahlperiode wiederholt auf die übliche Sitzungsunterbrechung zur Mittagszeit verzichtet und durchgetagt wurde. Ferner wurde die Fragestunde von Donnerstag auf Freitag früh 8:00 Uhr verlegt, um weitere Debattenzeit zu gewinnen. Schon in der 7. Wahlperiode wurden zwei Fragestunden zu je 90 Minuten abgehalten, statt wie früher an drei Tagen je 60 Minuten.

Zu den Veränderungen gehörte auch, dass Anhörungen wegen ihres zeitlichen Umfangs oft am Wochenanfang oder sogar in sitzungsfreien Wochen stattfanden. Generalerlaubnis, parallel zum Plenum zu tagen, hat nur der Haushaltsausschuss. Ausnahmen für die anderen Ausschüsse und insbesondere Untersuchungsausschüsse wurden zusehends die Regel.

Die Anzahl der Fragestunden erreichte eine Rekordhöhe. Seit Beginn der 6. Wahlperiode trat die Geschäftsordnungsregelung in Kraft, dass Fragen von vornherein zur schriftlichen Beantwortung eingereicht werden konnten. Auch dies hat die Flut nicht stoppen können. Naturgemäß stellte die Opposition die meisten Anfragen.

Besonders belastet war der Haushaltsausschuss. Er musste neben den Haushaltsvorlagen zusätzlich bei 201 Gesetzentwürfe mitbefasst werden, weil sie grundsätzliche Bedeutung für die öffentlichen Finanzen hatten.

Das Phantom Jakob Maria Mierscheid

Zur Bilanz des 8. Bundestages gehört auch der Tod des ehemaligen Bundesministers für Angelegenheiten des Bundesrates und der Länder sowie ehemaligen Vizepräsidenten des Bundestages Carlo Schmid (SPD) am 11. Dezember 1979. Sein unübertroffener Humor, gewürzt mit hoher Intellektualität und Esprit standen ihm anscheinend für die ganz große Karriere im Weg. Da, wo er stand, wollte ihn aber auch keiner missen. Von allen Abgeordneten des Deutschen Bundestages hatte er einen Nachrücker erhalten, der aber selbst ihn an Originalität übertreffen sollte. Sein Nachrücker war der Phantomabgeordnete Jakob Maria Mierscheid. Bis heute ist Mierscheid fiktives Mitglied des Bundestages. Am 1. März 1933 geboren, katholisch und dennoch Mitglied der SPD, schrieb er auf der Internetseite des Bundestages: „Ich bin weder eine Erfindung noch ein Patent, ich bin die Lösung. [... und] gehöre [...] zu den Säulen unseres Staatswesens."

Ein bisschen Spaß muss sein! Sein Ziehvater war der Abgeordnete Dietrich Sperling (SPD), der 1998 gemeinsam mit Friedhelm Wollner Mierscheids Biographie unter dem Titel *Jakob Mierscheid. Aus dem Leben eines Abgeordneten. Eine politische Holografie* publizierte Bundestagspräsident Norbert Lammert erhob Mierscheid zu den Altären und machte sich dafür stark, dass er auch in den Publikationen des Bundestages Eingang fand. Er gelangte auf diese Weise auch in das halbamtliche „Datenhandbuch zur Geschichte des Deutschen Bundestages", wenn auch als statistische Nullnummer.

Zum 1. April 2004 wurde die untere Fußgängerbrücke, die das Marie-Elisabeth-Lüders-Haus und das Paul Löbe-Haus miteinander verbindet, „Jakob-Maria-Mierscheid-Steg" genannt. Erst am 15. Dezember 2014 wurde – jedoch auf der oberen Brücke – ein Schild mit der Aufschrift „Jakob-Mierscheid-Steg" angebracht. Damit wurden neue Konfusionen und Legenden begründet.

9. Wahlperiode (1980–1983)

Das Ende der sozialliberalen Koalition

Konstituierung des letzten „Drei-Fraktionen-Parlaments"

Mit der Konstituierung des 9. Bundestages am 4. November 1980 trat zum letzten Mal in der Geschichte des Bundestages ein Drei-Fraktionen-Parlament zusammen. Die Sitzverteilung von CDU/CSU 237 Sitze, SPD 228 und FDP 54 Sitze hatte ein Wahlergebnis hervorgebracht, dem zufolge die FDP zum vierten Mal hintereinander für die SPD als Mehrheitsbeschaffer zur Bildung einer Regierungsmehrheit diente. 22 Berliner Abgeordneten kamen noch hinzu, nämlich 11 für die CDU/CSU, 10 für die SPD und 1 für die FDP.

Im Vergleich zur Bundestagswahl 1979 hatte die SPD noch leicht zugelegt und die CDU/CSU weitere Stimmenverluste hinnehmen müssen. Das war ihrem Kanzlerkandidaten Franz Josef Strauß zu verdanken, der in Bayern unumstritten war, in „Preußen" hingegen kam er nicht an. Der Union trug die Wahl einen Stimmenverlust von 4,1 Prozentpunkten ein. Kohl machte gute Miene zum bösen Spiel, weil er schon in der 8. Wahlperiode nach dem Kreuther Beschluss alles tat, um die CDU/CSU-Koalition im Bundestag dauerhaft zu retten. Im Übrigen schien es fast wie ein Wunder, als die SPD – obwohl sie 1972 ein konstruktives Misstrauensvotum überstanden und schon zweimal die Vertrauensfrage hatte stellen müssen – erneut vom Wähler den Auftrag zur Regierungsbildung erhalten hatte. Von der CDU/CSU umworben zu werden und der SPD treu zu bleiben gefiel der FDP. Es belebte das Geschäft.

Alterspräsidenten Herbert Wehner (SPD) nutzte die Gelegenheit, in einer viel zu langen Ansprache deutlich zu machen, „dass es bei allen politischen Gegensätzen vieles gibt, das uns allen gemeinsam ist und das wir hüten und pflegen sollen." Danach wurde Richard Stücklen (CDU/CSU) erneut zum Bundestagspräsidenten gewählt, dieses Mal mit einem Zuwachs an Zustimmung, nämlich mit 89,9 % der abgegebenen Stimmen. Vizepräsidenten wurden Annemarie Renger (SPD), Richard von Weizsäcker (CDU/CSU), Georg Leber (SPD) und Richard Wurbs (FDP). Von Weizsäcker legte schon am 21. März 1981 sein Abgeordnetenmandat nieder, ging als Landesvorsitzender der CDU nach Berlin und wurde dort später Regierender Bürgermeister. Als Bundestagsvizepräsident folgte ihm am 2. April 1981 Heinrich Windelen (CDU/CSU).

Schmidts letzten Amtsjahre als Bundeskanzler

Am 5. November 1980 wählte der Bundestag Helmut Schmidt (SPD) zum dritten Mal in Folge zum Bundeskanzler. Schmidt setzte seine sozial-liberale Regierungskoalition fort. In seiner Regierungserklärung bekräftigte Schmidt am 24. November 1980 „seinen Kurs des Friedens, der Sicherheit und der guten Nachbarschaft". Er bekannte sich zur Rüstungsbegrenzung und hielt die Europäische Gemeinschaft für unverzichtbar. Gleichwohl stellte er fest, dass nur im Atlantischen Bündnis die Bundesrepublik ihre Sicherheit fände. Ferner bedauerte Schmidt erneute Rückschlage in den Beziehungen mit der DDR und erinnerte an seine Gespräche mit Breschnew 1978 in Bonn und im Sommer 1980 in Moskau. Schließlich klagte Schmidt, dass man den Eindruck gewinnen könne, „als ob die Opposition den Bundesrat betrachtete als Ersatz für die im Bundestag fehlende Mehrheit", und das, wo doch die sozialliberale Koalition auch in den unionsregierten Ländern deutlichen Zuspruch erhalten hätte. Im Grunde wirkte die Regierungserklärung Schmidts kaum originell und wenig empathisch. Die von Schmid angeprangerte CDU-Mehrheit im Bundesrat war strukturell bedingt und vom Grundgesetz auch genauso gewollt.

Themen und Debatten

In den ersten Monaten befasste sich der Bundestag unter anderem in seinen Aktuellen Stunden mit dem NATO-Doppelbeschluss, dem Maastrichter EG-Gipfel und mit der Frage von Deutschen, die in der Sowjetunion leben und nach Deutschland ausreisen wollten. In seiner Antwort zur Großen Anfrage hatte die Bundesregierung umfassend über das Zweite Folgetreffen der Konferenz über Sicherheit und Zusammenarbeit in Europa (KSZE) in Madrid Rechenschaft abgelegt.

Am 9. April 1981 wurde die Enquete-Kommission „Neue Informations- und Kommunikationstechniken“ eingerichtet, in der die Abgeordneten sich erstmals mit Fragen wie Computertechnologie, Internet Kurznachrichtendiensten, Datensammlungen und Künstlicher Intelligenz befassten.

Teil der Sichtbarmachung der Arbeit im Bundestag und der Öffentlichkeitsarbeit war das erstmals am 21. Mai 1981 im Plenarsaal durchgeführte Format „Jugend-Fragestunde“, zu dem von den Fraktionen rund 700 Jugendlichen eingeladen worden sind. Bei diesem Veranstaltungsformat ging es darum, Jugendliche mit politischer Arbeit und demokratischen Abläufen vertraut zu machen. Eine im Mai 1981 eingesetzte Enquete-Kommission „Jugendprotest im demokratischen Staat“ hatte sich dieser Frage auch in grundsätzlicher Weise genähert.

Die SPD-Fraktion verlangt Solidarität

Zu den Besonderheiten aus der Endphase der sozialliberalen Koalition gehörte der Beschluss der SPD-Fraktion vom 23. Juni 1981 zur Fraktionsdisziplin, die unter dem Label Fraktionssolidarität verkauft wurde: „Wer in der Minderheit geblieben ist, muss die Argumente der Mehrheit in der Öffentlichkeit bei Wahrung der eigenen Meinung sachlich und fair darstellen. Die Einbringung von mit der Fraktion nicht abgestimmten Anträgen im Plenum widerspricht der Fraktionssolidarität“.

Ferner heißt es dort: „Die Legitimität von abweichendem Stimmverhalten im Bundestag in Gewissensfragen bleibt davon unberührt. Die Absicht, abweichend von den Beschlüssen der Fraktion zu stimmen, ist der Fraktion spätestens in der der Abstimmung vorausgehenden Fraktionssitzung mitzuteilen."

Die SPD verstand diese Regelung als „Ausdruck der Solidarität" und „Voraussetzung sozialdemokratischer Handlungsfähigkeit in Parlament und Regierung".

Besuche und Gespräche

Bundeskanzler Schmidt hatte in eigenen Regierungserklärungen seine Auslandsbesuche thematisiert, die angesichts der deutschen Teilung stets die Aufmerksamkeit der Öffentlichkeit erhielten, gleichgültig, ob Schmidt im Osten oder im Westen unterwegs war.

Am 3. Dezember 1981 berichtete Schmidt über die Ergebnisse des Europäischen Rates in London und den Besuch von Leonid Breschnew im November 1981 in Bonn.

Der DDR schenkte Schmidt weniger Aufmerksamkeit, denn tatsächlich war Breschnew für ihn der wichtigere Ansprechpartner, um die deutsche Teilung zu überwinden. 1975 kam es dann am Rande der Konferenz für Sicherheit und Zusammenarbeit in Europa (KSZE) in Helsinki zu einer persönlichen Begegnung zwischen Honecker und Schmidt.

Am 18. Dezember 1981 berichtete er über seinen Besuch in der DDR vom 11. bis 13. Dezember. Dieser war überschattet von den Ereignissen in Polen, wo am Tage der Rückkehr des Bundeskanzlers in die Bundesrepublik, am 13. Dezember 1981, das Kriegsrecht ausgerufen worden war. Als er sagte „Ich stehe mit ganzem Herzen auf der Seite der Arbeiter!", hatte er auch die Zustimmung der CDU. Im Übrigen betonte er den unbedingten Friedenswillen der DDR, der angestoßen durch sowjetische Bemühungen nun dem gegenseitigen Verständnis diente: „Noch sind wir von gutnachbarlichen Beziehungen weit entfernt, aber wir haben in sehr schwierigen, zugleich sehr offen geführten Gesprächen größere Klarheit über die beiderseitigen Interessen gewonnen." Im Gespräch bleiben, das war letztlich der Hauptzweck des Besuchs von Schmidt in der DDR. Das sowjetische Vorgehen in

Polen war besorgniserregend und musste bei dem Friedensprozess in der DDR unbedingt vermieden werden. Polen war auch im Nachgang ein Thema, insbesondere vor dem Hintergrund der Konsultationen des Bundeskanzlers Helmut Schmidt zu den Gesprächen in Washington in der Plenarsitzung am 14. Januar 1982 und am 5. und 6. Januar 1982 zu aktuellen Fragen der Ost-West-Beziehung.

Der erste Sozialdemokrat ...?

Helmut Schmidts letzte politische Krise hatte er selbst aufgrund von Fehlentscheidungen verursacht. Aus wahltaktischen Gründen verzichtete er auf den erforderlichen Rückbau des deutschen Wohlfahrtsstaates und nahm dafür eine stetig wachsende Verschuldung in Kauf, was schließlich auch zum Koalitionsbruch 1982 beitrug. Schmidt hatte sich zwar schon lange vom sozialistischen Flügel der SPD getrennt, dennoch war Willy Brandt nach seinem Rücktritt als Bundeskanzler Parteivorsitzender geblieben. Zwar hielt er damit Schmidt den Rücken zur Partei frei, aber wie lange würde das gut gehen? Schmidt war faktisch ein Kanzler von Gnaden Willy Brandts. Später hatte Schmidt, auch als 2004 Gerhard Schröder sich des lästigen Parteivorsitzes entledigte, stets gesagt, dass es ein Fehler war, den Parteivorsitzenden nicht übernommen zu haben und stattdessen den Integrationsbemühungen Brandts ausgeliefert gewesen zu sein. Der erste Sozialdemokrat im Staate war Schmidt, ja, aber nie der erste Sozialdemokrat in der eigenen Partei.

Der NATO-Doppelbeschluss vom 12. Dezember 1979

Und dann war da auch noch der NATO-Doppelbeschluss. Schon in seiner Regierungserklärung begrüßte Schmidt die Gespräche zwischen der Sowjetunion und den USA über nukleare Mittelstreckenwaffen und bekräftigte sein Festhalten am NATO-Doppelbeschluss vom 12. Dezember 1979.

Der NATO-Beschluss legte fest: 1.) Der Westen musste verteidigungsfähig bleiben gegenüber der zunehmenden militärischen Überlegenheit der Sowjetunion. Deswegen kam es zur Aufstellung neuer mit Atomsprengköpfen bestückter Mittelstreckenraketen vom Typ Pershing II und Marschflugkörper vom Typ BGM-109G Gryphon in Westeuropa. 2.) Die NATO verlangte bilaterale Verhandlungen der Supermächte über die Begrenzung ihrer atomaren Mittelstreckenraketen in Europa mit einer Reichweite zwischen 1000 und 5500 km. Dabei blieben die französischen und ein Teil der britischen Atomraketen ausgeklammert.

108 amerikanische „Pershing II"-Raketen und 464 Marschflugkörper würden binnen vier Jahren in Europa stationiert werden, falls Abrüstungsgespräche mit der Sowjetunion scheitern würden.

Das führte wiederum zu einem erheblichen Anwachsen der Friedensbewegung und zu einer Zerreißprobe innerhalb der SPD. Für die von Genscher geführte FDP war dieses Theater in der SPD schließlich ein Grund mehr, durch ein konstruktives Misstrauensvotum gemeinsam mit dem CDU/CSU-Fraktionsvorsitzenden Helmut Kohl den Bundeskanzler Schmidt abzulösen und Kohl (CDU) zum neuen Bundeskanzler und Koalitionspartner zu wählen.

Bundeskanzler Schmidt blieben diese Entwicklungen nicht verborgen. Er überraschte am 3. Februar 1982 den Bundestag damit, die Vertrauensfrage gemäß Artikel 68 GG zu stellen. Sein Antrag, ihm das Vertrauen auszusprechen, fand am 5. Februar 1982 mit 269 gegen 224 Stimmen die Zustimmung des Bundestages. Die Regierungskoalition stand zusammen! Aber wie lange noch?

Am 28. April 1982 bildete Schmidt sein Kabinett um, was im Nachhinein wie eine Verzweiflungstat aussieht. Er holte sich die Sozialdemokraten Manfred Lahnstein (Finanzen), Heinz Westphal (Arbeit und Sozialordnung), Anke Fuchs (Jugend, Familie und Gesundheit) und Hans Matthöfer (Post- und Fernmeldewesen) an den Kabinettstisch.

Der Bundestag machte weiter seine Arbeit und beklagte am 12. Mai 1982 in einer Aktuellen Stunde den „Zwangsumtausch" für Reisen in die DDR, verabschiedete am 14. Mai 1982 ein Asylverfahrensgesetz und beging den Jahrestag der Verkündung des Grundgesetzes, den 23. Mai

1982, mit der zweiten Jugendfragestunde im Plenarsaal des Bundestages mit fast 1000 Jugendlichen.

Vor der Sommerpause lud der Bundestag am 9. Juni 1982 den Präsidenten der Vereinigten Staaten Ronald Reagan ein, eine Rede im Bundestag zu halten. Das war für den Bundestag zwar keine Routine, aber schon eingeübte Parlamentspraxis gewesen. Der US-amerikanische Präsident Richard Nixon war am 26. Februar 1969 bereits da gewesen und wurde von Bundestagspräsident Kai Uwe von Hassel als „ein Freund" Deutschlands begrüßt.

Konstruktives Misstrauensvotum

Schon während der Regierungserklärung Schmidts zur Lage der Nation am 9. September 1982 stand die Frage nach der Zukunft der sozialliberalen Koalition erneut im Vordergrund. Bundeskanzler Schmidt forderte die Opposition zum konstruktiven Misstrauensvotum auf, und Oppositionsführer Kohl forderte daraufhin den Rücktritt des Kanzlers.

Am 12. September 1982 hatte dann der Bundesminister für Wirtschaft Otto Graf Lambsdorff (FDP) mit der Veröffentlichung des sogenannten „Lambsdorff-Papiers" für Aufsehen in der SPD gesorgt, weil es zahlreiche Sparvorschläge in der Wirtschafts-, Finanz- und Sozialpolitik enthielt. Das war mit Willy Brandts SPD nicht zu machen. Drei Tage später stellte Schmidt in der Kabinettssitzung am 15. September 1982 Hans-Dietrich Genscher und Otto Graf Lambsdorff zur Rede, sie mögen ihre Haltung zur Koalition klären.

Danach ging Bundeskanzler Schmidt am späten Nachmittag des 16. September 1982 zu Bundespräsident Carstens. Eine Stunde später traf er mit Kohl im Kanzleramt zusammen. Noch gab es mehrere Abgeordnete in der SPD und FDP, die den Bruch der Koalition abzuwenden versuchten. Doch es war deutlich zu spät. Am 17. September 1982 erklärte Bundeskanzler Helmut Schmidt vor dem Bundestag, dass er das Regierungsbündnis nicht länger fortsetzen wolle und eine Auflösung des Bundestages sowie Neuwahlen im November anstrebe.

Die vier FDP-Bundesminister Hans-Dietrich Genscher, Otto Graf Lambsdorff, Gerhart Rudolf Baum und Josef Ertl traten aus der Regierungskoalition aus. Schmidt und die anderen Sozialdemokraten übernahmen die Aufgaben der zurückgetretenen Minister und Schmidt ernannte mit Jürgen Schmude und Björn Engholm zwei zusätzliche Sozialdemokraten zu Bundesministern.

Die Koalitionsverhandlungen zwischen CDU, CSU und FDP fanden vom 20. bis 28. September 1982 statt. Schnell einigte man sich, am 1. Oktober das konstruktive Misstrauensvotum zu stellen und Helmut Kohl zum Kanzler zu wählen sowie Neuwahlen für den 6. März 1983 anzusetzen. So geschah es dann auch. Mit 256 zu 235 Stimmen bei vier Enthaltungen wurde das Misstrauensvotum angenommen. Die immer wieder mal als „Sturz“ bezeichnete Ablösung von Bundeskanzler Schmidt war ein parlamentarischer Vorgang, den das Grundgesetz explizit vorgesehen hat. Dass es dieses Mal erstmals erfolgreich war, lag insbesondere daran, dass die Hauptbeteiligten Genscher und Kohl und schließlich auch Schmidt es alle so wollten.

Personelle Veränderungen

Im Zuge des von vielen innerparteilich linken Mitgliedern kritisierten Seitenwechsels der FDP trat der FDP-Generalsekretär Günter Verheugen am 29. September 1982 von seinem Amt zurück. Am 4. Oktober 1982 wurde in der Nachfolge von Helmut Kohl als CDU/CSU-Fraktionsvorsitzender Alfred Dregger gewählt.

Der vorherige Bundeskanzler Helmut Schmidt erklärt am 25. Oktober 1982 aus gesundheitlichen und politischen Gründen nicht mehr als Spitzenkandidat für das Amt des Bundeskanzlers bei den Neuwahlen zur Verfügung zu stehen. Auf der Bundeskonferenz der SPD in Kiel am 18. bis 20. November 1982 wurde Hans-Jochen Vogel als Kanzlerkandidat für die bevorstehende Wahl nominiert.

Vom 5. bis 9. November 1982 tagte in Berlin der Bundesparteitag der FDP. Die Mehrheit der Delegierten bestätigte die neue Koalition mit der CDU/CSU und Hans-Dietrich Genscher wurde erneut zum

Parteivorsitzenden gewählt. Im gleichen Monat, am 28. November 1982, gründete sich in Bochum die Partei „Liberale Demokraten".

Parlamentsauflösung

Eine ernsthafte, inhaltliche neue Aufstellung der Politik bildete sich im Parlamentsgeschehen seit dem Konstruktiven Misstrauensvotum nicht ab. Am 25. November 1982 sprach Kohl in seiner Regierungserklärung zur Außenpolitik, seiner USA-Reise und über die Zukunft des Atlantischen Bündnisses sowie einzelnen Fragen der Europapolitik. Anfang Dezember 1982 folgte eine Aktuelle Stunde zur Kostendämpfung im Gesundheitswesen sowie eine zum Thema mittelfristige Finanzplanung.

Schon am 9. Dezember 1982 unterbreitete Bundeskanzler Helmut Kohl dem Bundespräsidenten Carstens seinen Zeitplan zur Einleitung der Parlamentsauflösung. Er wollte vom Wähler ein Mandat zu diesem Politikwechsel haben, um dann auch selbstbewusst regieren zu können.

Am 13. Dezember 1982 stellte Bundeskanzler Helmut Kohl die Vertrauensfrage gemäß Artikel 68 GG in der Absicht, damit die Voraussetzungen zur Parlamentsauflösung zu schaffen. In namentlicher Abstimmung wurde dem Bundeskanzler am 17. Dezember 1982 erwartungsgemäß das Vertrauen verweigert, woraufhin Kohl dem Bundespräsidenten die Auflösung des Bundestages vorschlug.

Bundespräsident Karl Carstens ordnete die Auflösung des Bundestages an. In einer zweiten Anordnung legte er die Neuwahlen auf den 6. März 1983 fest.

Am 20. Januar 1983 kam der 9. Bundestag zu seiner letzten Plenarsitzung zusammen. Zu diesem Tag hatte der Bundestagspräsident anlässlich des 20. Jahrestages der Unterzeichnung des Deutsch-Französischen Freundschaftsvertrages den französischen Staatspräsidenten François Mitterrand eingeladen, vor dem Bundestag und dem Bundesrat zu sprechen. Die demonstrative Bekräftigung der deutsch-französischen Freundschaft war Kohl aus zwei Gründen bedeutsam: Zum einen hatte ein halbes Jahr zuvor der US-amerikanische Präsident

Reagen im Bundestag gesprochen. Daher war es nun umso wichtiger auch die französische Freundschaft aufleben zu lassen. Zum anderen wurde Kohl von den Medien wiederholt als politischer „Enkel Adenauers" bezeichnet. Da kam die Erinnerung an den Élysée-Vertrag gerade zur rechten Zeit.

10. Wahlperiode (1983–1987)

Die APO zieht in den Bundestag

Die Grünen kommen in den Bundestag

Der Ausgang der vorgezogenen Neuwahl des Bundestages am 6. März 1983 endete für die „etablierten" Parteien mit einem Novum, das Veränderungen in der Politik erwarten ließ. Die Sitzverteilung ergab CDU/CSU 255, SPD 202, FDP 35, Grüne 28. Hinzu kamen 22 Berliner Abgeordnete, nämlich CDU/CSU 11, SPD 7, FDP 2 und Grüne 2. Mit den Grünen gelangte erstmals die Außerparlamentarische Opposition (APO) und eine Interessen- und Protestpartei in den Bundestag. Die Grünen kamen zur konstituierenden Sitzung mit Topfpflanzen in der Hand und trugen statt Anzügen selbstgestrickte Pullover, Jeans und Turnschuhe. Es zeichnete sich schon vor der Konstituierung ab, dass mit ihrem Einzug „eine neue Seite in der parlamentarischen Geschichte der Bundesrepublik aufgeschlagen" werden würde, wie es Dieter Bergmann (Die Grünen) nicht nur selbstbewusst, sondern eher provozierend am 29. März 1983 im Plenum in Anspruch nahm. Bei den drei etablierten Parteien bestand die Sorge, dass die Grünen die parlamentarischen Spielregeln ausreizen und zu ihrer Aktionsbühne umgestalten könnten. Gesucht war deshalb eine starke politische Persönlichkeit, die dem Paroli bieten könnte.

Werner Vogel von den Grünen war von den Abgeordneten der Älteste, der in den Bundestag gewählt worden war. Doch verzichtete er noch vor der Konstituierung des Bundestages auf sein Mandat, nachdem die Zeitschrift *Der Spiegel* in ihrer Ausgabe am 11./14. März 1983 enthüllte, dass Vogel in der nationalsozialistischen Zeit Mitglied der

NSDAP und ihrer Kampforganisation Sturmabteilung (SA) gewesen war. Nachdem auch Egon Franke (SPD) als nun ältester Abgeordneter verzichtete, übernahm den Vorsitz in der konstituierenden Sitzung des 10. Bundestages am 29. März 1983 Willy Brandt (SPD). Die CDU/CSU als stärkste Fraktion schlug Rainer Barzel als Parlamentspräsidenten vor, der mit 80,0 % der abgegebenen Stimmen gewählt wurde. Vizepräsidenten wurden die ehemalige Parlamentspräsidentin Annemarie Renger (SPD), Richard Stücklen (CDU/CSU), Richard Wurbs (FDP) und Heinz Westphal (SPD). Der Antrag der Grünen, ebenfalls einen Vizepräsidenten aufstellen zu dürfen, wurde abgelehnt. Am 14. Dezember 1984 wurde Dieter-Julius Cronenberg (FDP) zum Nachfolger des ausgeschiedenen Vizepräsidenten Wurbs gewählt.

Die SPD-Fraktion wählte schon am 8. März 1983, also zwei Tage nach der Bundestagswahl, Hans-Jochen Vogel in der Nachfolge von Herbert Wehner zum Vorsitzenden der Bundestagsfraktion.

Reiner Barzel – Bundestagspräsident mit der kürzesten Amtszeit

Bundestagspräsident Barzel hatte schon zahlreiche Spuren im Hohen Haus hinterlassen. Seit 1957 war er Abgeordneter, 1962 bis 1963 Minister für gesamtdeutsche Fragen und 1963 erst kommissarischer und dann 1964 bis 1973 Vorsitzender der CDU/CSU-Bundestagsfraktion. Der Versuch, Barzel mittels eines konstruktiven Misstrauensvotums gegen Bundeskanzler Willy Brandt am 27. April 1972 zum Bundeskanzler zu wählen, war an der eigenen Fraktion gescheitert, weil zwei CDU/CSU-Abgeordnete vom Ministerium für Staatssicherheit (MfS) Bestechungsgelder erhalten hatten. Bereits 1976 war Barzel erstmals als Bundestagspräsident im Gespräch, doch verweigerte ihm Franz-Josef Strauß (CSU) die Zustimmung. Erst nachdem Kohl das gelungen war, woran Barzel im April 1972 scheiterte, wurde Barzel wenigstens Bundestagspräsident.

Trotz der Kürze seiner Amtszeit von gerade mal einem Jahr, 6 Monate und 26 Tagen erhielt Barzel einen wichtigen Platz in der

Bundestagsgeschichte. Unmittelbar vor Beginn der konstituierenden Sitzung begrüßte Barzel den Mitgründer der Bundespartei Die Grünen. Otto Schily, demonstrativ herzlich mit Handschlag, sodass jeder es sehen konnte. Schily polarisierte gerne, weshalb Dietmar Kansy (CDU/CSU) ihn auch böswillig am 22. November 1983 als „Mini-Goebbels" bezeichnete, wofür Kansy einen Ordnungsruf erhielt.

Barzels Antrittsrede kam einer Einführung in die Grundlagen der parlamentarischen Demokratie gleich und richtete sich, ohne belehrend zu wirken, insbesondere an die Grünen. Barzel machte deutlich: „Keiner hat hier ein besseres Mandat als ein anderer. Dem Staat voran geht die Würde des Menschen. An diesem Grundrecht und am Schutz der Minderheiten findet auch die Mehrheit ihre Grenzen". Weiter sagte er selbstkritisch: „Friedfertigkeit und gute Nachbarschaft beginnen zu Hause, auch hier im Hause. Keiner wird uns die Achtung je entgegenbringen, wenn wir uns nicht, zunächst, untereinander Achtung erweisen. Mein Wunsch? Dass unsere Werktagesarbeit mit unseren Sonntagsreden übereinstimmt". Herbert Kremp, einer der großen Bonner Journalisten kommentierte am nächsten Tag in der Zeitung „Die Welt": „Barzel war energisch und staatsmännisch".

Schlagfertigkeit bestimmte Barzels Sitzungsleitung am 21. November 1983, als es um den NATO-Doppelbeschluss ging. In Bonn waren Demonstrationen aufgezogen. Als Barzel den Tagesordnungspunkt aufrief, erhoben sich die Grünen aus Protest von ihren Plätzen. Barzel reagierte spontan: „Meine Damen und Herren, üblicherweise arbeiten wir hier im Sitzen. Aber ich will niemanden hindern, stehend den Respekt zu erweisen – Das Wort hat der Bundeskanzler". Unter dem Gelächter von Abgeordneten der CDU/CSU und FDP setzten sich die Grünen wieder hin.

Selbstverständnisdebatte

Neu waren die von Barzel initiierten „Selbstverständnisdebatten". Seit Jahren wurde vom Bundestag abfällig als „Raumschiff Bonn" oder vom Politikerleben unter einer „Käseglocke" gesprochen. Am 20. September

1984 ging es um die „Stellung und Arbeit des Deutschen Bundestages". Der Abgeordnete Manfred Langner (CDU/CSU) sprach von „Betriebsversammlung" und Norbert Lammert (CDU/CSU) brachte es zu Beginn der sechsstündigen Debatte auf den Punkt, als er formulierte: „Wir wollen über die öffentliche Wirksamkeit des Deutschen Bundestages nachdenken" und er konstatierte, dass „die Präsenz im Plenum ganz offensichtlich und erheblich über das Ansehen des Parlamentarismus und der Parlamentarier entscheidet". Barzel selbst ergriff als Abgeordneter das Wort und forderte eine aktuelle und zeitnahe Information des Bundestages über Kabinettsitzungen. SPD-Fraktionsvorsitzender Hans-Jochen Vogel dankte Barzel, für die „Bemühungen um die Verbesserung des Deutschen Bundestages. Viele Ihrer Vorschläge und vieles von dem, was Sie heute gesagt haben, stößt bei uns auf Sympathie und wird von uns als ein wertvoller Beitrag eingestuft."

Ein Ergebnis der Selbstverständnisdebatte war die Schaffung einer „Ad-hoc-Kommission Parlamentsreform", deren Bericht am 30. Januar 1986 in einer dreistündigen Debatte beraten wurde.

Reiner Barzel (CDU/CSU), Bundestagspräsident 1983–1984, hier bei seiner Vernehmung im Flick-Untersuchungsausschuss am 24. Oktober 1984

Die Erprobung einer „Kabinettsberichterstattung" im Bundestag erfolgte erstmals am 11. September 1985. Nach zwei weiteren Erprobungen am 25. September sowie am 2. Oktober wurde der Versuch nicht mehr fortgesetzt.

Barzels Rücktritt

Am 25. Oktober 1984 trat Barzel nach seiner Vernehmung durch den am 19. Mai 1983 eingesetzten Untersuchungsausschusses zur Flick-Spendenaffäre wegen des Vorwurfs der Geldannahme zurück. Der Flick-Konzern hatte an Barzels Anwaltskanzlei von 1973 bis 1982 insgesamt fast 1,7 Millionen D-Mark bezahlt. Die Empörung in der Opposition war groß, der Rückhalt in der eigenen Koalition schwand und Barzels Karriere war abrupt zu Ende. Drei Jahre später, noch in der 10. Wahlperiode, gab sein Nachfolger, Bundestagspräsident Jenninger 1986 eine Ehrenerklärung ab, demzufolge sich die Vorwürfe gegen Barzel als unberechtigt erwiesen hatten. Es konnte keine direkte politische Einflussnahme belegt werden und auch spätere Strafverfahren wurden eingestellt. Kohl rehabilitierte Barzel daraufhin kurzerhand mit der Berufung zum Koordinator für die deutsch-französischen Beziehungen.

Barzel handelte legal, aber bei einem Bundestagspräsidenten sind Ansprüche und Erwartungen höher.

„..., mit Verlaub!"

Am 18. Oktober 1984 behauptete der Grünen-Abgeordnete Jürgen Reents in der Plenardebatte, Helmut Kohls politischer Werdegang sei von dem Unternehmer Flick „freigekauft" worden. Reents wurde vom amtierenden Präsidenten, Bundestagsvizepräsident Stücklen, daraufhin von der Plenarsitzung ausgeschlossen. Es entstanden tumultartige Unmutsäußerungen und Proteste der Grünen, nachdem Stücklen dann noch der Grünen-Abgeordneten Christa Nickels das Wort entzogen hatte. Joschka Fischer schrie Stücklen an: „Unglaublich, was Sie hier machen." Stücklen rief Fischer zur Ordnung. Auch nach einem zweiten

Ordnungsruf gab Fischer immer noch keine Ruhe, woraufhin Stücklen den Abgeordneten Fischer – wie zuvor Reents – von der weiteren Teilnahme an der Sitzung ausschloss. Fischer konterte: „Schließen Sie uns doch am besten gleich alle aus!"

Daraufhin unterbrach Stücklen die Sitzung. Auch die Parlamentsstenografen beendeten ihre Aufzeichnungen und hatten sich für Fischers Gebrüll beim Verlassen des Plenarsaals nicht mehr interessiert, der laut geschrien haben soll: „Herr Präsident, Sie sind ein Arschloch, mit Verlaub!" Das wenigstens berichteten einvernehmlich die zahlreich vertretenen Pressevertreter.

In der anschließenden Ältestenratssitzung wurden die Vorgänge rekonstruiert. Stücklen teilte mit, dass sich Joschka Fischer bereits schriftlich bei ihm entschuldigt hatte, er selbst aber den Ausruf „Sie Arschloch" überhaupt nicht gehört hätte. Deswegen hätte er den Zwischenruf auch gar nicht gerügt; seine Rüge habe sich auf die Störungen von Fischer bezogen.

Nach Wiederaufnahme der Sitzung übernahm Vizepräsidentin Annemarie Renger (SPD) die Sitzungsleitung: Sie schloss Fischer für einen weiteren Sitzungstag von den Beratungen des Bundestags aus und bezog sich dabei explizit auf seine Störung der Plenarsitzung. Sein Kraftausdruck blieb unerwähnt.

So sehr das Arschloch-Zitat Fischers am nächsten Tag die Schlagzeilen der Zeitungen beherrschte, so wenig Bedeutung maß Stücklen selbst dem Ausruf bei, der deswegen auch keine Erwähnung in Stücklens Lebenserinnerungen fand, die unter dem Titel. „Mit Humor und Augenmaß" erschienen.

Als Fischer später in seiner Eigenschaft als Hessischer Umweltminister während einer Plenardebatte die Bank des Bundesrates verlassen hatte und sich mit einer kurzen Geste beim amtierenden Bundestagspräsidenten, Hans (Johnny) Klein (CDU/CSU) verabschiedete, raunte dieser Fischer zu: „Was bin ich froh, dass Sie mich nicht Arschloch genannt haben." Auch dieses war außerhalb des Protokolls geschehen!

Philipp Jenninger wird Parlamentspräsident

Als am 5. November 1984 Philipp Jenninger mit beachtlichen 72,2 % der abgegebenen Stimmen zum Bundestagspräsidenten gewählt worden war, lagen erfolgreiche 15 Jahre hinter ihm als stets direkt gewählter Abgeordneter des Wahlkreises Crailsheim und später Schwäbisch Hall, davon neun Jahre als Parlamentarischer Geschäftsführer der CDU/CSU-Bundestagsfraktion und zuletzt Staatsminister im Bundeskanzleramt. Er war durch und durch ein Profi im Parlamentsbetrieb.

Jenninger genoss auch bei den Oppositionsfraktionen ein hohes Ansehen, wie sein Wiederwahlergebnis 1987 belegte. Alles sprach für eine untadelige, harmonische Präsidentschaft ohne besondere Höhen und Tiefen.

Jenninger setzte unter Aufhebung der Fraktionsdisziplin am 5. Juni 1987 den Neubau des Bonner Plenarsaals durch, nachdem schon am 8. Juli 1983 der Bundesminister für Raumordnung, Bauwesen und Städtebau Oscar Schneider (CDU/CSU) ihm mitgeteilt hatte, dass das Bundeshaus erhebliche bauliche Mängel, besonders im Plenarbereich, aufweise.

Der von Schwippert gestaltete Plenarsaal, der längst unter Denkmalschutz stand, wurde dennoch abgerissen, und seine Inneneinrichtung wurde eingelagert. Einige Klappstühle und Pulte sind heute im Haus der Geschichte der Bundesrepublik Deutschland in Bonn ausgestellt. Der Architekt Günter Behnisch konnte sein Glasgebäude errichten.

Aufmerksamkeit schenkte Jenninger dem politischen Wandel in den Staaten des Warschauer Pakts, der mit der unabhängigen Gewerkschaft „Solidarność" in Polen und dann mit dem Auftreten des Generalsekretärs des Zentralkomitees der KPDSU Michail Sergejewitsch Gorbatschow in Gang gekommen war. Er war der Überzeugung, dass der Deutsche Bundestag einen Beitrag leisten könne und müsse. Er stieß Begegnungen mit Abgeordneten des polnischen Sejm, des Moskauer Obersten Sowjet, mit den Parlamenten Ungarns, der CSSR, Rumäniens, ja sogar der DDR-Volkskammer an.

Bundeskanzler Kohl

Die Wahl von Helmut Kohl (CDU/CSU) zum Bundeskanzler 1983 mit einer Regierungskoalition aus CDU/CSU und FDP war erwartet worden, wenn auch niemand voraussehen konnte, dass der Zuspruch der Wähler so groß sein würde.

Es war nicht lange her, dass die CDU/CSU unter ihrem Fraktionsvorsitzenden Kohl das Bundesverfassungsgericht gegen die Deutschlandpolitik der SPD in Stellung gebracht hatte. Doch jetzt, nach dem Regierungswechsel 1982, stellte sich die CDU/CSU selbst in die Tradition der sozialliberalen Deutschlandpolitik. Hier waren unverrückbare Fakten geschaffen worden.

Kohl hatte gleich selbst versucht, den Grünen die Themen abzunehmen und berief erstmalig am 6. Juni 1986 einen Bundesumweltminister. Nach Walter Wallmann in der 10. Wahlperiode war es dann besonders in der 11. Wahlperiode der politische „Quereinsteiger" Professor Klaus Töpfer (parteilos), der als Bundesumweltminister die Umweltpolitik der Bundesrepublik nachhaltig prägte.

Dieser stand Rede und Antwort bei der vereinbarten Debatte am 20. Mai 1983 zum Waldsterben, als die Grünen abgestorbene Bäume in den Plenarsaal trugen. Die Symbolkraft der Fotos und Filmaufnahmen konnte kaum größer sein. Inzwischen ist bekannt, dass das Waldsterben deswegen an den Staatsgrenzen haltmachte und demnach ein deutsches Phänomen blieb, weil in den wiederaufgeforsteten Wäldern in Deutschland die Abstände zwischen den Bäumen zu klein waren.

Am 21. November 1983 hatte Kohl unter anderem zum Doppelbeschluss der NATO eine Regierungserklärung angegeben. Er unterschied sich hier kaum von seinem Vorgänger Schmidt, nur dass Helmut Kohl in dieser Frage von seiner Fraktion und Partei getragen wurde.

Parteienfinanzierung – eine Initiative des Bundespräsidenten

Gleich zu Beginn der neuen Wahlperiode legte am 18. April 1983 die von Bundespräsidenten Karl Carstens in der Wahlperiode zuvor, am 4. März

1982, eingerichtete „Sachverständigenkommission zur Finanzierung der Parteien“ ihr Gutachten vor. Die Parteien finanzierten sich ursprünglich aus Mitgliedsbeiträgen und Spenden. In den 1950er-Jahren wurden die Spenden steuerbegünstigt über Fördervereine zugeleitet, die 1958 vom Bundesverfassungsgericht für verfassungswidrig erklärt wurden. Die Regelung, den Parteien im Bundestag eine jährliche Zuwendung von zunächst fünf Millionen (1958) bis 38 Mio. DM (im Jahre 1966) zukommen zu lassen, wurde 1966 als verfassungswidrig abgeschafft.

Es war sicher ungewöhnlich, dass die Initiative vom Bundespräsidenten ausging. Aber so konnte der Eindruck vermieden werden, der Bundestag würde zu einem Selbstbedienungsladen der Abgeordneten und/oder ihren Parteien werden.

Die im Bundestag vertretenen Parteien erhielten seit 1967 eine Wahlkampfkostenerstattung (1984: 5,00 DM für jeden Wahlberechtigten; das waren im Haushaltsjahr 1983 insgesamt 83,3 Millionen DM) bei Bundestags- und Europawahlen.

Auf der Grundlage des Vorschlags der Kommission des Bundespräsidenten verabschiedete der Bundestag 1. Dezember 1983 das 35. Gesetz zur Änderung des Grundgesetzes (Art. 21) und beschloss ein Gesetz zur Änderung des Parteiengesetzes. Die Wahlkampfkostenpauschale wurde erhöht, die Steuerbefreiung für Spenden wurde erweitert, hingegen die Publikationspflicht der Annahme von Großspenden über 20 000 DM wurde verschärft.

Ein imperatives Mandat für die Abgeordneten der Grünen?

Mit Beginn der 10. Wahlperiode waren erstmals die Grünen in den Bundestag eingezogen. Sie kamen aus der Tradition der Außerparlamentarischen Opposition (APO) und bevorzugen bei der innerparteilichen Meinungsbildung rätedemokratische beziehungsweise basisdemokratische Entscheidungsformen, die jedoch mit dem Grundgesetz und seiner Vorgabe einer parlamentarischen repräsentativen Demokratie unvereinbar waren. Das Besondere bei den Grünen-Abgeordneten war, dass sie an den Parteiwillen gebunden waren. Auf ihrem Parteitag in Sindelfingen am 16. Januar 1983 wurden noch vor der Wahl die Bundestagskandidaten verpflichtet, nach zwei Jahren ihr Bundestagsmandat niederzulegen, um damit einem über die Landeslisten bereits festgelegten Nachrücker die zweite Hälfte der Wahlperiode zu überlassen. Der zukünftige Nachrücker wiederum musste als Fraktionsmitarbeiter eingestellt werden und sollte stimmberechtigtes Mitglied der Grünen-Fraktion im Bundestag sein. Das Rotationsprinzip sollte die Entstehung parteipolitischer Führungseliten verhindern und die basisdemokratischen Entscheidungen in der Partei begünstigen.

Die Bundespartei der Grünen hatte schließlich einen Bundeshauptausschuss als oberstes Entscheidungsgremium geschaffen. Er sollte die Bundestagsfraktion kontrollieren und auf sie einwirken. Abweichler sollten durch die Bundespartei sanktioniert werden. Ferner wurden regionale Bundesarbeitsgemeinschaften (BAG) geschaffen, von denen aus die Parteibasis den Abgeordneten inhaltlich zuarbeiten sollte. Der Bundesrechnungshof lies immerhin zu, dass die Bundesarbeitsgemeinschaften zur Hälfte aus dem Haushalt der Fraktion bezahlt werden durften. Doch schon 1985 hatte die Partei die Finanzierung vollständig übernommen, nun war garantiert, dass die BAG keine Kompromisse mehr mit der Fraktion eingehen musste, sondern ausschließlich im Sinne der Partei tätig werden konnte.

Übrigens sollten die Abgeordneten einen erheblichen Teil ihrer Aufwandsentschädigung der Partei in einem sogenannten Ökofonds der Förderung grün-alternativer Projekte zur Verfügung stellen.

Die Grünen-Fraktion wirkte annähernd wie ein ausführendes Organ der Bundespartei. Damit unterlagen die Abgeordneten faktisch einem imperativen Mandat. Doch genau dieses hatte das Grundgesetz abgelehnt; Artikel 38 stellte ausdrücklich fest, dass Abgeordnete „an Aufträge und Weisungen nicht gebunden“ sind.

Die Umsetzung des Rotationsprinzips im März 1985 trug in der Fraktion und der Partei zu großen Unstimmigkeiten und Unmut bei.

Petra Kelly weigerte sich bis zum Ende der Wahlperiode ihr Mandat niederzulegen. Gert Bastian war wegen politischer Fehlentwicklungen und einem „unsolidarischen Klima" aus der Fraktion ausgetreten und behielt ebenfalls sein Mandat. Otto Schily behielt sein Mandat bis März 1986, weil er seine Arbeit im Parteispendenuntersuchungsausschuss zu Ende führen wollte.

Im Zuge der Rotation waren am 3./4. April 1985 Neuwahlen des Fraktionsvorstands der Grünen erforderlich, mit dem Ergebnis, dass sich der Fraktionsvorstand in der zweiten Hälfte ausschließlich aus Frauen zusammengesetzt hatte.

Die Umsetzung der Sindelfinger Parteitagsbeschlüsse von 1983 rieb die Grünen ständig auf, was ihrer inhaltlichen Arbeit im Bundestag nicht zugutekam. So kam es, dass eher spektakuläre Störmanöver und ihr äußeres Erscheinungsbild nachhaltig die Wahrnehmung der Grünen in der Öffentlichkeit prägten. Auch die Berichte aus den presseöffentlichen Fraktionssitzungen hinterließen eher den Eindruck einer „Chaostruppe" als einer um Ernsthaftigkeit bemühte Oppositionspartei, wie man es bis dahin im Bundestag gewöhnt war.

Dennoch haben sich die Grünen um die Mitte der 10. Wahlperiode deutlich verändert. In der Anti-System-Partei setzten sich realpolitische Kräfte zusehends durch, die sich um Joschka Fischer scharten und nicht nur nach Ministerposten und Regierungsverantwortung strebten, sondern auch innerparteilich den radikalen öko-sozialistischen Flügel so weit zurückdrängten, dass deren Hauptvertreter nach und nach resigniert die Partei verließen. Der innerparteiliche Streit zwischen den „Realos" und den „Fundis" fand streng genommen zwischen der Bundestagsfraktion und der Bundespartei statt, auch wenn Parteigremien und Parteitage zum Austragungsort wurden. So gilt, dass keine Partei in der Geschichte der Bundesrepublik sich so schnell von ihren politischen Zielen verabschiedete. Norbert Lammert formulierte als Bundestagspräsident einmal „Wir haben sie domestiziert". Mit dem „Wir" war der 10. Bundestag gemeint. Auf lange Sicht hatte das Parlament die Grünen mehr verändert als umgekehrt (Frankfurter Rundschau, 6. März 2008). Was jedoch nachhaltig bestehen blieb, war die von den Grünen eingeführte Moralisierung in den politischen Diskurs.

Moralisierung als politisches Geschäftsmodel

Bereits in seinem Essay zur „politischen Typologie“ charakterisierte der Literaturkritiker und Publizist Karl-Heinz Bohrer die Grünen im Januar 1985 im „Merkur“ als „die guten Hirten“ mit einem „notorisch schlechten Gewissen“. Er führte aus: „Die guten Hirten kommen eher aus dem protestantischen Milieu: sorgenvoll, jederzeit ‚betroffen‘, ja dieses Wort zu einem Stilbegriff, zu einer Selbstdefinition der letzten Jahre machend und als solche Betroffene sich auch immer antreffen lassend. Sie neigen dazu zu sagen: ‚Ich danke Dir Gott, dass ich nicht bin wie die anderen Leute‘.“

Bundeskanzler Helmut Schmidt (SPD) hatte in Zusammenhang mit den gesellschaftspolitischen Wertedebatten der 1970er-Jahre einmal gesagt, wir bräuchten keine Werte in der Politik, wir bräuchten Moral. Doch die Moralisierung, wie sie von den Grünen zum politischen Geschäftsmodel“ (nach Bohrer) wurde, und die sich nicht aus empirischen oder wissenschaftlichen Erkenntnissen speiste, sondern nur aus Ideologie, hat Schmidt eines Besseren belehrt. Den Grünen war es gelungen, fortan zum schlechten Gewissen der Bundesrepublik zu werden, mit dem Erfolg, dass im politischen Diskus Moral zukünftig eher negativ konnotiert war.

Der Fall Kießling

Einer der großen Politikskandale in der 10. Wahlperiode war die „Affäre Kießling“. Bundesverteidigungsminister Manfred Wörner (CDU/CSU) erhielt aus NATO-Kreisen die Information, dass Kießling homosexuell sei. Homosexuelle galten als Sicherheitsrisiko, da Homosexualität weitgehend gesellschaftlich geächtet war. Erste Ermittlungen der Kölner Kriminalpolizei schienen den Verdacht zu bestätigen, weshalb Kießling am 23. Dezember 1983 in den vorzeitigen Ruhestand versetzt wurde.

Zur Klärung der vorzeitigen Entlassung von General Günter Kießling durch Bundesminister der Verteidigung Manfred Wörner (CDU/CSU) befasste sich der Bundestag am 20. Januar 1984 in einer Aktuellen Stunde mit diesem Vorgang und zusätzlich konstituierte sich der Verteidigungsausschuss als Untersuchungsausschuss.

Die Behauptungen erwiesen sich als haltlos und wurden zurückgenommen. Kießling wurde schon am 1. Februar 1984 rehabilitiert, um dann am 26. März 1984 mit dem Großen Zapfenstreich in den ehrenhaften Ruhestand versetzt zu werden.

Manfred Wörner, der den Desinformationen aufgesessen war, blieb unbeschadet im Amt des Verteidigungsministers bis zu seinem Wechsel als NATO-Generalsekretär und Vorsitzender des Nordatlantikrats im Jahre 1988.

„Die große Rede" am 8. Mai 1985

Mit zum neuen Selbstverständnis des Bundestages gehörte es auch, die Erfolge der Bundesrepublik neu in den Mittelpunkt der Bewertung und des Alltags zu stellen. Eine der Bemühungen war es, die Bundesversammlung auf den 23. Mai zu setzen, jenen Tag, an dem 1949 das Grundgesetz verkündet worden war. Deswegen fand am 23. Mai 1984 die 8. Bundesversammlung wieder in der Bonner Beethovenhalle statt. Die CDU/CSU stellte wie bereits in der 6. Bundesversammlung von 1974 erneut Richard von Weizsäcker, der inzwischen Regierender Bürgermeister von Berlin war, als ihren Kandidaten auf. Die Fraktion Die Grünen nominierte die Schriftstellerin Luise Rinser. Von Weizsäcker erhielt im ersten Wahlgang erwartungsgemäß die erforderliche Stimmenzahl und war somit neuer Bundespräsident.

Ein Jahr später, am 8. Mai 1985, hielt Bundespräsident Richard von Weizäcker aus Anlass des 40. Jahrestages des Endes des Zweiten Weltkriegs im Bundestag eine Ansprache. Nicht zuletzt mit dieser Rede erwarb sich Weizsäcker den Ruf eines überragenden Redners. Erstmals übernahm ein westdeutscher Staatsmann die sowjetkommunistische Geschichtsauffassung vom 8. Mai als den „Tag der Befreiung" von der nationalsozialistischen Gewaltherrschaft. Zugleich entließ Weizsäcker die Deutschen nicht aus ihrer Verantwortung für das, was zuvor geschehen war. „Wir dürfen nicht im Ende des Krieges die Ursache für die Flucht, Vertreibung und Unfreiheit sehen. Sie liegt vielmehr in seinem Anfang und im Beginn jener Gewaltherrschaft, die zum Krieg führte." Statt von Kollektivschuld sprach Weizsäcker von der Mitverantwortung der Mehrheit der Deutschen an den Verbrechen der NS-Zeit. Die Behauptung, die Deutschen hätten vom Holocaust nichts gewusst, lehnte er ab.

Was von Weizsäcker am 8. Mai 1985 sagte, war nicht neu. Neu war, dass es ein Politiker und dann auch noch der Bundespräsident so deutlich aussprach. Die Vertreibung als „unfreiwillige Wanderschaft" zu bezeichnen, brachte ihm freilich die Kritik von Vertriebenenverbänden ein. Im Ausland wurde Weizsäckers Rede gelobt.

Namentliche Abstimmungen versus Hammelsprung – ein Paradigmenwechsel

In den 1960er- und vor allem in den 1970er-Jahren war ein massiver Rückgang der Anzahl der Hammelsprünge zu verzeichnen. Das lag auch daran, dass die Anzahl der Fraktionen zwischen 1949 und 1961 von acht auf drei Fraktionen zurückgegangen war und es somit in der Regel eine klare Mehrheit für die jeweilige Regierungskoalition gab.

Erst jetzt war der Hammelsprung vor allem ein Instrument der Oppositionsfraktion geworden, wenn der Eindruck entstanden war, dass die für eine Abstimmung vorgeschriebene Mindestzahl von Abgeordneten nicht erreicht war. Bemerkenswerterweise haben die Grünen den Hammelsprung nicht genutzt, um die Regierung zu disziplinieren. Sie benutzten vielmehr die namentlichen Abstimmungen dazu.

Unvergessen ist die Plenarsitzung am 30. Januar 1986. Hans-Achim Roll (1986, S. 319) schilderte die Ereignisse präzise und anschaulich: „Die Fraktion DIE GRÜNEN hatte am Vortag [29. Januar 1986] und noch bis zu Beginn der Beratung selbst 210 Änderungsanträge zu einzelnen Straßenbauobjekten eingebracht und dazu 51 namentliche Abstimmungen angekündigt. Die Durchführung einer namentlichen Abstimmung im üblichen Verfahren – Stimmkarten in eine Urne – dauert ohne Auszählung, für die noch zusätzlich erhebliche Zeit benötigt wird, ca. sechs Minuten. Bei 51 von der Fraktion DIE GRÜNEN angekündigten namentlichen Abstimmungen wären das ca. fünf Stunden allein für die Stimmabgabe gewesen. Um diesen Vorgang zu verkürzen, wurde nach entsprechender Ankündigung im Ältestenrat ein neues Abstimmungsverfahren entwickelt, bei dem nicht nur über 51, sondern über alle Änderungsanträge insgesamt 209 namentliche Abstimmungen stattfanden. Dabei wurde jedem Abgeordneten ein namentlich gekennzeichneter Stimmzettel ausgehändigt, auf dem alle Änderungsanträge durchnummeriert aufgeführt waren; bei jeder Nummer war die Möglichkeit vorgesehen, ein Kreuz für Ja, Nein oder Enthaltung zu machen. Außerdem bestand die Möglichkeit, alle Änderungsanträge global anzunehmen, abzulehnen oder sich zu enthalten. Von dieser globalen Abstimmungsmöglichkeit machte die überwiegende Mehrheit der Abgeordneten Gebrauch. Die gesamte Abstimmung dauerte nur 25 Minuten. Die Auszählung wurde später mit Hilfe der Datenverarbeitung vorgenommen; dabei mag mancher dem 1977 ausgebauten Abstimmungscomputer des Bundestages nachgetrauert haben."

Die namentlichen Abstimmungen, in den 1950er-Jahren noch ein Minderheitenrecht, wurden im politischen Alltag durchweg positiv bewertet. Mit ihrer Hilfe wurde das individuelle Abstimmungsverhalten eines jeden Abgeordneten dokumentiert. Demgegenüber ist der Hammelsprung sowohl vom jeweiligen parteipolitischen Gegner als auch von der Presse seit der 10. Wahlperiode zusehends in ein negatives Licht gerückt worden. Das überrascht deswegen, weil er in der parlamentarischen Praxis doch eigentlich stets urdemokratische Instinkte befriedigte. Sowohl in der Politik wie auch in den Medien wurde er nicht selten verunglimpft und irrigerweise als ein Instrumentarium der Opposition bezeichnet. Das aber war er nie, wenigsten nie ausschließlich. Er war stets ein Mittel, bei einer zweifelhaften Abstimmung ein einwandfreies Ergebnis zu erzielen.

Im Wasserwerk

Am 9. September 1986 tagte der Deutsche Bundestag zum ersten Mal im ausgebauten Ersatzplenarsaal. Mit nur 500m^2 war das „Wasserwerk“ weniger als halb so groß wie der alte Plenarsaal von Schwippert. Nur für 404 der 520 Abgeordneten gab es Sitzplätze. Im Bedarfsfall konnten zusätzlich 36 Wandklappsitze benutzt und weitere Stühle aufgestellt werden. Um nach der deutschen Vereinigung 1990 Plätze für die zusätzlichen 144 Abgeordneten aus den Neuen Ländern zu schaffen, wurden die Armlehnen der Stühle entfernt und die Stuhlreihen noch enger aufgestellt. Erst im Herbst 1992 konnte der neue Bonner Plenarsaal fertiggestellt und das Wasserwerk verlassen werden.

Das Bonner Wasserwerk am Rhein als Ersatzplenarsaal 1986–1993

Philipp Jenninger (CDU/CSU) – Präsident des Deutschen Bundestages 1984–1988

11. Wahlperiode (1987–1990)

Zwischen Vergangenheit und Zukunft

Konstituierung

Am 18. Februar 1987 konstituierte sich der 11. Bundestag. Die CDU, SPD und FDP hatten leichte Gewinne erzielt, nur die CSU hatte Verluste zu beklagen. Die Anzahl der Mandate verteilte sich wie folgt: CDU/CSU 234 Sitze, SPD 193, FDP 48, GRÜNE 44. Von den nicht voll stimmberechtigten 22 Berliner Abgeordneten verteilten sich die Sitze auf CDU 11 Sitze, SPD 7, FDP 2, Grüne 2.

Alterspräsident Willy Brandt (SPD) leitete die Sitzung in der Philipp Jenninger (CDU/CSU) zum Bundestagspräsidenten mit 76,5 % der abgegebenen Stimmen wiedergewählt worden war. Vizepräsidenten wurden Annemarie Renger (SPD), Richard Stücklen (CDU/CSU), Heinz Westphal (SPD) und Dieter-Julius Cronenberg (FDP). Anträge der GRÜNEN und der SPD, die Zahl der Vizepräsidenten auf fünf zu erhöhen, wurden abgelehnt.

Fraktionsvorsitzende waren Alfred Dregger (CDU/CSU) und Wolfgang Mischnick (FDP). Die Grünen hatten mit Thomas Ebermann, Bärbel Rust und Waltraud Schoppe gleich ein ganzes Team als gleichberechtigte Fraktionsvorsitzende. Der SPD-Fraktionsvorsitzende Hans-Jochen Vogel wurde am 23. März 1987 vom Bundesvorstand der SPD zusätzlich zum Parteivorsitzenden nominiert, als aufgrund von innerparteilichen Konflikten Willy Brandt nach 23 Jahren – fast möchte man sagen: endlich – als Parteivorsitzender zurücktrat. Vogel wurde am 14. Juni 1987 auf einem Sonderparteitag zum Parteivorsitzenden gewählt.

Die Wiederwahl von Helmut Kohl (CDU/CSU) zum Bundeskanzler mit 253 von 487 abgegebenen Stimmen am 11. März 1987 war gewiss. Dennoch benötigte er fünf Wochen, bis das Regierungsprogramm mit der FDP stand. Das Kabinett blieb weitestgehend bestehen, nur FDP und CSU beriefen je einen neuen Bundesminister. In seiner Regierungserklärung mit dem Motto „Die Schöpfung bewahren – die Zukunft gewinnen", hatte Kohl einerseits umweltpolitische Themen benannt, aber mit dem christlichen Begriff von Schöpfung verbrämt. Bei Bemerkungen wie: „Auch wer bestimmte Gewalttaten durch eine Unterscheidung zwischen Gewalt gegen Menschen und Gewalt gegen Sachen rechtfertigen will, stellt sich außerhalb unserer Verfassung", kritisierte Kohl die Klientel der Grünen, die weiterhin mit gewaltsamen Protesten von sich Reden machten. Dafür erhielt Kohl auch Beifall bei der SPD. Im Übrigen wurden tarifliche Mitbestimmung, eine gerechte und sozial ausgewogene Steuerreform sowie Rentenreformen angekündigt, die mit weiteren Reformen neue Kredite erforderlich machten. Es gab kein Thema, das Kohl nicht streifte; sogar das in Bonn ein „Haus der Geschichte der Bundesrepublik Deutschland" und in Berlin ein „Deutsches Historisches Museum" entstehen werden, kündigte der studierte Historiker Kohl an, wo die „deutsche Geschichte [...] so dargestellt werden [soll], dass sich die Bürger darin wiedererkennen".

Adenauers Plenarsaal wird abgerissen

Schon Ende der 1970er-Jahre gab es Überlegungen, den Plenarsaal von Hans Schwippert aus dem Jahre 1949 zugunsten eines Neubaus abzureißen. 1983 wurden auch noch bau- und brandschutztechnische Mängel nachgewiesen. 1984 wurde der Plenarsaal unter Denkmalschutz gestellt und die Bundesbauverwaltung war 1987 der Auffassung, dass die Sanierung des Gebäudes für 1,5 Millionen DM günstiger sei als ein Abriss und Neubau.

Aufgrund der Baumängel wurde das am Rhein neben dem Bundeshaus gelegene Wasserwerk unter Hochdruck saniert und als Ersatzplenarsaal hergerichtet. Am 9. September 1986 tagte der Deutsche Bundestag zum ersten Mal dort. Mit nur 500 m^2 war das „Wasserwerk" nicht annähernd halb so groß wie der alte Plenarsaal. Nur für 404 der 519 Abgeordneten gab es feste Plätze. Im Bedarfsfall konnten 36 Wandklappsitze benutzt sowie weitere Stühle aufgestellt werden.

Jenninger setzte unter Aufhebung der Fraktionsdisziplin am 5. Juni 1987 den Neubau des Plenarsaals gegen die „baukonservatorische Lösung" mit 361 zu 314 Stimmen durch. Eine knappe Mehrheit von 178 Abgeordneten entscheidet sich zudem für eine kreisrunde Anordnung der Sitzplätze anstatt des alten Erscheinungsbildes, für das sich 174 Abgeordnete aussprachen.

Am 24. September 1987 wurde die Genehmigung zum Abriss erteilt und noch im Oktober 1987 damit begonnen. Der Architekt Günter Behnisch konnte sein an Transparenz unübertroffenes Glasgebäude errichten.

Die Barschel-, Pfeiffer-, Engholm- und Schubladen-Affäre

Einer der großen Politikskandale in der Bundesrepublik war zwar auf die Landespolitik in Schleswig-Holstein beschränkt, warf aber ein unrühmliches Licht auf den gesamten Politikbetrieb in der Bundesrepublik und schürte die Politikerverdrossenheit.

Vor der Landtagswahl in Schleswig-Holstein 1987 soll der CDU-Ministerpräsident Uwe Barschel seinen Medienreferenten Reiner Pfeiffer beauftragt haben, gegen den SPD-Spitzenkandidaten, Björn Engholm, eine anonyme Strafanzeige wegen Steuerhinterziehung zu erstatten. Außerdem sollte Engholms Privatleben durchleuchtet werden. Laut Pfeiffer sollte in Barschels Diensttelefon eine Wanze eingebaut und dieses Engholm angelastet werden.

Darüber berichtete das Nachrichtenmagazin *Der Spiegel* am 12. September 1987, am Tag vor der Landtagswahl. Die CDU verlor daraufhin ihre absolute Mehrheit. Barschel erstattete Strafanzeige und wies alle Vorwürfe mit seinem Ehrenwort zurück. Am 18. September 1987 befasste sich auch der Bundestag in einer Aktuelle Stunde zur Medienkritik von Mitgliedern der Bundesregierung im Zusammenhang mit den Vorwürfen gegen Barschel.

Barschel trat unerwartet wegen Falschaussagen am 2. Oktober 1987 als Ministerpräsident zurück. Pfeiffer erhielt für die Geschichte vom Spiegel 160 000 DM.

Am 11. Oktober wurde Barschel in einem Genfer Hotel tot aufgefunden. Es blieb ungeklärt, ob er Selbstmord begangen hatte. Engholm trat im Mai 1993 als Ministerpräsident und SPD-Bundesvorsitzender zurück, da er früher als zugegeben von den vorgeblichen Intrigen Barschels gewusst hatte. In der sich anschließenden „Schubladenaffäre" stürzte auch der schleswig-holsteinische Sozialminister Günter Janssen (SPD), als bekannt wurde, dass er Pfeiffer „aus Mitleid" – wie er sich ausdrückte – aus seiner „eigenen Schublade" 40 000 DM gezahlt hatte.

Eine missverständlich vorgetragene Rede und der Rücktritt von Bundestagspräsident Jenninger

Am 10. November 1988 fand anlässlich der 50. Wiederkehr des Jahrestages der Pogrome des nationalsozialistischen Regimes gegen die jüdische Bevölkerung vom 9. November 1938, die zeitgenössisch auch in jüdischen Kreisen als „Reichskristallnacht" bezeichnet worden war, eine Sonderveranstaltung im Bundestag statt. Die Gedenkveranstaltung sollte mit der Rezitation der Todesfuge von Paul Celan durch die hochbetagte Schauspielerin und „Prinzipalin der Hamburger Kammerspiele" Ida Ehre eingeleitet werden. Nach der Rede des Bundestagspräsidenten Philipp Jenninger (CDU/CSU) sollte zum Abschluss das Lied „Es brennt, Brüder, es brennt" gesungen werden, das um 1938 im Krakauer Ghetto entstanden war.

Jenninger hatte gerade die Begrüßung der Ehrengäste vorgenommen, als er von Jutta Oesterle-Schwerin (Die Grünen) mit dem ersten

Zwischenruf „Das ist doch alles gelogen!" unterbrochen wurde. Es war in dem Augenblick, als Jenninger erklärte, dass „wir, in deren Mitte die Verbrechen geschahen, erinnern und Rechenschaft ablegen müssen, weil wir Deutschen uns klar werden wollen über das Verständnis unserer Geschichte und über Lehren für die Zukunft". Weitere Störungen der Grünen sollten folgen. Diese liefen ohne Rücksichtnahme auf das Gedenken im Plenarsaal herum und störten die Veranstaltung und den Redner.

Oesterle-Schwerin räumte ein, dass ihr Protest geplant war. Jenningers unglückliche Vortragsweise, in der viel zu lange Zitate während des Zuhörens nicht immer deutlich als solche zu erkennen waren, tat ihr Übriges. Inzwischen verließen auch Abgeordnete der SPD den Saal. Der Eklat nahm seinen Lauf.

Philipp Jenningers Rede war gut. Doch die Störungen hatte man weder bei den Filmaufnahmen, noch bei den Tonaufnahmen gesehen beziehungsweise gehört. Durch ausgewählte Schnitte des Filmmaterials und manipulative Verwendung von Fotos wurde in der Presse der Eindruck vermittelt, auch die Teilnehmer der Gedenkstunde seien entsetzt gewesen. Man warf Jenninger vor, er habe sich nicht genügend von den Nazi-Verbrechen distanziert und die Sprache der Täter gesprochen. „Jenninger vom Faschismus fasziniert", titelte „Die Tageszeitung" taz). *Der Spiegel* höhnte, er marschiere „mit Knobelbechern durch die Geschichte". SPD-Fraktionschef Hans-Jochen Vogel rügte, es habe Stellen gegeben, „da hätte man in den Boden versinken wollen."

Ausgerechnet Jenninger wurde beschimpft; er, dem Antisemitismus und Vergangenheitsverdrängung stets fern lagen. Jenninger hatte während seiner Amtszeit Israel dreimal besucht; er hatte als einziger Parlamentspräsident aus Europa an der Feier in der Knesset zum 40. Jahrestag der Gründung Israels teilgenommen.

Der Skandal bestand in der unnötigen und überzogenen Skandalisierung. Der beginnenden Pressekampagne entzog sich Jenninger durch seinen Rücktritt als Bundestagspräsidenten am 11. November 1988, nachdem Bundeskanzler Kohl ihn wissen ließ, er würde ihn nicht halten, wenn er gehen wolle.

Das Verdienst der Rede Jenningers wurde kaum gewürdigt: Zum ersten Mal hatte er nicht wie bisher nur von den Opfern gesprochen, sondern den Blick der Täter eingenommen, „weil wir Deutschen uns klar werden wollen über das Verständnis unserer Geschichte und über Lehren für die Zukunft".

1995 hatte der Vorsitzende des Zentralrats der Juden, Ignatz Bubis, aus Jenningers Rede zentrale Passagen vorgetragen, ohne die Autorschaft zu nennen, weil er die Reaktion seines Publikums testen wollte. Niemand nahm an der Rede Anstoß.

Rita Süssmuth

Die Nachfolge Jenningers hatte Bundeskanzler Kohl bemerkenswert gelöst. Noch am 2. September 1988 hatte der Bundesparteitag der SPD in Münster eine „Frauenquote" für politische Ämter und Mandate beschlossen. Das Thema Frauen in der Politik war gesetzt. Es war Kohl, der ohne Quote am 25. November 1988 eine Frau für die Spitze des Bundestages vorschlug, seine Bundesfamilienministerin Rita Süssmuth

Rita Süssmuth (CDU/CSU) – Präsidentin des Deutschen Bundestages 1988–1998

(CDU/CSU). Damit hatte er sich der sich linksliberal gerierenden CDU-Frau entledigt.

Am 25. November 1988 wurde Rita Süssmuth mit 380 von 473, also 80,0 % der abgegebenen Stimmen, gewählt. In ihrer Dankesrede erklärte sie den Abgeordneten: „Sie haben heute zum zweiten Mal eine Frau an die Spitze des Parlaments gewählt. Ich freue mich darüber, dass sich damit eine Tradition auszubilden beginnt". Das Protokoll vermerkte: „Heiterkeit".

Am 19. Januar 1989 hielt Süssmuth eigens eine programmatische Antrittsrede. Sie wollte die „gleichberechtigte Teilhabe der Frauen an politischer Verantwortung". Parlamentsreformen erklärte sie zur „Daueraufgabe". In dieser Sitzung waren auch erstmals Frauen im Plenarassistenzdienst tätig. Frauen als „Saaldiener" zu beschäftigen, war schon unter Jenninger entschieden worden und auch die Kostüme, die dem Frack der Saaldiener nachempfunden wurden, hatte Jenninger noch ausgesucht und festgelegt.

Der Plenarassistenzdienst, umgangssprachlich „Saaldiener" genannt, bringt die Wahlurnen für eine Namentliche Abstimmung in den Plenarsaal im Reichstagsgebäude

Zu den Neuerungen innerhalb der Bundestagsverwaltung, die auf Rita Süssmuth selbst zurückgehen, gehört die Aufwertung der bisherigen „Hausinspektion" zur ordentlichen Polizei am 24. Januar 1989.

Süssmuth fehlten noch parlamentarische Erfahrungen, als sie sich im August 1989 auf dem Bremer CDU-Parteitag mit den Parteifreunden Heiner Geißler und Norbert Blüm an der „Palast-Revolte" gegen Kohl beteiligte. Geißler musste als Generalsekretär der CDU gehen. Blüm durfte Arbeitsminister bleiben, denn er war nun isoliert und ohnehin nur ein ungefährlicher Mitläufer. Süssmuth schütze das Amt, aus dem man sie nicht so einfach entfernen konnte. In Hintergrundgesprächen mit Journalisten kritisierte Süssmuth den Bundeskanzler und wurde selbst für lange Zeit Deutschlands beliebteste Politikerin.

Das Wüppesahl-Urteil vom 13. Juni 1989

Der Grünen-Abgeordnete Thomas Wüppesahl, seit 1987 im Bundestag, trat im Mai 1987 aus seiner Partei aus und wurde daraufhin schließlich am 26. Januar 1988 auch aus der Bundestagsfraktion ausgeschlossen. Danach wehrte sich der streitbare Polizist Wüppesahl gegen den kategorischen Ausschluss aus den Ausschüssen, denen er zuvor angehört hatte und forderte nun, als fraktionsloser Abgeordneter in den vorderen Bankreihen des Bundestages sitzen zu dürfen, statt in der hintersten Reihe, wie es seit 1949 im Bundestag üblich war. Auch wollte er, ähnlich wie die Fraktionen, für sich einen entsprechenden finanziellen Zuschuss. Wüppesahl beantragte ein Organstreitverfahren vor dem Bundesverfassungsgericht, dessen Zweiter Senat am 13. Juni 1989 entschied, dass die Verwehrung der Mitgliedschaft in einem Ausschuss mit Rede- und Antragsrecht – aber ohne Stimmrecht – gegen das Recht des Abgeordneten aus Art. 38 Abs. 1 Satz 2 GG verstoße. Ein angemessenes Rederecht müsse auch fraktionslosen Abgeordneten auch im Plenum gewährt werden. Das Gericht war auch der Auffassung, dass jeder Abgeordnete mit oder ohne die Zugehörigkeit zu einer Fraktion in die Gesetzgebungsverfahren eingreifen dürfe, indem er in der zweiten Lesung Änderungsanträge einbringen könne.

Kontinuitäten und Umbrüche

Zu den Kontinuitäten gehörte die Wiederwahl von Bundespräsident Richard von Weizsäcker in der 9. Bundesversammlung am 23. Mai 1989 in der Bonner Beethovenhalle. Dieser folgte am 24. Mai 1989 ein Staatsakt zum 40-jährigen Bestehen des Grundgesetzes mit einer Ansprache des wiedergewählten Präsidenten.

Auch die jährliche Gedenksitzung zum 17. Juni 1989 wurde durchgeführt, während es aber gleichzeitig in der DDR zu großen Unruhen gekommen war, von denen bei dem Besuch des DDR-Staatsratsvorsitzenden und SED-Generalsekretärs Erich Honecker am 11. September 1987 in der Bundesrepublik Deutschland noch wenig zu spüren war.

Erst am 3. Februar 1988 befasste sich der Bundestag in einer Aktuellen Stunde mit den gegenwärtigen Ereignissen in Ost-Berlin und in der DDR, wo es zu zahlreichen Festnahmen von Angehörigen von Friedens- und Menschenrechtsgruppen kam. In Reaktion darauf wurde am 22. April 1988 eine Delegation der CDU/CSU-Fraktion, die im Mai die DDR besuchen wollte, von der DDR-Führung ausgeladen.

Noch am 29. Mai 1989 kam eine Delegation der DDR-Volkskammer auf Einladung der SPD-Fraktion zu einem mehrtägigen Besuch nach Bonn, um von den Problemen im Land abzulenken.

Mit großer Spannung fieberte die Bonner Politik dem Staatsbesuch des Generalsekretärs der KPdSU und Vorsitzenden des Präsidiums des Obersten Sowjet der UdSSR, Michail Gorbatschow entgegen, der am 19. Juni 1989 auf dem Bonner Marktplatz frenetisch mit dem Ruf „Gorbi! Gorbi!“ bejubelt wurde. Doch war man sich nicht sicher, wie ehrlich er war mit seiner Entspannungspolitik, die unter den Schlagwörtern „Perestroika“ und „Glasnost“ als ein Politikwechsel angekündigt worden war.

In China gab es eine umgekehrte Entwicklung. Der Bundestag hatte noch vor dem Besuch Gorbatschows am 15. Juni 1989 die blutige Niederwerfung der Demonstrationen in der Volksrepublik China verurteilt. Wohlweislich hatte Kohl erst am darauffolgenden Tag seine Regierungserklärung zum bevorstehenden Besuch von Michail Gorbatschow in der Bundesrepublik abgegeben.

Der 9. November 1989

Der Herbst 1989 wurde heiß, besonders in der DDR. Seit dem 4. September 1989 gab es die friedlichen Montagsdemonstrationen in Leipzig, auf denen „Wir sind das Volk“ skandiert und eine demokratische Neuordnung, das Ende der SED-Herrschaft, Reisefreiheit und die Abschaffung des Ministeriums für Staatssicherheit gefordert wurden. Die Demonstrationen dehnten sich bald auf nahezu alle Städte in der DDR aus. Unter dem Druck der Straße trat Erich Honecker am 18. Oktober 1989 von sämtlichen Ämtern in Partei und Staat zurück. Neuer Generalsekretär des Zentralkomitees der SED wurde Egon Krenz. Am 7. November 1989 trat die DDR-Regierung von Ministerpräsident Willi Stoph zurück. Die überraschende Nachricht von der sofortigen Öffnung der innerdeutschen Grenze infolge der Äußerung des Regierungssprechers der DDR Schabowski – „Das ist jetzt“ – am 9. November 1989 erreichte den Bundestag während einer Plenarsitzung. Parlamentspräsidentin Rita Süssmuth hatte in ihrem Büro einen DDR-Künstler zu Besuch.

Vizepräsident Cronenberg leitete die Sitzung und erteilte dem Abgeordneten Karl-Heinz Spilker (CDU/CSU) das Wort, als dieser sich erlaubte zu sagen: „Bevor ich zu meinem Thema komme, möchte ich Ihnen eine Meldung vorlesen, die ich im Moment erhalten habe. (Zurufe von der SPD: Wir kennen sie schon!) – Ich kannte sie nicht. – Ab sofort können DDR-Bürger direkt über alle Grenzstellen zwischen der DDR und der Bundesrepublik ausreisen. (Anhaltender Beifall bei der CDU/CSU, der FDP und der SPD – Zuruf von der CDU/CSU: Gott sei Dank!) Ich dachte, dass es mir ausnahmsweise gestattet ist, das fernab vom Thema mitzuteilen.“

Es war einer der emotionalsten Höhepunkte im bundesrepublikanischen Parlamentarismus.

Die Plenarsitzung wurde von 20.22 Uhr bis 20.46 Uhr unterbrochen. Danach sprach für die Bundesregierung Kanzleramtsminister Rudolf Seiters (CDU/CSU) eine Regierungserklärung: „Meine Damen und Herren! Ich möchte eine kurze Erklärung der Bundesregierung abgeben und vorwegsagen, dass dies Tage und Wochen sind, die die Gefühle der Menschen hier und im anderen Teil Deutschlands zutiefst bewegen. Ich habe gerade mit dem Bundeskanzler telefoniert. Lassen Sie mich Folgendes sagen: Die vorläufige Freigabe von Besuchsreisen und Ausreisen aus der DDR ist ein Schritt von überragender Bedeutung. Damit wird praktisch erstmals Freizügigkeit für die Deutschen in der DDR hergestellt. (Anhaltender Beifall bei allen Fraktionen) Mauer und Grenze in Deutschland werden damit durchlässiger. Die Bundesregierung hofft, dass diese Entscheidung der DDR-Führung einen Schritt in Richtung auf eine echte Liberalisierung in der DDR darstellt. Das Ziel muss bleiben – ich denke, das ist unsere gemeinsame Auffassung; ich sage dies bewusst an dieser Stelle –, die Verhältnisse im anderen Teil Deutschlands so zu entwickeln, dass die Menschen, die dort ihre Heimat haben, für sich die Perspektive auf eine lebenswerte Zukunft sehen. (Beifall bei allen Fraktionen)".

Nach einer kurzen Debatte erhoben sich die Anwesenden und singen spontan die dritte Strophe der Nationalhymne.

Auf dem Weg zur Wiedervereinigung

Die Durchführung der Wiedervereinigung war eine Angelegenheit der Bundesregierung. Aber der Bundestag begleitete seit der freien Volkskammerwahl am 18. März 1990 den Einigungsprozess durch gemeinsame Begegnungen und auch Vereinbarungen mit der Volkskammer.

Während der Haushaltsberatungen am 28. November 1989 legte Bundeskanzler Helmut Kohl bereits einen Zehn-Punkte-Plan zur Überwindung der Teilung Deutschlands vor. Innerhalb des Bundeskabinetts wurde am 7. Februar 1990 ein Ausschuss „Deutsche Einheit", an den verschiedene Ministerien beteiligt waren, und der DDR die sofortige Aufnahme von Verhandlungen über eine Währungsunion angeboten.

Im Bundestag hatte man sich ebenfalls frühzeitig mit den organisatorischen Herausforderungen der Wiedervereinigung befasst. Sogar die Sitzanordnung im Plenarsaal des im Bau befindlichen Plenarsaals von Günther Behnisch wurde neu beraten.

Am 30. April kamen die Präsidentinnen Sabine Bergmann-Pohl und Rita Süssmuth erstmals zusammen und vereinbarten eine gemeinsame Erklärung zur polnischen Westgrenze. Derlei Vorgehen war wichtig um von Anfang an gerade in außenpolitischen Fragen den Eindruck zu vermeiden, es gäbe möglicherweise unterschiedliche Auffassungen. Für eine gemeinsame Veranstaltung zum Gedenken an den Volksaufstand am 17. Juni 1953 in Ost-Berlin wurde sogar die Zustimmung der Sowjetunion eingeholt.

Bundestagspräsidentin Süssmuth erwog auch eine personelle Unterstützung des Sekretariates der Volkskammer durch Mitarbeiter der Bundestagsverwaltung, obwohl für die personell knapp aufgestellte Bundestagsverwaltung angesichts der Wiedervereinigungspläne die Entsendung von Mitarbeitern geradezu unmöglich schien; auch Pensionäre waren nicht zu motivieren, in der Volkskammer Unterstützungsarbeit zu leisten.

Schließlich wurde der Bundestagsausschuss Deutsche Einheit sowie als Counterpart die Kommission Deutsche Einheit in der Volkskammer eingerichtet. Beide Gremien tagten wiederholt gemeinsam. Die Wiedervereinigung war nicht den Regierungen in der DDR und in der Bundesrepublik überlassen worden, sondern wurde aktiv durch den Bundestag und die Volkskammer begleitet. Symbolträchtig wurde am 23. Mai 1990, dem Tag der Verkündung des Grundgesetzes im Jahre 1949, in Bonn eine erste gemeinsame Sitzung der jeweiligen Ausschüsse von Volkskammer und Bundestag durchgeführt.

Der Einigungsvertrag sah die Übernahme von Beschäftigten des öffentlichen Dienstes der DDR vor. 700 Beschäftigte der Volkskammer sollten in den Dienst des Bundestages übernommen werden.

Am 23. August 1990 erklärte die Volkskammer der DDR den Beitritt der Länder der DDR zum Geltungsbereich des Grundgesetzes und damit zur Bundesrepublik zum 3. Oktober 1990.

Der „Vertrag zwischen der Bundesrepublik Deutschland und der Deutschen Demokratischen Republik über die Herstellung der Einheit Deutschlands“ (Einigungsvertrag) vom 31. August 1990 wurde am

20. September 1990 im Bundestag beraten und mit 440 Ja-Stimmen, 47 Nein-Stimmen und 3 Enthaltungen angenommen.

Die deutsche Einigung am 3. Oktober 1990

Seit Ende August 1990 der Termin für die erste gesamtdeutsche Sitzung des Bundestages am 3. Oktober 1990 feststand, liefen die Vorbereitungen auf Hochtouren. Das Reichstagsgebäude in Berlin war schon aufgrund seines hohen Symbolgehaltes als Sitzungsort unstrittig. Es ging nun um die Details.

Alleine 140 Mitarbeiter bedurfte es seitens der Bundestagsverwaltung, um für die Abgeordneten die Reisen nach Berlin und Übernachtungen zu buchen. Helmut Kohl hatte für den 4. Oktober eine Kabinettsumbildung angekündigt, um Vertreter aus der DDR, die einer Partei der Regierungskoalition angehörten, in sein Kabinett zu berufen. 144 Vertreter der Volkskammer wurden zusätzlich zu den bisherigen 519 Abgeordnete zählenden Bundestag gewählt. Sie mussten fortan zu allen öffentlichen Veranstaltungen des Bundestages und der Bundesrepublik eingeladen werden. Im Übrigen waren auch die Berliner Vertreter im Bundestag mit dem „Schreiben der Drei Mächte vom 8. Juni 1990 zur Aufhebung ihrer Vorbehalte insbesondere in dem Genehmigungsschreiben zum Grundgesetz vom 12. Mai 1949 in Bezug auf die Direktwahl der Berliner Vertreter zum Bundestag und ihr volles Stimmrecht im Bundestag und im Bundesrat“ voll stimmberechtig.

Die Sitzanordnung im Plenum musste mit dem Einzug der PDS, die sich selbst als Nachfolger der Sozialistischen Einheitspartei Deutschlands (SED) verstand, neu geregelt werden. Die PDS erreichte mit 24 Abgeordneten keine Fraktionsstärke und sollte dennoch mit den Fraktionen wenigstens zwei Plätze in der ersten Reihe mit Tisch und Telefon erhalten. Tatsächlich hatte der Bundestag den von ihnen anerkannten Gruppen derartige Zusagen gemacht.

Die Grünen und die SPD im Bundestag waren der Auffassung, dass man es den Wählern aus der DDR schuldig sei und gerierten sich demokratisch. Aber auch in der FDP und CDU/CSU wollte man sich generös und „fair“ zeigen und räumte am 24. Oktober 1990 der PDS über den Gruppenstatus hinaus Sonderrechte ein.

Nun musste noch ein Termin für die erste gesamtdeutsche Bundestagswahl gefunden werden. Gleichzeitig aber sollten in der 11. Wahlperiode noch einige Vorhaben der Bundesregierung abgeschlossen werden. Das waren insbesondere der Abschluss dreier Verträge mit der UdSSR über den Aufenthalt und den Abzug der Besatzungstruppen, Verträge über einige überleitende Maßnahmen und schließlich Verträge über wirtschaftliche und technische Zusammenarbeit. Diese Verträge sollten alle nach dem 3. Oktober 1990 unterzeichnet und noch vom 11. Bundestag ratifiziert werden.

Die Planung und Durchführung der Feierlichkeiten am 3. Oktober 1990 waren vom Protokoll des Innenministeriums übernommen worden.

Nach einem ökumenischen Gottesdienst in der evangelischen Marienkirche im Schatten des Fernsehturms am Alexanderplatz mit dem evangelischen Landesbischof Martin Kruse und dem katholischen Bischof von Berlin Georg Sterzinsky, kamen die Abgeordneten zu einem Staatsakt in der Berliner Philharmonie zusammen. Die zu diesem Zeitpunkt inzwischen ehemalige Präsidentin der am 2. Oktober aufgelösten Volkskammer der DDR, Sabine Bergmann-Pohl, Bundestagspräsidentin Rita Süssmuth und der Regierende Bürgermeister von Berlin, Walter Momper, jedoch in seiner Funktion als Präsident des Bundesrates sprachen jeder ca. 10 Minuten, danach hielt Bundespräsident Richard von Weizsäcker eine 40-minütige Ansprache. In seinen Schlussworten betonte er: „Heute, liebe Landsleute, begründen wir unseren gemeinsamen Staat. Wie gut uns die Einheit menschlich gelingt, das entscheiden kein Vertrag der Regierungen, keine Verfassung und keine Beschlüsse des Gesetzgebers. Das richtet sich nach dem Verhalten eines jeden von uns, nach unserer eigenen Offenheit und Zuwendung untereinander. Es ist das ‚Plebiszit eines jeden Tages‘ (Renan), aus dem sich der Charakter unseres Gemeinwesens ergeben wird.“

Die erste Sitzung eines gesamtdeutschen Parlaments am 4. Oktober 1990, zugleich die 228. Sitzung des Bundestages, begann um 10:00 Uhr im Reichstagsgebäude. Für die Bundesregierung gab Bundeskanzler Helmut Kohl eine Regierungserklärung ab, der sich eine Aussprache von gut 3 Stunden anschloss. Nach Ende der ersten gemeinsamen Sitzung gab es ein Buffet, an dem die Mitglieder des Bundestages sowie geladene Gäste teilnahmen.

Am 5. Oktober 1990 kam im Bonner Bundeshaus der Ältestenrat zum ersten Mal seit der Wiedervereinigung zusammen. Mit großer Intensität wurden die nächsten Plenarsitzungen vorbereitet, weil sich angesichts der veränderten Fraktionsverhältnisse, nämlich mit Einzug der PDS in den Bundestag, die Mehrheiten verändert hatten. Ein dichtes Programm erwartete die Mitglieder des Bundestages in den nächsten Tagen.

Bevor der 11. Bundestag am 22. November 1990 zu seiner letzten Plenarsitzung zusammenkam und am 2. Dezember 1990 die Bundestagswahlen zum 12. Bundestag durchgeführt wurden, überschlugen sich die Ereignisse.

Am 12. Oktober wurde auf Wolfgang Schäuble (CDU/CSU), dem Kanzleramtschef von Helmut Kohl und Unterhändler des Einigungsvertrags, in der Nähe von Offenbach ein Attentat verübt, das er nach mehreren Operationen und fortan querschnittsgelähmt überlebte.

Kohl hatte am 4. Oktober 1990 sein Kabinett umgebildet. Noch einen Tag vor der Konstituierung des 12. Bundestages gab es eine Veränderung. Der letzte DDR-Ministerpräsident Lothar de Maizière (CDU) trat als Bundesminister für besondere Aufgaben nach Vorwürfen, Stasimitarbeiter gewesen zu sein, zurück.

Am 20. Dezember 1990 endete die 11. Wahlperiode mit der Konstituierung des 12. Bundestages in Berlin.

Rückblick

Die 11. Wahlperiode ist vielleicht die bewegteste und eine der gegensätzlichsten Wahlperioden des Bundestages. Während die Barschel- und Schubladen-Affäre in Schleswig-Holstein weithin zu Parteien-,

Politik- und vor allem Politikerverdrossenheit in der Bundesrepublik führte, sehnte sich gleichzeitig eine gewaltfreie Revolutionsbewegung in der DDR nach genau jenen demokratischen Verhältnissen, denen man in Westdeutschland überdrüssig schien.

Durch das Wüppesahl-Urteil wurden notwendige Geschäftsordnungsreformen statt aus dem Bundestag heraus durch ein Verfassungsgerichtsurteil ermöglicht, die den einzelnen Abgeordneten stärkten. Langfristig war es geradezu ein besonderer Verdienst, dass der als Querulant verschriene Wüppesahl den juristischen Kampf gegen den Bundestag aufnahm. Mit dem Urteil tat er aber vor allem nachfolgenden Abgeordneten einen großen Gefallen.

Kaum größere Symbolkraft konnte der Abriss des Bonner Plenarsaals haben, er läutete zugleich das Ende der alten Bundesrepublik ein.

Diese Spannung in der kurzlebigen 11. Wahlperiode wird durch die Begriffspaare „Erinnerungskultur und Einheit" und „Vergangenheit und Zukunft" am besten umschrieben Die Jenninger-Rede, in der der Parlamentspräsident erstmals eindringlich die Täter, die Nazis, in den Mittelpunkt stellte, steht gleichsam am Beginn einer neuen Entwicklung. 40 Jahre zog sich die Frage der deutschen Einheit als ein roter Faden durch die Geschichte des Bundestages. Jetzt war sie politisch und organisatorisch erreicht, auch wenn – frei nach Willy Brandt – nun zusammenwachsen musste, was auch zusammengehörte.

1983 gesellten sich zu den „etablierten" Parteien im Bundestag die Grünen, eine ideologische und moralisierende Partei, die sich auf der Seite der Guten wusste. Mit der Wiedervereinigung zum Ende der 11. Wahlperiode kamen als neue gesellschaftliche Gruppe in den gesamtdeutschen Bundestag die Idealisten aus der DDR hinzu. Sie hatten nie für sich in Anspruch genommen, das Gute für sich gepachtet zu haben, sondern sie glaubten, endlich alles das zu erlangen, was die Bundesrepublik in den 40 Jahren ihres Bestehens erreicht hatte: Demokratie, Rechtsstaatlichkeit, Wohlstand, einklagbare Grund- und Menschenrechte und endlich ein Leben in Freiheit. Dafür sind sie nach ihrer friedlichen Revolution dem Geltungsbereich des Grundgesetzes beigetreten.

12. Wahlperiode (1990–1994)

Kontinuität und Neubeginn in der real gewordenen deutschen Einheit

Konstituierung und Regierungsbildung

In der ersten und zugleich letzten freigewählten Volkskammer der DDR war die „Allianz für Deutschland", ein Bündnis aus CDU, Demokratischem Aufbruch (DA) und Deutscher Sozialer Union (DSU), vertreten, deren Mitglieder im Zuge der Einheitsbewegung überwiegend zur CDU wechselten, ferner die SPD, die PDS und Bündnis 90.

Die ersten gesamtdeutschen Wahlen nach der Einigung Deutschlands am 3. Oktober 1990 erfolgten am 2. Dezember 1990. Den Wahlkampf überschattete das Attentat auf Bundesinnenminister Wolfgang Schäuble am 12. Oktober 1990, der querschnittsgelähmt das Attentat überlebte und nach nur sechs Wochen auf die politische Bühne zurückkehrte. Es war nach dem Attentat auf den SPD-Kanzlerkandidaten Oskar Lafontaine am 25. April 1990 nun das zweite Mal im Jahre 1990, dass ein psychisch kranker Attentäter gegen einen westdeutschen Spitzenpolitiker vorgegangen war.

Obwohl sich die CDU/CSU die Wiedervereinigung – gegen große Widerstände in der SPD – auf ihre Fahnen geschrieben hatte und Kohl sich als „Kanzler der Einheit" feiern ließ, hatte die CDU/CSU leichte Verluste eingefahren. Sie erhielt mit 43,8 % der gültigen Zweitstimmen 319 Mandate. Auch die SPD hatte mit 33,5 % der gültigen Zweitstimmen nur 239 Mandate erhalten. Dagegen konnte der bisherige und der neue Koalitionspartner FDP mit 11,0 % der gültigen Zweitstimmen und 79 Mandaten Gewinne erzielen. Das lag auch an Kohls Außenminister Hans-Dietrich Genscher (FDP), der neben Kohl „das Gesicht der Wiedervereinigung“ war. Er hatte am 30. September 1989 persönlich die sofortige Ausreisegenehmigung in die Bundesrepublik für die etwa 3500 DDR-Flüchtlinge in der deutschen Botschaft in Prag bekannt gegeben. Diese Ausreisegenehmigung sollte der Anfang des Endes der DDR werden, denn die Vorgänge in Prag erzeugten eine Sogwirkung für weitere ausreisewillige DDR-Bürger in die Botschaften der Bundesrepublik in den Ostblocksaaten. Genscher hatte darüber hinaus in seiner alten Heimatstadt Halle im Wahlkampf dem dortigen Kandidaten Uwe Lühr (FDP) zu einem Direktmandat verholfen; zum ersten Mal seit 1957 hatte die FDP wieder ein Direktmandat erworben.

Aufgrund einer Wahlrechtsänderung für die 12. Wahlperiode wurde die Fünf-Prozent-Sperrklausel in West- und in Ostdeutschland getrennt angewandt. So zog die PDS mit nur 2,4 % im gesamten Bundesgebiet sowie die neu gebildete Partei DIE GRÜNEN/BÜNDNIS 90 mit nur 1,2 % der gültigen Zweitstimmen in den Bundestag. Die PDS erhielt 17 und DIE GRÜNEN/BÜNDNIS 90 8 Mandate. Auf diese Weise konnten sich Menschen aus den neuen Ländern im Bundestag Gehör verschaffen. Diese Sonderbestimmung bewahrte möglicherweise die DDR-Grünen und auch die PDS vor dem sicheren Untergang. Wenigstens sollten die Grünen sowie ferner die PDS, die Nachfolgepartei der SED, in den nächsten Wahlperioden weiterhin im Bundestag vertreten sein.

Die PDS hatte bezüglich ihres Gruppenstatus vergeblich eine Beschwerde beim Bundesverfassungsgericht eingereicht. Auch die Grünen gingen davon aus, dass sie mit acht Mitgliedern als Fraktion anerkannt werden würden. Vor allem ging es den Parteien darum, Aktuelle Stunden verlangen zu können und finanzielle Zuschüsse zu erhalten, um Oppositionsarbeit leisten zu können. Ohne Fraktionsstatus sahen sie sich diskriminiert, während bei den anderen Fraktionen die Auffassung vorherrschte, dass sie ohne die Besonderheiten des Wahlrechts für die 12. Wahlperiode überhaupt nicht im Bundestag vertreten wären. So mussten sie sich beide mit den Gruppenrechten begnügen.

Fraktionsvorsitzende wurden Alfred Dregger (CDU/CSU), Hans-Jochen Vogel (SPD) sowie Wolfgang Mischnick (FDP), der aber schon am 15. Januar 1991 durch Hermann Otto Solms abgelöst wurde.

Der Bundestag in einer deutsch-deutschen Transformationsgesellschaft

Der Beitritt von gleich fünf neuen Ländern zum Geltungsbereich des Grundgesetzes hatte die Bundesrepublik in jeglicher Hinsicht verändert. 40 Jahre Trennung zweier Staaten durch Mauer und Stacheldraht können nicht spurlos vorübergehen und auch nicht einfach abgestreift werden. Es waren unterschiedliche Kulturkreise und Mentalitäten entstanden. Gegensätze traten überall auf, sei es bei weltanschaulichen Fragen, dem Arbeitsethos, den Wirtschaftsordnungen, den Erziehungsidealen, den Ausbildungssystemen und den Beziehungen zum Staat und seinen Organen insgesamt. Der ehemals kommunistisch-diktatorische Unrechtsstaat fand sich 1990 plötzlich in einem freiheitlich demokratischen Rechtsstaat wieder.

Während im Ostblock ganze Gesellschaften gemeinsam in neue politische Systeme und Organisationsstrukturen hineinwechselten und hineinwuchsen, waren es in Deutschland nach Jahrzehnten der Trennung zwei einst rivalisierende Staaten, die zusammenwachsen sollten. Immerhin hatte Bundeskanzler Kohl schon in der 11. Wahlperiode anlässlich des Inkrafttretens der Währungs-, Wirtschafts- und Sozialunion am 1. Juli 1990, durch „eine gemeinsame Anstrengung" versprochen, die neuen Länder „schon bald wieder in blühende Landschaften zu verwandeln, in denen es sich zu leben und zu arbeiten lohnt."

Es war Kohls Aufgabe als Bundeskanzler, die westdeutsche Wirtschafts-, Gesellschafts- und Sozialordnung auf die DDR zu übertragen. Längst war bekannt, dass es nur Propaganda war, dass die DDR zu den führenden Industrieländern gehört habe. In den Jahren nach der deutschen Einheit wurden Milliardenbeträge aus der alten Bundesrepublik in die neuen Länder transferiert. Die Bewältigung der einheitsbedingten Aufgaben führte nach langem Ringen zwischen Bund und Ländern zum Abschluss eines Solidaritätspakts. Die Grundlage bildete der Bundestag mit dem Gesetz zur Umsetzung des Föderalen Konsolidierungsprogramms, das am 27. Mai 1993 beschlossen wurde.

Von der Treuhand sollten etwa 17 000 DDR-Unternehmen in die soziale Marktwirtschaft überführt werden. Viele von ihnen waren gar nicht konkurrenzfähig und mussten schließen. Das wiederum führte in den neuen Ländern zu Frustration und Unzufriedenheit bei der Bevölkerung, weil in jeder Familie Arbeitslosigkeit oder Frühverrentung den Traum von Wohlstand nach westlichem Maßstab zerstörten.

Gegen Ende ihrer Antrittsrede nach ihrer Wahl als Bundestagspräsidentin mit 80,0 % der abgegebenen Stimmen, wies Süssmuth bezüglich Deutschlands Zukunft auf den europäischen Kontext hin: „Wir haben nicht für den Frieden in Europa gestritten, damit er in anderen Teilen der Welt nicht aufgebaut oder nicht gewahrt werden kann. In Europa und gerade auch bei uns werden die Bedrängnisse in bestimmten Bereichen größer werden. Viele Menschen sind unterwegs, weil sie Not leiden. Wir werden nicht unsere Grenzen schließen und die Notleidenden draußen lassen können. Das heißt, wir sind verantwortlich für diese eine Welt und für menschenwürdige Verhältnisse in der ganzen Welt, für den Erhalt des Planeten und tatkräftige Arbeit an Verhältnissen, die die Weltflüchtlingsbewegung geringer machen. Dies fordert uns ebenfalls europäische Lösungen ab.“

Das Jahr 1991 begann mit einer Sondersitzung am 14. Januar in welcher der noch amtierende Bundeskanzler der 11. Wahlperiode Kohl eine Regierungserklärung zur Krise in der Golfregion und zum Einmarsch sowjetischer Truppen in Litauen abgab. Erst am 16. Januar 1991 waren die Koalitionsverhandlungen zwischen CDU/CSU und FDP mit detaillierten Koalitionsvereinbarungen beendet, so dass Helmut Kohl (CDU/CSU) am 17. Januar 1991 zum dritten Mal in Folge zum Bundeskanzler gewählt wurde, dieses Mal mit 378 von 644 abgegebenen Stimmen.

Der Zwei-plus-Vier-Vertrag tritt in Kraft

Am 15. März 1991 – kaum wahrgenommen von der Öffentlichkeit – trat mit einer offiziellen Zeremonie in Moskau der ebendort am 12. September 1990 abgeschlossene Zwei-plus-Vier-Vertrag zwischen den beiden deutschen Staaten und den vier Siegermächten des Zweiten Weltkrieges (USA, UdSSR, Frankreich und Großbritannien) in Kraft. Zu diesem Zeitpunkt gab es die DDR, einen der Vertragsunterzeichner, gar nicht mehr.

Der als „Regelungsvertrag" bezeichnete „Vertrag über die abschließende Regelung in Bezug auf Deutschland" stellte die endgültige innere und äußere Souveränität des vereinten Deutschlands her.

Der Vertrag von Maastricht

Kanzler Kohl hatte sich während der Wiedervereinigung besonders stark für die Einführung des Euro engagiert. Es war sein Beitrag, um von den Europäern Zuspruch zur Wiedervereinigung zu erhalten. Kohls Strategie hatte ihre Parallelen in Konrad Adenauers erfolgreichem Engagement im Hinblick auf Deutschlands Integration in Europa zugunsten von Wohlstand und Frieden in den Anfangsjahren der Bundesrepublik.

Der Vertrag über die Europäische Union wurde am 7. Februar 1992 in Maastricht (Niederlande) vom Europäischen Rat unterzeichnet. Er ersetzte die 1957 geschlossenen Römischen Verträge. Aus der Europäischen Gemeinschaft (EG) erwuchs die Europäische Union (EU) als übergeordneter Verbund für eine gemeinsame Außen- und Sicherheitspolitik sowie die engere Zusammenarbeit in den Bereichen Justiz und Inneres.

Bis zur Ratifizierung des Maastrichter Vertrages am 2. Dezember 1992 befasste sich seit dem 14. Oktober 1992 der Sonderausschuss „Europäische Union (Vertrag von Maastricht)". Der Vertrag selbst trat am 1. November 1993 in Kraft. Er wurde erst mit dem Vertrag von Amsterdam novelliert, dem der 13. Bundestag am 5. März 1998 zustimmte. Das bedeutendste Ergebnis des Maastrichter Vertrags war die Gründung einer Europäischen Wirtschafts- und Währungsunion mit der Einführung des Euro am 1. Januar 1999 zunächst als Buchgeld und drei Jahre später, am 1. Januar 2002, als Bargeld.

Grundgesetzänderungen

Notwendige Grundgesetzänderungen waren bereits im Einigungsvertrag erfolgt. Damit war die Entscheidung gefallen, auf die Schöpfung einer neuen Verfassung zu verzichten, wie es der 1949 formulierte Art. 146 des Grundgesetzes vorgesehen hatte. Mit dem Einigungsvertrag wurden ferner folgende verfassungsrechtliche Grundlagen gefasst: Änderung der Präambel; Aufhebung von Art. 23 GG (Geltungsbereich des Grundgesetzes); Änderung von Art. 51 Abs. 2 GG (Stimmenverteilung im Bundesrat); Anfügung eines Abs. 2 an Art. 135a GG (Verbindlichkeiten der DDR als Grundlage für die Regelung offener Vermögensfragen); Einfügung eines Art. 143 GG (Abweichung von Verfassungsnormen auf dem Gebiet der ehemaligen DDR längstens bis zum 31. Dezember 1995).

Eine zweite umfassende Revision des Grundgesetzes wurde in der 12. Wahlperiode in Angriff genommen. Am 28. November 1991 wurde eine „Gemeinsame Verfassungskommission von Bundestag und Bundesrat" unter der Leitung des Ersten Bürgermeisters der Freien und Hansestadt Hamburg Henning Voscherau (SPD) und des angesehenen Verfassungsjuristen und Bundestagsabgeordneten Rupert Scholz (CDU/CSU) beschlossen. Nach 26 Sitzungen lag das Ergebnis am 28. Oktober 1993 vor und wurde am 6. September 1994 als Gesetz vom 27. Oktober 1994 zur Änderung des Grundgesetzes im Bundestag verabschiedet. Es enthielt: Förderung der Gleichberechtigung von Frauen und Männern durch den Staat sowie Benachteiligungsverbot für Behinderte (Art. 3); Schutz der natürlichen Lebensgrundlagen durch den Staat (Art. 20a); Gewährleistung der finanziellen Eigenverantwortung bei der Selbstverwaltung (Art. 28); Änderung der Regelungen bei einer Neugliederung der Länder durch Staatsvertrag (Art. 29); Neufassung im Bereich der konkurrierenden Gesetzgebung (Art. 72 und 74); Änderungen im Bereich der Rahmengesetzgebungskompetenz (Art. 75); Änderungen bei der Rolle des Bundesrats in der Gesetzgebung (Art. 76 und 77); Änderung der Rolle des Bundesrats beim Erlass von Rechtsverordnungen (Art. 80); Regelung der Landeszuständigkeit für Sozialversicherungsträger (Art. 87); Änderung der Zuständigkeit des Bundesverfassungsgerichts bei Meinungsverschiedenheiten hinsichtlich der Voraussetzungen für die konkurrierende Gesetzgebung (Art. 93); Regelungen für die Neugliederung der Länder Berlin und Brandenburg (Art. 118a); Fortgeltung von Bundesrecht als Landesrecht (Art. 125a).

Bedingt durch die deutsche Einheit, befasste sich der 12. Bundestag mit der Frage des Schwangerschaftsabbruches (§ 218 Strafgesetzbuch). Übergangshalber beließ der Einheitsvertrag in den neuen Bundesländern die in der DDR geltende weitgehende Freigabe der Abtreibung. Um hier für Rechtseinheit zu sorgen verständigte sich der Bundestag unter Aufhebung der sogenannten Fraktionsdisziplin am 25. Juni 1992 auf die Straflosigkeit einer Abtreibung innerhalb der ersten drei Monate nach vorheriger Beratungspflicht und verbrämte dieses euphemistisch mit der offiziellen Bezeichnung „Gesetz zum Schutz des vorgeburtlichen/werdenden Lebens, zur Förderung einer kinderfreundlicheren Gesellschaft, für Hilfen im Schwangerschaftskonflikt und zur Regelung des Schwangerschaftsabbruchs".

Doch das Bundesverfassungsgericht hatte mit seinem Urteil vom 28. Mai 1993 eine Neufassung gefordert, die in der 13. Wahlperiode am 29. Juni 1995 erfolgte mit dem Gesetz zur Vermeidung und Bewältigung von Schwangerschaftskonflikten. Neu war die Erweiterung der Beratungsregelungen. Die Beratung musste zielorientiert dem Schutz des ungeborenen Lebens bei gleichzeitiger Ergebnisoffenheit der Beratung erfolgen. Auch wurde ein § 218c eingefügt, demnach Beratungsregelungen rechtswidrig, aber straffrei sind. Rechtmäßig waren nur noch Schwangerschaftsabbrüche bei medizinischer, embryopathischer und kriminologischer Indikation.

Die Parlamentsarmee

Am Golfkrieg beteiligte sich die Bundesregierung nicht durch die Entsendung bewaffneter Soldaten, sondern durch eine Übernahme der Kriegskosten in Höhe von 17 Milliarden D-Mark. Hier warfen die USA Deutschland Scheckbuchdiplomatie vor.

Faktisch tatenlos sah man zu, als 1991 der „Vielvölkerstaat" Jugoslawien zerfiel und es eine Reihe von grausamen kriegerischen Auseinandersetzungen gab, von denen die Verfolgung der Serben sogar einem Genozid gleichkam. Als die Bundeswehr bei einem Mandat der Vereinten Nationen 1991 und 1992 in Kambodscha und Somalia statt bewaffneter Kampfeinheiten lediglich Lazarette und Bundeswehrärzte schickte, und als man 1993 AWACS-Fernaufklärer der NATO mit deutschen Soldaten anforderte, war gegenüber den Bündnispartnern die Frage gestellt worden, ob sich Deutschland nicht auch an den Kampfhandlungen beteiligen müsse.

Nachdem eine Grundgesetzänderung gescheitert war, entschied aufgrund eines Organstreitverfahrens von SPD und FDP das Bundesverfassungsgericht am 12. Juli 1994, dass die Bundesrepublik mit ihrem Eintritt in Systeme gegenseitiger kollektiver Sicherheit auch zur Übernahme von Aufgaben verpflichtet sei. Ein Einsatz der Bundeswehr müsse nach den Regeln solcher Systeme stattfinden. Das Grundgesetz verpflichte aber die Bundesregierung, für den Einsatz bewaffneter Truppen die Zustimmung des Bundestages einzuholen. Deswegen sprach das Verfassungsgericht von einem wehrverfassungsrechtlichen Parlamentsvorbehalt und bezeichnete die Bundeswehr in seinem Urteil auch als „Parlamentsheer".

Der Bundestag hat seitdem in über 200 Fällen (Stand: Mai 2024) bewaffnete Auslandseinsätze der Bundeswehr befürwortet. Die hohe Zahl ergibt sich aus den stets befristeten Mandaten, die in der Regel schon nach einem halben Jahr verlängert werden müssen. Zwar reicht bei diesen Abstimmungen die einfache Mehrheit, doch bei den Auslandseinsätzen war die Bundesregierung – gleichgültig welcher parteipolitischen Zusammensetzung – stets daran interessiert, den deutschen Soldaten im Ausland mit dem breiten Konsens im Parlament die umfängliche Unterstützung – auch der Opposition – zu vermitteln. Mit dem Parlamentsbeteiligungsgesetz vom 18. März 2005 hatte der 15. Bundestag auch eine Formalisierung der Genehmigungsverfahren festgelegt.

Die 10. Bundesversammlung – Roman Herzog wird Bundespräsident

Mit der Verlegung des Sitzes des Bundestages war das Reichstagsgebäude auch selbstverständlich Tagungsort der 10. Bundesversammlung am 23. Mai 1994.

Für das Amt des Bundespräsidenten schlug die CDU/CSU den Präsidenten des Bundesverfassungsgerichts Roman Herzog vor und Bündnis 90 den DDR-Bürgerrechtler und Mediziner Jens Georg Reich, der 1990 zusammen mit Vera Wollenberger (später Lengsfeld) und Marianne Birthler Fraktionssprecher von DIE GRÜNEN/BÜNDNIS 90 in der ersten frei gewählten Volkskammer war. Die FDP schlug die Abgeordnete Hildegard Hamm-Brücher und die SPD den nordrhein-westfälischen Ministerpräsidenten Johannes Rau als Kandidaten vor. Am Vorabend der Wahl nominierten dann auch noch die Republikaner den Publizisten Hans Hirzel als ihren Kandidaten.

Weil sich die Regierungskoalition vorher nicht, wie sonst üblich, auf einen Kandidaten verständigt hatte, wurde Roman Herzog erst im dritten Wahlgang zum Bundespräsidenten gewählt.

Berlin wird Sitz von Bundestag und Bundesregierung

Nach dem Fall der Berliner Mauer 1989 wurde eine erneute Debatte um Hauptstadt und Regierungssitz unausweichlich. Bereits am 20. September 1990 beschloss der 11. Bundestag bei 440 Ja-, 47 Nein-Stimmen und drei Enthaltungen den Einigungsvertrag. In Art. 2 des Einigungsvertrags war bereits enthalten, dass nach der Herstellung der bevorstehenden Einheit Deutschlands Bundeshauptstadt Berlin sein wird. Die Frage um den zukünftigen Sitz von Regierung und Parlament war damit jedoch noch offen. Sie wurde im Einvernehmen mit dem Bundesrat am 20. Juni 1991 entschieden. Der häufig verwendete Begriff „Hauptstadtbeschluss“ im Zusammenhang mit der Debatte am 20. Juni 1991 ist also irreführend, weil Berlin bereits seit 1990 Bundeshauptstadt war.

Bundesminister Norbert Blüm (CDU/CSU), Horst Ehmke (SPD) und Gerhard Baum (FDP) wollten Parlament und Regierung in Bonn belassen. Der Bundeskanzler und seine Minister sollten einen zweiten Dienstsitz in Berlin unterhalten. Für die Bundesversammlungen und ausgewählte Plenarsitzungen sollte nach Berlin geladen werden.

Heiner Geißler (CDU/CSU) stand an der Spitze des „Konsensantrag Berlin/Bonn". Der Bundestag sollte nach Berlin gehen und die Bundesregierung in Bonn bleiben.

Peter Conradi hatte mit zahlreichen anderen Abgeordneten den Antrag zur Erhaltung der Funktionsfähigkeit der parlamentarischen Demokratie gestellt, demnach Bundestag und Bundesregierung räumlich nicht getrennt werden sollten.

Die PDS-Gruppe beantragte, dass Berlin sofort Sitz von Parlament und Regierung werden sollte.

Die beiden ehemaligen Regierenden Bürgermeister von Berlin, Willy Brandt (SPD) und Hans-Jochen Vogel (SPD) zählten gemeinsam mit Bundesinnenminister Wolfgang Schäuble (CDU/CSU) zu den prominenten Berlin-Befürwortern; ihr Antrag diente der „Vollendung der deutschen Einheit". Die Antragsteller sprachen von einer „fairen Arbeitsteilung" zwischen Bonn und Berlin. Einzelne Arbeitsbereiche sollten in Bonn bleiben können. In Bonn sollten zur Kompensation für den Umzug nationale und internationale Institutionen angesiedelt werden. Weil „der größte Teil der Arbeitsplätze in Bonn erhalten" bleiben würde, konnte sich dieser Antrag durchsetzen.

Bundespräsident Richard von Weizsäcker hatte vor der Debatte maßgeblichen Einfluss ausgeübt. Ohne Parlament und Bundesregierung würde Berlin zum „Musterbeispiel politischer Sozialhilfe verkommen", hatte er öffentlich prophezeit. Von Weizsäcker hatte bis in der Nacht vor der Abstimmung im Plenum auf Abgeordnete und auch wiederholt auf Journalisten eingewirkt. So kam es, dass – wie der aus der Umgebung von Bonn stammende Abgeordnete Franz Möller (CDU/CSU) formulierte – auch die „führende Presse des Landes in einer frappierenden Allianz vereint" für Berlin kämpfte.

Bundesinnenminister Schäuble soll mit seiner Rede den Ausschlag für Berlin gegeben habe. Zu einer Art Ikone wurde ein Foto, auf dem

Willy Brandt Schäuble nach dessen Rede in tiefer Dankbarkeit und Ergriffenheit die Hand schüttelte. Schäubles großartiges Plädoyer für Berlin wird aber auch überbewertet. Auch wenn sich keine Bundestagsausschüsse mit dem zukünftigen Regierungssitz befasst hatten, so wurde doch in den Fraktionen und den Landesgruppen darüber sehr wohl debattiert und „Überzeugungsarbeit" geleistet. Auch Bundeskanzler Helmut Kohl (CDU/CSU) hatte sich für Berlin stark gemacht, was die Mitglieder seiner Fraktion sowie seines Kabinetts eher beeinflusst haben mag, als das noch so bedeutende Plädoyer von Schäuble. Außer Norbert Blüm (CDU/CSU) hatten noch drei der insgesamt fünf CSU-Bundesminister für Bonn gestimmt.

Bei der Frage „Bonn oder Berlin" ging es ausschließlich um Symbolpolitik. Die möglichen Kosten wurden nicht erörtert. Es wurden die großen Leistungen der „Bonner Republik" herausgestellt („Bonn ist nicht Weimar") oder die Lippenbekenntnisse aus früheren Tagen in Erinnerung gebracht, als noch die Alliierten Berlin besetzt hatten. Als Argumente für Bonn wurde aufgeführt, dass Berlin als Hauptstadt des Deutschen Reichs und der DDR geschichtlich belastet sei; längst sei Bonn der Inbegriff für eine erfolgreiche parlamentarische Demokratie und für funktionierenden Föderalismus.

Nach 107 Reden und weiteren zu Protokoll gegeben Redemanuskripten wurde namentlich über den „Konsensantrag Berlin/Bonn" und den Antrag „Zur Erhaltung der Funktionsfähigkeit" abstimmt. Die drei übrigen Anträge sollten anschließend auf einer Stimmkarte aufgeführt werden. Die ersten beiden Anträge wurden abgelehnt. Daraufhin zog Gregor Gysi seinen „Berlin-Antrag" zurück. Nun standen der „Bonn-Antrag" und der Antrag „Vollendung der Deutschen Einheit" zur Abstimmung.

Kurz vor 22.00 Uhr gab Bundestagspräsidentin Süssmuth das Ergebnis bekannt. Von den 660 abgegebenen Stimmen entfielen 320 auf den „Bonn-Antrag" und 338 auf den Antrag „Vollendung der deutschen Einheit". Damit war die Entscheidung für Berlin als Parlaments- und Regierungssitz gefallen. Den Ausschlag hatten die kleinen Parteien gegeben:

In der FDP stimmten 53 für Berlin und nur 26 für Bonn, bei DIE GRÜNEN/BÜNDNIS 90 4 für Berlin, 2 für Bonn. Bei der PDS/Linke Liste war das Übergewicht für Berlin besonders ausgeprägt: 17 für Berlin, nur 1 für Bonn.

Diese Debatte hatte auch in der Geschichte des Bundestags einen besonderen Stellenwert. Sie zählte mit 600 Minuten Redezeit zu den längsten Sitzungen im Bundestag, und ist (Stand April 2024) eine von 28 Bundestagsdebatten seit 1949, für die die sogenannte Fraktionsdisziplin, nicht selten auch „Fraktionszwang" genannt, aufgehoben worden war. Faktisch war die Debatte die erste Selbstverständnisdebatte des 1990 wiedervereinigten Deutschlands und zog eine Bilanz der deutschen Geschichte seit 1871, deren Geschichtsschreiber in den Jahren zuvor angesichts der zwei deutschen Staaten vielfach vom „deutschen Sonderweg" sprachen, der vom Verlauf der Geschichte eingeholt wurde.

Das sogenannte Bonn/Berlin-Gesetz vom 10. März 1994

Der Beschluss des Bundestages zur Vollendung der Einheit Deutschlands wurde mit dem Berlin/Bonn-Gesetz vom 10. März 1994 umgesetzt. Das Bundeskanzleramt, das Bundespresseamt sowie sieben Bundesministerien mussten nach Berlin umziehen und einen Zweitdienstsitz in Bonn unterhalten. In Bonn sollten sieben Bundesministerien bleiben und einen Zweitsitz in Berlin einrichten. Mit dem Gesetz vom 26. April 1994 zur Umsetzung des Berlin-Beschlusses wurde festgelegt, dass die Ressorts Bildung, Wissenschaft, Kultur, Forschung, Umwelt und Gesundheit, Ernährung, Landwirtschaft und Forsten, Entwicklungspolitik und Verteidigung in Bonn bleiben sollten. Bonn durfte fortan den einmaligen Namenszusatz „Bundesstadt" führen.

Für die Stadt Berlin war der Umzug nützlich, der Stadt Bonn hat er nicht geschadet und Sitz des Bundestages und der Regierung wurde eine der bedeutendsten Metropolen Europas.

Vom Wasserwerk in den Behnisch-Bau

Am 29. Oktober 1992 fand die letzte Plenarsitzung in dem seit der Wiedervereinigung hoffnungslos beengten Ersatzplenarsaal „Wasserwerk" statt. Dieses Ereignis wurde durch eine bemerkenswerte Initiative von Abgeordneten aus allen Fraktionen begleitet, die sich als „Wasserwerker" zu einem Ensemble zusammenschlossen, um die Abschiedsveranstaltung zu bereichern. Aus dieser einmaligen Aktion entstand ein sieben Jahre lang existierendes Ensemble, das es vermochte, Anekdoten aus dem Bundestag zu erzählen oder in Liedform zu präsentieren und parlamentarische Abläufe mit einer gehörigen Portion Selbstironie zu beleuchten.

13. Wahlperiode (1994–1998)

Die Wahlperiode im Behnisch-Bau

Zusammensetzung des 13. Bundestages

Trotz Stimmenverluste im Vergleich zur vorherigen Bundestagswahl blieb die CDU/CSU mit 41,5 % und 294 Mandaten stärkste Fraktion. Die SPD konnte leichte Gewinne verbuchen und erhielt 36,4 % und damit 252 Mandate. BÜNDNIS 90/DIE GRÜNEN gelang es mit 7,3 % und 49 Mandaten als Fraktion in den Bundestag einzuziehen. Die FDP bildet mit nur noch 6,9 % und 47 Mandaten das Schlusslicht. Erstmals in der Geschichte der Bundesrepublik war sie nur noch die viertstärkste Fraktion. Obwohl die PDS mit 4,4 % der gültigen Zweitstimmen unter der Fünf-Prozent-Hürde blieb, konnte sie vier Direktmandate erringen und kam somit aufgrund der sogenannten „Grundmandatsklausel" in den Bundestag mit 30 Mandaten und erhielt den Status eine Gruppe. Für den Fraktionsstatus hätte sie 34 Mandate benötigt.

Überhangmandate

Eine Besonderheit der 13. Bundestagswahl war, dass erstmals eine nennenswerte Zahl von insgesamt 16 Überhangmandaten den Bundestag vergrößerte. Bis dahin waren nur in der 12. Wahlperiode sechs und in der 4. Wahlperiode fünf Überhangmandate hinzugekommen. Diese Überhangmandate entstanden, wenn eine Partei in einem Land mehr Wahlkreismandate mittels der Erststimmen erzielen konnte als ihr nach dem Verhältnis der in diesem Land abgegebenen Zweitstimmen eigentlich zustehen. Das erfolgt bei Stimmensplitting, wenn der Direktkandidat (Erststimme) einer anderen Partei angehört als der Wähler mit seiner Zweitstimme präferiert. In diesem Fall erhielt diese Partei zusätzliche Direktmandate. Diese zusätzlichen Mandate bleiben der Fraktion erhalten; die Zahl der Abgeordneten erhöht sich um diese Zahl der Überhangmandate.

In der 13. Wahlperiode wurde nun das Bundesverfassungsgericht mit den Überhangmandaten befasst und entschied gegen Ende der Wahlperiode am 26. Februar 1998: Scheidet ein direkt gewählter Abgeordneter aus dem Bundestag aus und verfügt seine Partei in seinem Herkunftsland über ein Überhangmandat, so kann dieser Sitz nicht durch einen Listenkandidaten ersetzt werden. Im Laufe einer Wahlperiode können somit für eine Fraktion oder Gruppe Mandate verloren gehen. Dieses Verfahren war ab der 14. Wahlperiode wirksam geworden und wurde erst mit dem 20. Gesetz zur Änderung des Bundeswahlgesetzes vom 3. Mai 2013 für die 18. Bundestagswahl mit der Schaffung von Ausgleichsmandaten geändert.

Bemerkenswert ist, dass die erfolgte Regierungsbildung auch ohne die Überhangmandate zu allen Fällen möglich gewesen wäre und demnach die Bedeutung der Überhangmandate zur Beschaffung von parlamentarischen Mehrheiten überbewertet wird.

Stefan Heym – ein Kommunist als Alterspräsident

Die Konstituierung des 13. Bundestages fand wieder im Reichstagsgebäude in Berlin statt. Den Vorsitz erhielt der Alterspräsident Stefan Heym, der zum ersten Mal in den Bundestag direkt gewählt worden war und keinerlei parlamentarische Erfahrungen hatte. Darüber hinaus hatte er, wenn auch parteilos, auf der Liste der PDS kandidiert. Als klar war, dass er Alterspräsident werden würde, war der Aufschrei groß. Es gab Überlegungen, ihm die übliche aber nicht vorgeschriebene „Ansprache des Alterspräsidenten“ zu untersagen oder zu diktieren, aus Angst, Heym könnte sein Amt für kommunistische Propaganda missbrauchen. Als er die Sitzung eröffnete, blieb die CDU/CSU-Fraktion aus Protest sitzen, während sich alle anderen inklusive der Ehrengäste auf der Besuchertribüne erhoben. Heym erinnerte in seiner Rede an seinen Vorgänger im Amt als Alterspräsident Willy Brandt sowie an die letzte Alterspräsidentin des Reichstages, Clara Zetkin. Ferner wies er darauf hin, dass das vereinigte Deutschland weltweit „eine Bedeutung erlangt habe, der voll zu entsprechen wir erst noch lernen müssen." Er beklagte, dass „die Euphorie über die deutsche Einheit so schnell verflogen" sei und bemerkte schließlich: „Aber vergessen wir dabei nicht, dass die Jahrzehnte des Kalten Krieges, welche uns die Spaltung Deutschlands mitsamt der schrecklichen Mauer und deren Folgen brachten, historisch gesehen, das Resultat des Naziregimes waren und des Zweiten Weltkriegs, der von diesem ausging."

Schließlich appellierte Heym mit Blick auf die unterschiedlichen Befindlichkeiten der Menschen in Ost und West, für eine „gegenseitige Toleranz und gegenseitiges Verständnis unserer unterschiedlichen Gedanken" und forderte eine „Koalition der Vernunft, die eine Koalition der Vernünftigen voraussetzt". Am Ende seiner Ansprache applaudierte aus der CDU/CSU-Fraktion lediglich die bisherige und auch zukünftige Bundestagspräsidentin Rita Süssmuth (CDU/CSU), vielleicht auch nur aus Respekt vor dem Amt des Alterspräsidenten.

Jede Fraktion ist im Bundestagspräsidium vertreten

Süssmuth wurde zum dritten Mal zur Bundestagspräsidentin gewählt, dieses Mal mit 83,0 % der abgegebenen Stimmen.

Für die Wahl der Vizepräsidenten änderte der Bundestag seine Geschäftsordnung (§ 2 Abs. 1) und wies fortan jeder Fraktion mindestens einen Vizepräsidenten zu. So wurden neben Hans-Ulrich Klose (SPD), Hans Klein (CDU/CSU) und Burkhard Hirsch (FDP) mit Antje Vollmer erstmals jemand vom BÜNDNIS 90/DIE GRÜNEN ins Präsidium gewählt.

Der Bundestag tat sich mit dieser Entscheidung insofern schwer, weil das Präsidium eine Reihe von Entscheidungen und diese stets einstimmig trifft. Die Grünen aber waren seit ihrer Mitgliedschaft im

Bundestag eher als parlamentarische Fundamentalopposition wahrgenommen worden, die ihre Ziele zugleich noch außerparlamentarisch mit großem Einsatz verfolgten. Doch in der 13. Wahlperiode waren die Grünen zahlenmäßig stärker als die FDP geworden, sodass auf Initiative des CDU/CSU-Fraktionsvorsitzenden Wolfgang Schäuble die Grünen einen begehrten Platz im Präsidium erhielten. Im Präsidium konnten die Grünen zeigen, dass sie sich von dem Image als außerparlamentarische Opposition entfernt hatten. Sie waren angekommen in der parlamentarischen Demokratie, deren Spielregeln sie freilich auch vorher schon nutzen. Nur inzwischen waren sie berechenbarer und politisch verlässlicher geworden. Jetzt war es nur noch eine Frage der Zeit, bis die ersten Spitzenbeamten mit grünem Parteibuch in der Bundestagsverwaltung installiert werden würde.

Fraktionsvorsitzende in der 13. Wahlperiode waren der erwähnte Wolfgang Schäuble (CDU/CSU), Rudolf Scharping (SPD), Joschka Fischer (BÜNDNIS 90/DIE GRÜNEN) und Hermann Otto Solms (FDP). Vorsitzender der Gruppe PDS war Gregor Gysi.

Günter Behnisch: Bauen für die Demokratie

Abgesehen von der konstituierenden Sitzung war der 13. Bundestag der einzige Bundestag, der während der gesamten Wahlperiode im Plenarsaal des Architekten Günter Behnisch getagt hatte. Dieser wurde Mitte der 12. Wahlperiode am 30. Oktober 1992 bezogen, als das Reichstagsgebäude bereits als dauerhafter Sitz des Bundestages auserkoren war. Der Bedeutung des Behnisch-Baues tat das keinen Abbruch, nur, dass seine kreisrunde Sitzanordnung, die bereits Schwippert 1949 für den Bonner Plenarsaal vorgeschlagen hatte, im Reichstagsgebäude nicht mehr verwirklicht wurde.

Behnisch war es tatsächlich gelungen, für die Demokratie zu bauen. Anders als manche „politische Architektur", mit der man freilich nicht nur Albert Speer assoziieren darf, sondern genauso die Schlösser von Kaisern und Königen oder auch das Münchener Olympiastadion, gelang Behnisch ein Bau, der nicht einschüchtert, sondern durch seine vielen gläsernen Wände offen gestaltet ist und trotz der überwältigenden Transparenz neugierig macht auf noch mehr. Sein Plenarsaal hätte vielleicht eher in eine Metropole gepasst als in die „Bundestadt Bonn".

Das „verhüllte" Reichstagsgebäude 1995

Vom 24. Juni bis 6. Juli 1995 präsentierte sich das Reichstagsgebäude in Berlin in verhülltem Zustand. Das von dem bulgarisch-französischen Künstlerpaar Christo und Jeanne-Claude (eigentlich Christo Javacheff und Jeanne-Claude de Guillebon) realisierte Kunstwerk zog rund fünf Millionen Zuschauer an. Die reine Montagearbeit – die Verhüllung des Gebäudes mit 100 000 Quadratmetern silbergrauem Polypropylen – dauerte lediglich eine Woche, die eigentliche Vorarbeit von der ersten Idee bis zur Vollendung des Projekts jedoch ganze 24 Jahre. Angestoßen durch den amerikanischen Journalisten Michael S. Cullen, verfolgten Christo und Jeanne-Claude seit 1971 die Idee, das Reichstagsgebäude zu verhüllen. 1976 gab es dazu erste Gespräche mit Kulturpolitikern in Bonn und Berlin. Die SPD zeigte sich der Idee aufgeschlossener als die CDU/CSU – von Weizsäcker war eine Ausnahme. Parlamentspräsident Philipp Jenninger (CDU/CSU) hatte geltend gemacht, die Verhüllung des unmittelbar an der Berliner Mauer stehenden Reichstagsgebäudes hätte als Provokation seitens der DDR aufgefasst werden können. Aufgrund der veränderten politischen Lage nach der Wiedervereinigung nahm das Verhüllungsprojekt neue Gestalt an.

Eine Befassung im Ältestenrat schien nicht ausreichend, weshalb fraktionsübergreifend der Antrag „Verhüllter Reichstag – Projekt für Berlin" gestellt worden war. Am 25. Februar 1994 kam es zur leidenschaftlichen Diskussion, ob das geschichtsträchtige Reichstagsgebäude Gegenstand einer künstlerischen Aktion sein dürfe. Die Befürworter sahen in der Verhüllung und Enthüllung des Reichstagsgebäudes ein Symbol für die Wiedergeburt der Demokratie in ganz Deutschland. Die Gegner empfanden eine Verhüllung als Entwürdigung eines Gebäudes, in dem sich wie in keinem zweiten Glanz und Elend des deutschen

Das von dem Künstlerehepaar Christo und Jeanne-Claude vom 24. Juni bis 7. Juli 1995 „verhüllte" Reichstagsgebäude

Parlamentarismus widerspiegeln. Auf Antrag der CDU/CSU-Fraktion kam es zur namentlichen Abstimmung. 292 Abgeordnete sprachen sich für das Projekt „Verhüllter Reichstag“ und 223 dagegen aus; 9 Abgeordnete enthielten sich, eine Stimme war ungültig.

An dem ehemaligen Nationalfeiertag, dem 17. Juni 1995, begann die Kunstaktion. 90 Kletterer führten die Arbeit aus. Am 24. Juni 1995 war die letzte von 70 silbrigen Stoffbahnen entrollt worden. Damit war das Gebäude unter einem 100 000 m² großen, silbergrauen Stoff verschwunden. Am nächsten Tag wurde das Gebäude mit einem circa 15 km langen blauen Seil verschnürt. Am 7. Juli 1995 war die Kunstaktion „Wrapped Reichstag“ zu Ende.

Der Erfolg gab Christo und Jeanne-Claude recht: Die Ausstrahlung des Kunstwerks war von ungewöhnlicher Intensität. Auch bisherige Kritiker lenkten ein. Süssmuths Prophezeiung vom November 1994 hatte sich bewahrheitet: Die Verhüllung war „ein unauslöschlicher Teil der deutschen Parlamentsgeschichte“ geworden.

Holocaust-Gedenktag

Seit der missverständlich wahrgenommenen Rede Jenningers vom 10. November 1988 stand die Frage im Raum, wie ein angemessenes Gedenken an die nationalsozialistischen Verbrechen, insbesondere gegen Juden, aussehen könnte. Süssmuth hatte am 26. Januar 1995, einen Tag vor dem 50. Jahrestag der Befreiung der Häftlinge des Vernichtungs- und Konzentrationslagers Auschwitz/Birkenau, nicht in einer Sonderveranstaltung, sondern zu Beginn der Plenarsitzung in einer längeren Ansprache daran erinnert. Ihre Rede wurde vielfach gelobt und so war es Süssmuth, die Bundespräsident Herzog vorschlug, künftig jährlich an diesem Tag eine Gedenkveranstaltung im Bundestag durchzuführen, die das Gedenken an die Opfer des Holocaust in den Blick nehmen sollte.

Der Bundestag lud daraufhin den polnischen Außenminister Władysław Bartoszewski ein, am 28. April 1995 an das Ende des Zweiten Weltkrieges und der nationalsozialistischen Gewaltherrschaft 50 Jahre zuvor zu erinnern. Bartoszewski kam aus dem 1939 von Deutschen eroberten Polen, war Inhaftierter in Auschwitz, nahm 1944 am Warschauer Aufstand teil, litt später unter Stalinistischer Verfolgung und engagierte sich in der polnischen Freiheitsbewegung Solidarność. Eindringlich erinnerte er an die nationalsozialistischen Gräueltaten und den Völkermord an den Juden. Mit dieser Gedenkstunde war es dem Bundestag gelungen, einen Raum zu schaffen, „in dem private Erinnerung in öffentliches Gedächtnis übergehen" konnte (Antonia Grünenberg).

Diese Grundidee wurde zum Maßstab für zukünftiges Gedenken an den Genozid. Ein Jahr später, 1996, proklamierte auf Vorschlag des Deutschen Bundestages und nach Abstimmung mit dem Bundesrat Bundespräsident Roman Herzog den 27. Januar zum Gedenktag für die Opfer des Nationalsozialismus. Ein wohlbedachtes Datum: am 27. Januar 1945 wurden die Überlebenden des Konzentrations- und Vernichtungslagers Auschwitz von russischen Soldaten befreit. Auschwitz steht wie kein anderes nationalsozialistisches Konzentrations-

oder Vernichtungslager als Chiffre für den millionenfachen Mord vor allem an Juden, aber auch an anderen Volksgruppen.

Im Gegenzug zu Jenningers Absicht, die Täter in den Blick zu nehmen, hatte sich die deutsche Erinnerungskultur mit dem von Bundespräsident Herzog vorgetragenen Konzept vor allem der Opfer verschrieben und Überlebende der Schoah in den Bundestag geladen, um ein persönliches Zeugnis abzugeben. Seit 1997 wurden Jugendliche aus Deutschland und seinen Nachbarländern, den Vereinigten Staaten von Amerika und Israel eingeladen, die sich in Projekten und Initiativen mit der Geschichte des Nationalsozialismus und seiner Rassenideologie befasst oder gegen Fremdenfeindlichkeit und Rassismus engagiert hatten.

Das Gedenken an die Opfer war im Deutschen Bundestag bereits fester Bestandteil der Erinnerungskultur, als am 1. November 2005 die Generalversammlung der Vereinten Nationen den 27. Januar durch eine Resolution zum Internationalen Tag des Gedenkens an die Opfer des Holocaust wählte. Zu Recht wies Bundestagspräsident Norbert Lammert in seiner Ansprache 2006 darauf hin, dass die Vereinten Nationen bei ihren Überlegungen die Gedenkpraxis des Bundestages vor Augen gehabt hatten, und fügte an: „Es ist gut, dass es nicht umgekehrt gewesen ist."

Auslandseinsätze der Bundeswehr

Zu den Besonderheiten der 13. Wahlperiode zählt, dass nach der Bundestagswahl am 27. September 1998 nochmal der „alte" Bundestag einberufen wurde. Das hatte es zuvor am Ende der 7. Wahlperiode gegeben. Die Ablösung der Regierung Kohl durch eine neue Regierung Schröder stand unmittelbar bevor und die Handwerker hatten sogar im Auftrag der Parlamentsverwaltung schon den Plenarsaal in Bonn entsprechend der neuen Sitzverteilung umgebaut. Deswegen tagte der Bundestag am 16. Oktober 1998 außerplanmäßig noch ein letztes Mal im Ersatzplenarsaal im Wasserwerk, um der deutschen Beteiligung an den NATO-Luftoperationen im Kosovo zuzustimmen.

Gescheiterte und erfolgreiche Gesetzesinitiativen der Regierungskoalition

Der 13. Bundestag hatte 248 Plenarsitzungen, die insgesamt abzüglich der Sitzungsunterbrechungen 110026 Minuten betrugen. 2104 Ausschusssitzungen, hinzu kamen 195 öffentliche Sitzungen der drei Untersuchungsausschüsse. 11468 Bundestagsdrucksachen, 923 Gesetzentwürfe, 566 verabschiedete Gesetze, 156 Große Anfragen, 2071 Kleine Anfragen, 18367 mündliche oder schriftliche Einzelfragen waren zu bewältigen.

Zu den umstrittenen Themen im Bereich der Gesetzgebung gehörten die Auseinandersetzungen über Steuer- und Sozialreformen mit dem Bundesrat,

Der „große Lauschangriff".

Zu den zentralen Debatten der 13. Wahlperiode zählte der sogenannte „große Lauschangriff". Nachdem sich am 19. Mai 1995 die Innenministerkonferenz und im September auch 60% der FDP-Mitglieder für die Einführung des „Großen Lauschangriffs" ausgesprochen hatten, trat am 14. Dezember 1995 Bundesministerin für Justiz Sabine Leutheusser-Schnarrenberger (FDP) zurück. Der Bundestag beschloss daraufhin am 16. Januar 1998 mit den Stimmen der CDU/CSU, FDP und Teilen der SPD die Einschränkungen des Grundgesetzartikels 13 (Ja: 452 Stimmen; Nein: 184 Stimmen; Enthaltungen: 5). Auch der Bundesrat stimmte zu, rief aber zugleich den Vermittlungsausschuss an, um die Ausführungsgesetze überprüfen zu lassen. Dieser votierte am 2. März 1998 dafür, die Schutzgarantien des Art. 13 GG für Personen in besonderer Vertrauensstellung unvermindert fortgelten zu lassen, was der Bundestag wiederum am 5. März 1998 sanktionierte. Das Arzt- und Beichtgeheimnis blieb unberührt. Die Regierung Kohl erlitt dadurch zum ersten Mal seit 1982 eine Abstimmungsniederlage. Mit den Stimmen der FDP und der Opposition wurde die Ausweitung des Abhörverbots auf gewisse Berufsgruppen ausgeweitet.

Zu den großen erfolgreichen Gesetzesinitiativen der 13. Wahlperiode gehörte die Einführung der Pflegeversicherung, um finanzielle

Absicherung der häuslichen und stationären Pflege finanzierbar zu gestalten und zugleich dem demografischen Wandel mit einer zunehmend älter werdenden Bevölkerung Rechnung tragen.

Kohl und Süssmuth werden abgewählt

Parlamentspräsidentin Süssmuth hatte bemerkenswerterweise dank der ihr stets wohlgesonnene Presse alle politischen Tiefschläge und Affären überlebt. Sei es die „Dienstwagen-Affäre“, „Flug-Reisen-Affäre“ oder ihre „Spenden-Affäre“. Doch auch Süssmuth machte die Erfahrung, dass in ihrer Position besonders strenge Anforderungen gestellt würden. Sie hatte Vorbildfunktion und das Amt des Bundestagspräsidenten war eine „moralische Instanz“.

Süssmuth hielt sich im Amt, weil einerseits Kohl sie in dieser Position brauchte, was bei Jenninger 1988 eben nicht der Fall war. Sie war die Kämpferin für Frauenrechte in der Politik, solange die Presse und die Opposition kein Interesse hatte, sie zu stürzen. Doch in der 13. Wahlperiode wurde aus „Lovely Rita“ „Lonely Rita“, so Peter Glotz (SPD) in „Die Woche“.

Den Umzugsbeschluss vollzog die Bundestagspräsidentin konstruktiv. Zu Unrecht wurde ihr vorgeworfen, den Umzug zu verzögern. Doch Süssmuth hat sich lange nicht mit Berlin anfreunden wollen. Peter Conradi (SPD) vermutete, „dass die Berliner Parlamentsbauten für sie zu schwer, zu feierlich, zu trocken, gegenüber der rheinischen Leichtigkeit des Seins“ seien. Dabei war Süssmuth nicht einmal Rheinländerin.

Bei der Bundestagswahl 1998 verlor Rita Süssmuth ihren eigenen Wahlkreis. Es wurde still um Rita Süssmuth, sie blieb immerhin die erste Präsidentin des gesamtdeutschen Bundestages.

Geradezu sinnbildlich ging am Ende der 13. Wahlperiode mit Rita Süssmuth auch Helmut Kohl. Beide bildeten auch noch das Schlusslicht der Bonner Republik. Genau diesen politischen Wechsel von der christlich-demokratischen Union auf die Sozialdemokratie hatte die SPD aufgegriffen, die mit einer eigenen Zeitschrift unter dem Titel „Berliner Republik“ den Politikwechsel von Schwarz-Gelb nach Rot-

Grün mit dem Ortswechsel von Bonn nach Berlin verband. Die Anleihen an Fitz René Allemanns Buch mit dem plakativen Titel „Bonn ist nicht Weimar“ von 1956 waren unverkennbar. Orte stehen für Inhalte. Bonn war positiv besetzt. In Berlin sollte alles noch viel besser werden: sozialer, moderner, gerechter, globaler und ökologischer. Bonn stand bis in die 13. Wahlperiode für innen- und außenpolitische Verlässlichkeit. Das wussten auch jene Generation von Sozialdemokraten, die als „68er“ den Gang durch die Instanzen erfolgreich beschritten hatten und nun in die höchsten Staatsämter drängten.

Auch deswegen warben starke politische Kräfte für den Fortbestand des Bonner Grundgesetzes und auch für Kontinuität in der Wirtschaftsordnung. Ein Garant war die Bipolarität der weltpolitischen Verhältnisse, der Ost-West-Konflikt. Nun ging es nahtlos über zu einer Globalisierung, der Politikstil sollte sich in Berlin ändern, allein schon aufgrund der räumlich viel großzügigeren und geradezu großstädtischen Verhältnisse, die die Abgeordneten vorfinden würden.

14. Wahlperiode (1998–2002)

Eine rot-grüne „Berliner Republik"

Die Konstituierung

Am 27. September 1998 wurde der 14. Bundestag gewählt. Schon die hohe Wahlbeteiligung von 82,2 % überraschte genauso, wie das Ergebnis in seiner Eindeutigkeit für einen Politikwechsel. Die SPD ging aus der Wahl mit 40,9 % der gültigen Zweitstimmen als deutlicher Sieger hervor und wurde mit 298 Mandaten erstmals seit dem Ende der 7. Wahlperiode 1976 wieder stärkste Fraktion. Die CDU/CSU erlitt starke Verluste und fiel mit 35,1 % der gültigen Zweitstimmen und 245 Mandaten auf den zweiten Platz zurück. Verluste gab es auch für die FDP, die mit 6,2 % der gültigen Zweitstimmen 43 Mandate erhielt und nach BÜNDNIS 90/DIE GRÜNEN weiterhin viertstärkste Fraktion blieb. BÜNDNIS 90/DIE GRÜNEN mussten ebenfalls Verluste hinnehmen und kamen mit 6,7 % der gültigen Zweitstimmen auf 47 Mandate. Die PDS kann mit 5,1 % der gültigen Zweitstimmen und 36 Mandaten erstmals Fraktionsstärke erreichen.

Nach den für die SPD und die Grünen so großen Wahlerfolgen und noch vor der Konstituierung kam am 16. Oktober 1998 der 13. Bundestag zu seiner letzten Plenarsitzung zusammen, die erforderlich war, um über die deutsche Beteiligung an den von der NATO geplanten Luftoperationen im Kosovo-Konflikt zur Abwendung einer humanitären Katastrophe zu entscheiden. Die Regierungserklärung dazu hatte Bundesminister des Auswärtigen Klaus Kinkel (FDP) für die alte und gerade abgewählte Bundesregierung abgegeben.

Zehn Tage später, am 26. Oktober 1998, konstituierte sich dann der 14. Bundestag. Erstmals wurde die konstituierende Sitzung im Internet gezeigt und zwar auf dem Internetportal der Deutschen Welle.

Mit Alterspräsident Fred Gebhardt eröffnete zum zweiten Mal ein Vertreter der PDS die Sitzung. Er führte auch die Wahl von Wolfgang Thierse (SPD) zum Bundestagspräsidenten durch, der 512 von 666 Stimmen bei 109 Nein und 45 Enthaltungen erhielt und mit 76,9 % der abgegebenen Stimmen gewählt worden war. Vizepräsidenten wurden Rudolf Seiters (CDU/CSU), Anke Fuchs (SPD), Antje Vollmer (BÜNDNIS 90/DIE GRÜNEN), Hermann Otto Solms (FDP) und mit Petra Bläss erstmals eine Vizepräsidentin der PDS.

Die Fraktionsvorsitzenden waren Peter Struck (SPD), Wolfgang Schäuble (CDU/CSU), der am 29. Februar 2000 von Friedrich Merz abgelöst wurde, Kerstin Müller und Rezzo Schlauch (BÜNDNIS 90/DIE GRÜNEN), Wolfgang Gerhardt (FDP) und Gregor Gysi (PDS).

Wolfgang Thierse – der erste „Ossi" als Bundestagspräsident

Wolfgang Thierse war der erste in der DDR aufgewachsene Politiker, der in der wiedervereinigten Bundesrepublik in ein derart hohes Staatsamt gelangt war. Seine Familie wurde aus Breslau vertrieben, kam als „Umsiedler“ (so der euphemistische DDR-Begriff) nach Thüringen. Thierse war Katholik und seine Vorfahren in der Zentrumspartei engagiert. Er war nicht zur Jugendweihe und nicht zur NVA gegangen. Lange parteilos, trat er erst im Oktober 1989 in das „Neue Forum“ ein, bevor er 1990 zur SDP, wechselte, die sich im Juni 1990 mit der SPD zusammengeschlossen hatte und deren Mitglieder ihn zum SPD-Parteivorsitzenden in der DDR wählten.

Sein Bart trug ihm als Bonner Politiker als Spitznamen den Namen des schlesischen Berggeistes „Rübezahl“ ein. Als Parlamentspräsident verzichtete er darauf die Präsidentenvilla in Dahlem zu beziehen, und wohnte weiterhin in seiner Etagenwohnung am Käthe-Kollwitz-Platz im Berliner Stadtteil „Prenzlauer Berg“. Auch Thierses Nachfolger zogen es vor, jeweils in ihren Berliner Wohnungen zu bleiben, und die Villa für besondere Anlässe zu verwenden.

Thierses Antrittsrede profitierte von seiner Belesenheit als Literaturwissenschaftler. „In meinem Kopf hat mehr als eine Meinung Platz“, rezitierte er Martin Walser, und betonte, dass bei aller notwendigen Auseinandersetzungen die Kompromissfähigkeit erforderlich sei. Friedrich Hölderlin habe diese als „Versöhnung mitten im Streit“ bezeichnet.

Alte Ziele und neue Herausforderungen

Erstmals gelang es der SPD, eine Wahl aus der Opposition heraus zu gewinnen und stärkste Fraktion zu werden. Und erstmals kamen auf Wunsch von Bundeskanzler Gerhard Schröder (SPD) die Grünen in die Regierungsverantwortung. Außenminister und Vizekanzler wurde Joschka Fischer, der innerhalb der Grünen zu den „Realos“ gehörte, die gegebenenfalls auch ohne Rücksicht auf die ideologischen Vorgaben mit einer gehörigen Portion Pragmatismus und Realitätssinn ausgestattet waren, was auch ihrem Machthunger geschuldet war. CDU/CSU, FDP und PDS bildeten die Opposition.

Der neue Bundestag stand hinter der Bundesregierung auch, als die NATO in Übereinstimmung mit der Europäischen Union im März 1999 mit Luftangriffen gegen Serbien begann. Ebenso unterstützte der Bundestag die vom Weltsicherheitsrat beschlossene Entsendung einer internationalen Friedenstruppe nach Ost-Timor mit einem Kontingent deutscher Sanitätssoldaten.

Eine neue Dimension bezüglich der Entsendung deutscher Truppen wurde nach den Terroranschlägen in den USA vom 11. September 2001 akut, als islamistische Selbstmordattentäter des Terrornetzwerkes al-Qaida von Osama bin Laden je ein Flugzeug in die Twin Towers, das World Trade Center, in New York steuerten. Die deutsche Bereitschaft, sich aktiv und solidarisch an der Bekämpfung des islamistischen Terrorismus zu beteiligen, führte dazu, dass seitens der USA deutsche militärische Unterstützung in Afghanistan erbeten wurde. Die Zustimmung der Koalitionsfraktionen war nicht sicher. Schröder sah sich deswegen veranlasst, den Antrag mit der Vertrauensfrage zu verbinden. Er gewann die Abstimmung. Die an sich zustimmungsbereite CDU/CSU und FDP stimmten aufgrund der Verbindung mit der Vertrauensfrage gegen die Entsendung von bewaffneten Bundeswehrsoldaten nach Afghanistan. Später, am 4. Dezember 2002, entstand im Zusammenhang mit dem deutschen Afghanistan-Engagement das Diktum des Verteidigungsministers Peter Struck (SPD): „Die Sicherheit der Bundesrepublik Deutschland wird auch am Hindukusch verteidigt."

Innenpolitisch hatte die Bedrohung durch den islamistischen Terrorismus al-Qaidas die Verabschiedung einer Reihe von Sicherheitsgesetzen zur Folge. Als sich jedoch im Laufe des Jahres 2002 die Möglichkeit eines militärischen Vorgehens der USA und Großbritanniens gegen den Irak im Zusammenhang mit dem angeblichen Besitz von Massenvernichtungsmitteln abzeichnete, erklärte Bundeskanzler Schröder noch vor der Bundestagswahl 2002, dass sich Deutschland unter keinen Umständen beteiligen würde. Mit der Verschärfung des Irak-Konflikts im Winter 2002/2003 nahm diese Frage auch in den Debatten des 15. Bundestages einen immer größeren Raum ein.

Zu den Themen, die deutlich die rot-grüne Handschrift trugen, gehörte der schrittweise Ausstieg aus der Kernenergie. Zu den ersten Maßnahmen der rot-grünen Koalition auf arbeits-, sozial- und gesundheitspolitischem Gebiet gehörten die Rücknahme von sozialen Kürzungen und Einschränkungen, die der vorhergehende Bundestag unter der Regierungskoalition von CDU/CSU und FDP beschlossen hatte. So wurden zum Beispiel die volle Lohnfortzahlung im Krankheitsfall und der gesetzliche Kündigungsschutz wieder hergestellt, die Absenkung des Rentenniveaus mit der Einführung eines demografischen Faktors aufgehoben und die Eigenleistung des Patienten bei der Zahlung für Medikamente herabgesetzt.

Die „ökologische Steuerreform" gehörte zu den Kernthemen von Rot-Grün. Stufenweise wurde eine „Ökosteuer" auf den Energieverbrauch eingeführt, mit deren Erträgen die Rentenbeiträge gehalten wurden. Im Gegenzug wurden stufenweise die Einkommensteuer und Gewerbesteuer gesenkt. Allerdings wurde später die für 2003 vorgesehene zweite Stufe der Entlastung um ein Jahr verschoben, um ausreichende Mittel zur Beseitigung der gewaltigen, durch die Hochwasserkatastrophe vom August 2002 verursachten Schäden bereitstellen zu können. Es kam zu Flutkatastrophen in Deutschland, Tschechien und Österreich und schweren Überflutungen, in Ost- und Norddeutschland an der Elbe sowie in Bayern und Österreich an der Donau.

Ein Steuervergünstigungsabbaugesetz sollte den öffentlichen Haushalten Steuermehreinnahmen in zweistelliger Milliardenhöhe einbringen. Mit einer Reform der Rentenversicherung sollte die Altersvorsorge langfristig gesichert werden. Neben der umlagefinanzierten gesetzlichen Rentenversicherung bestand nun die Möglichkeit zum steuerlich geförderten Aufbau einer zusätzlichen privaten, kapitalgedeckten Altersvorsorge.

Das Gesundheitswesen wurde mit einem Gesetz zur Stärkung der Solidarität in der gesetzlichen Krankenversicherung und einem Gesundheitsreformgesetz zwar qualifizierter und effizienter gestaltet, aber blieb auch in der 15. Wahlperiode auf der Tagesordnung.

Neben der Abstimmung über das Holocaust-Mahnmal in Berlin beschäftigte sich der 14. Bundestag ein weiteres Mal mit Folgen der NS-Vergangenheit. Mit Gesetz vom 2. August 2000 wurde die Stiftung „Erinnerung, Verantwortung und Zukunft" (EVZ) errichtet. Sie stellte zumindest symbolische Entschädigungen in Form einer einmaligen Geldzahlung für Zwangsarbeiter und andere Geschädigte der Zeit des Nationalsozialismus bereit.

Staatsangehörigkeit und Zuwanderung

Nach heftigen Diskussionen in der Öffentlichkeit um die Zulassung einer doppelten Staatsangehörigkeit wurde im Bundestag schließlich der Gesetzgebungsweg für ein neues Staatsbürgerrecht beschritten. Dazu wurde 2000 die von der ehemaligen Bundestagspräsidentin Rita

Süssmuth (CDU/CSU) geleitete „Unabhängige Kommission Zuwanderung“ (auch „Süssmuth-Kommission“ genannt) eingerichtet. Der von ihr erarbeitete Kompromiss sah unter anderem vor, dass in Deutschland geborene Kinder von hier lebenden ausländischen Eltern, von denen ein Elternteil einen verstetigten Aufenthaltsstatus besitzt, die deutsche Staatsangehörigkeit erwerben können. Dadurch wurde das bisher geltende Abstammungsprinzip um das Geburtsortsprinzip ergänzt werden.

Gleichzeitig wurde das vom Bundestag beschlossene Zuwanderungsgesetz wegen eines verfassungswidrigen Abstimmungsverfahrens am 22. März 2002 im Bundesrat vom Bundesverfassungsgericht für nichtig erklärt. Den Vorsitz am besagten 22. März hatte der Bundesratspräsident und Regierende Bürgermeister von Berlin, Klaus Wowereit (SPD). Er hatte das uneinheitliche Votum des Landes Brandenburg als Ja gewertet. So musste sich der Bundestag in der 15. Wahlperiode erneut mit der Frage der gesetzlichen Regelung zur Steuerung und Begrenzung der Zuwanderung sowie der Integration von Ausländern befassen.

Die Fertigstellung der Berliner Parlamentsgebäude

Die Umbaumaßnahmen am Reichstagsgebäude hatten gleich nach der Kunstaktion „Verhüllung des Reichstags“ im Sommer 1995 begonnen.

Für den Umbau des Reichstagsgebäudes wurde 1992 ein Wettbewerb ausgeschrieben. 80 Entwürfe wurden eingereicht und drei Preisträger gleichrangig ausgewählt: Foster + Partners (England), Pi de Bruijn (Niederlande) und Santiago Calatrava (Spanien). Foster hatte ursprünglich ein freistehendes, transparentes Dach über dem Gebäude und der unmittelbaren Umgebung geplant. Doch am 8. Mai 1995 wurde Fosters endgültiger Entwurf für eine gläserne, begehbare Kuppel genehmigt. Für den Umbau des Reichstagsgebäudes durften nicht mehr als 600 Millionen Mark ausgegeben werden. Ende Mai 1995 wurden die Vorbereitungen für die Bauarbeiten abgeschlossen und Originalbestandteile geborgen, um sie später wieder zu verwenden. Dazu

Wolfgang Thierse (SPD) – Präsident des Deutschen Bundestages 1998–2005

Der Plenarsaal im Reichstagsgebäude steht seit der Fertigstellung des Reichstagsgebäude im April 1999 dem Bundestag als Sitzungsort zur Verfügung

gehörten auch die kyrillischen Inschriften der russischen Soldaten aus dem Sommer 1945, die als historische Spuren sichtbar bleiben sollten.

Mit dem Rohbau wurde im Juni 1996 begonnen. Faktisch entstand „im Altbau ein Neubau", mit dem Plenarsaal, Büro- und Empfangsräumen des Bundestagspräsidenten, einem Sitzungsaal des Ältestenrates und einem Andachtsraum sowie im dritten Obergeschoss mit Büroräumen der Fraktionen sowie einer Presselobby. Das Innere des Gebäudes wurde durch die Verwendung von Glaswänden transparenter gemacht. Eine Dachterrasse mit Restaurant für die Abgeordneten war auch für die Öffentlichkeit zugänglich. Die Kuppel wurde seit der Fertigstellung ein wahrer Besuchermagnet und lockte im ersten Jahr zwei Millionen Menschen an. Sie ist inzwischen neben dem Brandenburger Tor und dem Fernsehturm eines der Wahrzeichen Berlins.

Am Montag, den 19. April 1999, wurde das umgestaltete Reichstagsgebäude in der 33. Sitzung des Bundestages feierlich eröffnet.

Bundestagspräsident Thierse hatte bei seiner Ansprache die Auseinandersetzungen im Kosovo und die deutsche Beteiligung daran thematisiert und war deutlich auf die bestehenden Ängste vor der „Berliner Republik" eingegangen: „Wer wollte bestreiten, dass wir es mit einem dramatischen Einschnitt in der deutschen Politik zu tun haben? Gibt es – so frage ich mich – einen mehr als zufälligen zeitlichen Zusammenhang mit dem Wechsel der deutschen Politik von Bonn nach Berlin? Ja, ich glaube, einen solchen Zusammenhang gibt es. Er ist von geradezu tragischer geschichtlicher Dialektik. Die Wiederkehr eines gesamtdeutschen Parlaments nach Berlin und der kriegerische Konflikt um das Kosovo haben eine gemeinsame Ursache: das Ende des Kommunismus. Es hat uns das Glück der deutschen Einheit beschert, aber eben nicht – wie es doch vieler Menschen Hoffnung 1989 und 1990 war – das goldene Zeitalter des Friedens, sondern neue, alte Gewalt. Aber man sage nicht, die Rückkehr von Parlament und Regierung nach Berlin sei die Rückkehr zu einer kriegführenden deutschen Politik, sei ein Rückfall in schlimmste deutsche Geschichte. Wer so polemisch redet, der hat nichts begriffen vom Epochenwechsel 1989/90, einem Epochenwechsel, der auch mittels der entschlossenen Friedfertigkeit der Akteure bewirkt wurde."

Die neuen Bürogebäude des Bundestages an der Nord- und Ostseite des Reichstagsgebäudes beiderseits der Spree waren zu dieser Zeit auch schon im Bau. Die beiden größten Neubauten, das Paul-Löbe-Haus und das Jakob-Kaiser-Haus, konnten aber erst Ende 2001 bezogen werden. Das Marie-Elisabeth-Lüders-Haus auf der dem Reichstag gegenüberliegenden Spreeseite wurde erst 2003 fertiggestellt. Insbesondere die Wissenschaftlichen Dienste, die schon 2000 nach Berlin gezogen waren, wurden mit weiteren Organisationseinheiten noch im Bendler-Block in der Staufenberg Straße untergebracht. Erst im Mai bis Juni 2004 wurden 58 000 Meter Bücher und Akten der Bundestagsbibliothek mit ihren damals 1,3 Millionen Medieneinheiten, dem Pressearchiv mit 14 Millionen Zeitungsausschnitten und das Parlamentsarchivs mit fast 16 Kilometern Akten nach Berlin transportiert. Damit war der Bonn-Berlin-Umzug abgeschlossen. Bis zu diesem Zeitpunkt wurden die Funktionen des Parlaments und seiner in Bonn und in Berlin ansässigen Verwaltung unter eingeschränkten Bedingungen stets aufrechterhalten.

Das Umzugsgut in der ersten Umzugsphase 1999 betrug 32 000 Kubikmeter, darunter 37 km Akten, 14 000 Stühle, über 1000 Computer und 3000 Kunstgegenstände.

Das von den Berliner Architekten Axel Schultes und Charlotte Frank entworfene Bundeskanzleramt wurde erst Anfang Mai 2001 von Bundeskanzler Schröder bezogen. Bis dahin regierte er aus dem Staatsratsgebäude der DDR in unmittelbarer Nachbarschaft zum Palast der Republik, wo bis 1990 die Volkskammer der DDR getagt hatte.

Bundestagsbeschlüsse unter Aufhebung der Fraktionsdisziplin

In der 14. Wahlperiode gab es vier Abstimmungen für die auf die Einhaltung der sogenannten Fraktionsdisziplin verzichtet wurde. Darunter war eine Frage von ethischer Bedeutung, die durch die Genomforschung aufgeworfen worden war. Der Bundestag diskutierte am 24. April 2002 das Stammzellgesetz. Es ging unter anderem darum, unter Sicherstellung des Embryonenschutzes in Deutschland menschliche embryonale Stammzellen einzuführen und zu verwenden. Demzufolge war zukünftig die Gewinnung embryonaler Stammzellen in Deutschland zwar verboten aber der Import embryonaler Stammzellen nur unter strengsten Auflagen erlaubt. Auch trat der Bundestag mit großer Mehrheit für ein weltweites Verbot des Klonens von Menschen ein.

Die weiteren drei parlamentarischen Initiativen betrafen zunächst die Debatte vom 25. Juni 1999 über die Errichtung eines Holocaust-Mahnmals in Berlin. Sie berührte zutiefst die Frage des dauerhaften Gedenkens an den millionenfachen Mord des nationalsozialistischen Deutschlands an Juden in ganz Europa während des Zweiten Weltkrieges. Das Mahnmal von Peter Eisenman besteht aus 2711 quaderförmigen Beton-Stelen und wurde von 2003 bis 2005 auf einer Fläche von 19 000 m^2 südlich des Brandenburger Tors errichtet und am 10. Mai 2005 eingeweiht. 27,6 Millionen Euro wurden aus Mitteln des Bundes für die Realisierung gezahlt und das Grundstück in zentraler Lage in Berlin Mitte wurde mit einem Wert von 40 Millionen Euro veranschlagt.

Ferner wurde der Errichtung des Kunstwerkes „Der Bevölkerung" von Hans Haacke im Innenhof des Reichstagsgebäudes zugestimmt. Das war eine Ausnahme, denn die Anschaffung von Kunstwerken und die künstlerische Gestaltung der Bundestagshäuser („Kunst am Bau") sollten nicht Gegenstand des Plenums sein, sondern wurden stets von einem eigens eingerichteten Kunstbeirat unter Vorsitz des Bundestagspräsidenten entschieden. Bei dem Kunstwerk „Der Bevölkerung" wurde eine Ausnahme gemacht, weil sich hieran auch die Abgeordneten beteiligen sollten. In den gleichen Lettern wie die Inschrift auf dem Reichstagsgebäude „Dem deutschen Volk" hatte Haake mit Zustimmung des Bundestages einen großen Trog errichtet, in dem die Abgeordneten in einem ca. 10 Liter umfassenden Sack Erde aus ihrem Wahlkreis mitbringen sollten.

Schließlich war bei der erinnerungspolitisch brisanten Frage am 4. Juli 2002 die Wiedererrichtung des Berliner Schlosses als „Humboldt Forum" für Ausstellungen und Veranstaltungen diskutiert und beschlossen worden. Hierbei ging es nicht um eine städtebauliche Maßnahme, sondern um die Frage, wie die „Berliner Republik" mit dem historischen Erbe und besonders mit der Geschichte Preußens zukünftig umgehen würde. So wie in der DDR das Berliner Schloss abgerissen wurde, musste nun zur Wiedererrichtung des Berliner Schlosses der „Palast der Republik" abgerissen werden, der als Volkshaus und Kulturhaus in der DDR und insbesondere in Ost-Berlin eine Anlaufpunkt für breite Volksschichten war und ein Symbol der DDR-Staatsmacht.

Darüber hinaus aber konzentrierte sich die parlamentarische Arbeit in den Fraktionen und Ausschüssen in verstärktem Maße auf das Ziel einer Belebung des wirtschaftlichen Wachstums, einer Stärkung der Wirtschaftskraft sowie auf die Entwicklung geeigneter Wege und Maßnahmen zum Abbau der weiterhin hohen Arbeitslosigkeit mit ihren Auswirkungen auf die Sozialsysteme und auf die öffentlichen Haushalte. In diesem Zusammenhang kam der zukünftigen weltpolitischen und weltwirtschaftlichen Entwicklung sowie der weiteren Entwicklung der Europapolitik und der Gestaltung der Europäischen Union eine ganz besondere Bedeutung zu.

Die 11. Bundesversammlung – Johannes Rau wird Bundespräsident

In der 11. Bundesversammlung am 23. Mai 1999 wurden – ebenfalls im Reichstagsgebäude – drei Kandidaten für das Amt des Bundespräsidenten nominiert: Prof. Dr. Uta Ranke-Heinemann von der PDS, Ministerpräsident a. D. Dr. h. c. Johannes Rau von der SPD und Prof. Dr. Dagmar Schipanski von der CDU/CSU. Johannes Rau wurde im 2. Wahlgang mit der erforderlichen absoluten Mehrheit der Stimmen zum Bundespräsidenten gewählt. Nach seiner Vereidigung am 1. Juli 1999 in Bonn und dem Umzug der Abgeordneten sowie einer großen Zahl der Mitarbeiter des Bundestages im Juli 1999 nahm der Bundestag dann am 7. September 1999 seine Arbeit in Berlin auf, genau 50 Jahre nach der Konstituierung des ersten Bundestages in Bonn.

Der Untersuchungsausschuss „Parteispenden"

Die größte mediale Aufmerksamkeit erhielt in der 14. Wahlperiode der 1. Untersuchungsausschuss „Parteispenden“, der am 2. Dezember 1999 eingesetzt worden war und in den Räumen der Katholischen Akademie des Erzbistums Berlin tagte. Er sollte klären, inwieweit Spenden und ähnliches an Mitglieder der ehemaligen christlich-liberalen Bundesregierung geflossen sind und politische Entscheidungsprozesse beeinflusst hatten. Vorausgegangen war ein Haftbefehl gegen den ehemaligen Schatzmeister der CDU Walther Leisler Kiep.

Bei seiner ersten Vernehmung gestand der Alt-Bundeskanzler Kohl im Sommer 2000, dass mehrere CDU-Mitglieder des Untersuchungsausschusses vor Sitzungen bei ihm waren. Mitarbeiter hätten von Sitzungen Notizen für ihn angefertigt. Medienwirksam drohte der Ausschussvorsitzende Volker Neumann (SPD) Kohl mit Beugehaft, nachdem Kohl schon am 16. Dezember 1999 in einem ZDF-Interview sich weigerte, seine Geldgeber zu nennen.

Die zuversichtliche Stimmung bei der SPD, die Parteispendenaffäre könnte der Union nachhaltig schaden, kippte ins Gegenteil um, als im März 2002 der „Kölner Finanzskandal“ offenbarte, dass schwarze Kassen, Korruption und Verschleierung von Spenden der SPD Bestandteil des „Kölschen Klüngels“ gewesen sein sollten. Man sprach über Schmiergelder in Höhe von 15 Millionen Euro und Großspenden an die SPD von unbekannter Herkunft.

Parlamentsfernsehen und Internetseite www.bundestag.de

Die Eröffnungssitzung im Berliner Reichstagsgebäude am 19. April 1999 war gewissermaßen die „erste Sendung“ des bundestagseigenen Parlamentsfernsehens. Die Entwicklung des Parlamentsfernsehens ging zurück auf die Beratungen in der Ad-hoc-Kommission „Parlamentsreform“ des 10. Bundestages. Erst am 19. Juni 1991, in der 12. Wahlperiode, sprach sich der Ältestenrat für den Ausbau des bundestagseigenen Fernsehkanals aus, wie es dann zuerst in Bonn 1995 und später aufgrund einer weiteren Entscheidung vom 30. November 1995 (13. Wahlperiode) auch in Berlin verwirklicht wurde.

Realisiert wurde für die ersten Übertragungen zunächst eine Übergangslösung mit der technischen Einrichtung im Reichstagsgebäude, um die Plenarberichterstattung in Berlin sicherzustellen.

Diese Übergangslösung war bis zur Fertigstellung und Inbetriebnahme des Jakob-Kaiser-Hauses 2002 erforderlich, insbesondere bis zur dortigen Einrichtung der zentralen Studiotechnik 2003.

Am 20. Februar 2002 konnte die 217. Sitzung des 14. Deutschen Bundestages erstmals aus einer der neuen Regien im Jakob-Kaiser-Haus übertragen werden. Zu diesem Zeitpunkt wurden die drei manuell zu bedienenden Kameras durch acht ferngesteuerte ersetzt. Mit der Inbetriebnahme der zentralen Studiotechnik stehen fortan vier Regien zur Verfügung.

Das Parlamentsfernsehen überträgt seitdem neben sämtlichen Plenardebatten auch zahlreiche Ausschusssitzungen und öffentliche Anhörungen in voller Länge live und unkommentiert.

Noch in der 12. Wahlperiode hatte Parlamentspräsidentin Rita Süssmuth den Online-Auftritt des Deutschen Bundestages am 15. Januar 1996 unter dem Domain-Namen www.bundestag.de der Öffentlichkeit vorgestellt. Schon 1997 bot der Deutsche Bundestag speziell für Kinder und Jugendliche aufbereitete Internetseiten an: den Internetauftritt www.kuppelkucker.de für Kinder im Vor- und Grundschulalter und die Internetadresse www.mitmischen.de für Jugendliche im Alter zwischen 11 und 18 Jahren.

Erst in der 14. Wahlperiode wurde mit der technischen Entwicklung einhergehend am 16. März 2001 auch der Internet-Auftritt modernisiert. Viele Informationen, wenig Grafik, eine farbige Hintergrundgestaltung und eine barrierefreie Nutzbarkeit, waren stets Maßgabe dieser neuartigen Öffentlichkeitsarbeit.

Ebenfalls im März 2001 wurden die sogenannten Content Management Systems (CMS) NPS 4 der Firma Infopark eingeführt. Hierbei handelte es sich um ein Redaktionssystem, das seit der 15. Wahlperiode allen Ausschüssen ermöglichte, die Dokumentation der Ausschusstätigkeit selbständig im Internet zu präsentieren. Den Abgeordneten wurde seit 1997 angeboten, eine eigene Homepage auf dem Server des Deutschen Bundestages vorzuhalten. In der 14. Wahlperiode nutzten dieses immerhin 137 Abgeordnete.

Das Internet-Angebot wurde mit der Einführung von Web-TV im Jahr 1998 ergänzt. Nun konnten einzelne Plenardebatten mittels Real-Player live verfolgt oder zu einem späteren Zeitpunkt abgerufen werden. Ferner wurde seit 1996 das Angebot mit den Volltexten der Plenarprotokolle und Drucksachen weiterhin gepflegt. Seit der 13. Wahlperiode wurden diese Dokumente nicht mehr als einfache Textdatei (.txt), sondern als PDF (Portable Document Format) im Internet veröffentlicht.

Seit 1998 wurden weitere Angebote des Bundestages online angeboten, darunter der Bibliothekskatalog (OPAC) mit seinen hervorragenden Recherchemöglichkeiten. Außerdem wurde auf der Webseite der Bereich „Architektur, Kunst und Ausstellungen“ eingerichtet.

Später wurde die Wochenzeitung „Das Parlament“ einschließlich der Beilage „Aus Politik und Zeitgeschichte“ (APuZ), die bis heute in der Verantwortung der Bundeszentrale für Politische Bildung entsteht, in das Internetangebot des Bundestages integriert.

Im Online-Bereich „Gremien“ erhielten die Aktivitäten der Ausschüsse sowie der Enquete-Kommissionen einen zunehmend hohen Stellenwert. Die Tagesordnungen wurden, soweit die Ausschüsse dies wünschten, erfasst und ständig aktualisiert. Die öffentlichen Ausschusssitzungen wurden ebenfalls im Internet übertragen und online bereitgehalten.

15. Wahlperiode (2002–2005)

Die unpopuläre Agenda 2010, die gescheiterte Föderalismusreformen und ukrainische Zwangsprostituierte

Die Konstituierung

Aus der Bundestagswahl waren die beiden großen Parteien SPD und CDU/CSU mit je 38,5 % der gültigen Zweitstimmen gleich stark hervorgegangen. Die SPD hatte einen Vorsprung von 6027 Stimmen. Dank der vier Überhangmandate erhielt die SPD 251 Sitze und bleibt damit stärkste Fraktion. Die Union erhält ein Überhangmandat und erlangte 248 Sitze. BÜNDNIS 90/DIE GRÜNEN erhielt mit 8,6 % der gültigen Zweitstimmen ihr bis dahin bestes Wahlergebnis und erlangte 55 Mandate. Die FDP kann mit 7,4 % der gültigen Zweitstimmen ebenfalls Stimmengewinne verbuchen und erhielt 47 Mandate. Die PDS blieb unter 5 %, war im Bundestag aber dank der Grundmandatsklausel mit zwei Direktmandaten als fraktionslose Abgeordnete im Bundestag vertreten.

SPD und BÜNDNIS 90/DIE GRÜNEN konnten mit 306 Mandaten und damit vier Mandaten über der einfachen Mehrheit (302 Mandaten) die rot-grüne Koalition fortsetzen. Die Opposition zählte 297 Mandate. Die sogenannte Kanzlermehrheit war also von Beginn der Wahlperiode sehr knapp. Grundsätzlich war sie also gefährdet, bei der Abwesenheit von Abgeordneten in Folge von Krankheit oder bei Dienstreisen.

Gerhard Schröder (SPD) wurde am 22. Oktober 2002 erneut zum Bundeskanzler gewählt, Joschka Fischer (BÜNDNIS 90/DIE GRÜNEN) blieb Außenminister und Vizekanzler.

Mit Beginn der 15. Wahlperiode wurde die noch von Präsidentin Süssmuth umgesetzte Parlamentsreform zur Verkleinerung des Bundestages von 1996 wirksam. Demzufolge war die gesetzliche Zahl der Abgeordneten auf 598 reduziert worden; dennoch gehörten infolge der Überhangmandate dem 15. Bundestag anfangs 603 und zum Schluss noch 601 Abgeordnete an.

Am 17. Oktober 2002 trat der 15. Bundestag zusammen. Alterspräsident Otto Schily (SPD) leitete die Wiederwahl von Wolfgang Thierse (SPD) zum Bundestagspräsidenten. Er erhielt gerade mal 59,9 % der abgegebenen Stimmen. Vizepräsidenten wurden Norbert Lammert (CDU/CSU), Susanne Kastner (SPD), Antje Vollmer (BÜNDNIS 90/ DIE GRÜNEN) und Hermann Otto Solms (FDP).

Die Fraktionsvorsitzenden in der 15. Wahlperiode waren Katrin Göring-Eckardt und Krista Sager (BÜNDNIS 90/DIE GRÜNEN), Angela Merkel (CDU/CSU), Wolfgang Gerhardt (FDP), Franz Müntefering (SPD).

Thierse – ein parteiischer Präsident?

Der Bundestag wählte Wolfgang Thierse mit gerade mal 59,9 % der abgegebenen Stimmen zum Bundestagspräsidenten.

Kaum ein Präsident hatte sich so parteipolitisch geriert wie Wolfgang Thierse. Ex-Bundeskanzler Helmut Kohl soll ihn (nach der CDU-Parteispendenaffäre) im kleinen Kreis den „schlimmsten Präsidenten seit Hermann Göring“ genannt haben, Göring war im November 1932 Reichstagspräsident für die NSDAP.

Thierse hat sich zwar stark gemacht für das Holocaust-Mahnmal in Berlin, aber andererseits einen Gedenktag für die deutschen Vertriebenen abgelehnt. Es war aber für ihn kein Widerspruch, als er seinem Nachfolger Bundestagspräsident Norbert Lammert und dem Kulturstaatsminister Bernd Neumann (CDU/CSU) hilfreich zur Seite stand, als in der 16. Wahlperiode in der Koalition von CDU/CSU und SPD ein Kompromiss für ein „sichtbares Zeichen" gegen Vertreibungen und für Versöhnung gefunden worden war. 2008 wurde die „Stiftung Flucht, Vertreibung, Versöhnung" errichtet, die in der Nähe des Anhalter Bahnhofs in Berlin ein Dokumentationszentrum unterhält.

Den Gegenwind bekam Thierse auch später als Vizepräsident in der 16. und 17. Wahlperiode, 2005 bis 2013, zu spüren. Stets hatte er bei den Wahlen fast so wenig Stimmen erhalten, wie seine Wahlkreisrivalin von der PDS, Petra Pau. Thierse schützte seine Herkunft aus der DDR, den einzigen „Ossi", der es in ein so hohes Staatsamt geschafft hat, würde die SPD nicht so schnell fallen lassen.

Besonders hart erschienen manchem die hohen Strafgelder, die Thierse der CDU wegen der Spendenaffäre um Helmut Kohl anwies, mit der sich im 14. Bundestag schon ein Untersuchungsausschuss befasst hatte. Das Berliner Verwaltungsgericht hielt im Januar 2001 die von Thierse verhängte Strafe von 41 Millionen D-Mark für rechtswidrig. Thierse, unverbesserlich wie er war, ging in Revision.

Später nahm Thierse als Vizepräsident an Sitzblockaden bei Demonstrationen in Berlin (2010) und Dresden (2011) teil. Innenminister Thomas de Maizière (CDU/CSU) warf dem Stellvertreter des zweithöchsten Staatsamtes, „Arroganz gegenüber dem Staat" vor.

Der 1. Untersuchungsausschuss „Lügenausschuss"

Vom 20. Dezember 2002 bis 24. November 2003 sollte der 1. Untersuchungsausschuss, auch „Lügenausschuss" genannt, klären, ob und in welchem Umfang Mitglieder der rot-grünen Bundesregierung im Jahr 2002 den Bundestag und die Öffentlichkeit vor der Bundestagswahl am 22. September 2002 falsch oder unvollständig informiert hatten.

Nach 33 Sitzungen kam der Untersuchungsausschuss entsprechend seiner parteipolitischen Zusammensetzung zu dem Ergebnis, dass der Vorwurf, ausgeräumt worden sei, während nach dem Sondervotum der CDU/CSU feststand, „dass Mitglieder der Bundesregierung im Jahr 2002 den Bundestag und die Öffentlichkeit in wichtigen Fragen falsch oder unvollständig informiert und auf diese Weise getäuscht haben", und nach dem Sondervotum der FDP hinreichend Belege dafür erbracht worden seien, dass der im Untersuchungsauftrag enthaltene Vorwurf erhoben werden könne.

Die 12. Bundesversammlung – Horst Köhler wird Bundespräsident

23. Mai 2004 trat die 12. Bundesversammlung zusammen und wählte den ehemaligen Staatssekretär im Bundesministerium der Finanzen und bisherigen geschäftsführenden Direktor des Internationalen Währungsfonds (IWF) Horst Köhler (CDU) im 1. Wahlgang zum Bundespräsidenten (mit 604 von 1204 abgegebenen Stimmen). Die Wahl fand im Reichstagsgebäude in Berlin statt. Die Amtszeit des Bundespräsidenten Horst Köhler begann am 1. Juli.

Der 2. Untersuchungsausschuss Schleuser/Visa

Weit mehr Aufmerksamkeit als der 1. Untersuchungsausschuss fand die Arbeit des 2. Untersuchungsausschusses „Schleuser" oder „Visa", der in der Zeit vom 20. Januar 2005 bis 30. August 2005 – also knapp neun Monate – in 32 Sitzungen im Anhörungssaal des Marie-Elisabeth-Lüders-Hauses (MELH) verhandelte.

Viel zu langsam soll das Auswärtige Amt auf die Erkenntnisse reagiert haben, demzufolge Missbrauch in Folge des sogenannten „Volmer-Erlasses", benannt nach dem Staatsminister im Auswärtigen Amt Ludger Volmer, erfolgt sei. Bei dem Erlass des Auswärtigen Amtes vom März 2000, handelte es sich um Runderlass zur Regelung des „Verfahrens zur Erteilung von Visa für die Einreise nach Deutschland". Der „Volmer-Erlass" verstieß laut einer Intervention Mitteilung der EU-Kommission gegen das Schengener Abkommen. An der deutschen Botschaft in Kiew seien die Instrumente zur Erleichterung des Visaverfahrens, nämlich über Reisebüros und Reiseschutzversicherungen, erfolgt, die zum Beispiel der Allgemeine Deutsche Automobil-Club (ADAC) ausgestellt hatte. Das führte zusehends zu kriminellem Missbrauch, mithin zu Menschenhandel. Nicht nur ukrainische Schwarzarbeiter, sondern vor allem Zwangsprostituierte wurden unter falschen Vorspiegelungen massenhaft und illegal in die Bordelle nach München, Frankfurt, Berlin und Hamburg geholt.

Neu war die Liveübertragung der Zeugenvernehmungen im Fernsehen und im Internet. Auf Antrag der Regierungskoalition hatte sich der Untersuchungsausschuss darauf verständigt, Ton- und Bildaufnahmen in festzulegenden Einzelfällen und nur bei Zustimmung der Betroffenen zuzulassen. Die Aufnahmen wurden ausschließlich von der Bundestagsverwaltung, dem Parlamentsfernsehen, erzeugt, aber allen Fernsehanstalten kostenlos zur Verfügung gestellt, wobei die beim Parlamentsfernsehen auch sonst geltenden Kriterien der Bildauswahl und Bildgestaltung zur Anwendung kamen. Die Standkamera war stets auf den Ausschussvorsitzenden Hans-Peter Uhl (CDU/CSU) und die links und rechts von ihm sitzenden Abgeordneten gerichtet, so dass der Fernsehzuschauer den Zeugen nur von hinten sehen konnte.

Auf diese Weise konnte die Öffentlichkeit die Vernehmung des ehemaligen Staatsministers im Auswärtigen Amt Ludger Volmer (BÜNDNIS 90/DIE GRÜNEN) und Botschafter Gunter Pleuger am 21. April 2005 sowie von Außenminister Joschka Fischer am 25. April 2005 und Bundesinnenminister Otto Schily (SPD) am 15. Juli 2005 live verfolgen. Zwölf Stunden dauerte das Verhör des Bundesaußenministers. Fünf Stunden dauerte allein das Eingangsstatement von Bundesinnenminister Schily, an dessen Ende der Zeuge zunächst eine Mittagspause erbat. Besonders erwähnenswert sind nicht zuletzt die längste Sitzung, die von 9.07 Uhr bis 2.34 Uhr des nächsten Tages dauerte; eine weitere Sitzung begann um 13.37 Uhr dauerte bis 5.34 Uhr des nächsten Tages.

Als Bundeskanzler Schröder am 22. Mai 2005 ankündigte die Vertrauensfrage zu stellen, um den Weg für Neuwahlen freizumachen, lud in Abwesenheit des Sekretariatsleiters dessen Stellvertreter die Zeugen auf Wunsch der Regierungskoalition aus. Es entstand der Eindruck, dass mit dem voreiligen Abbruch der Beweisaufnahme die Anhörungen von Kanzleramtsminister Frank-Walter Steinmeier (SPD) und

Innenminister Otto Schily (SPD) verhindert werden sollte. Denn zu diesem Zeitpunkt lag eine Anordnung des Bundespräsidenten über die Auflösung des Bundestages und die Festlegung eines Termins für die Neuwahl überhaupt nicht vor. So entschied am 15. Juni 2005 das Bundesverfassungsgericht, die Beweisaufnahme durch den Ausschuss fortzusetzen. So konnte wenigstens die Vernehmung von Schily noch durchgeführt werden, die wegen des islamistischen Terroranschlags am 7. Juli 2005 auf den öffentlichen Nahverkehr Londons mit 52 Toten und 700 Verletzten, um eine Woche verschoben wurde. Der Untersuchungsausschuss konnte seine Arbeit nicht beenden, legte jedoch einen Sachstandsbericht vor, den der Bundestag in seiner letzten Sitzung vor der Bundestagswahl 2005 bei Abwesenheit des Bundesaußenministers Fischer debattierte.

Letztlich trug der Schleuser/Visa-Skandal mit zum Ende der rot-grünen Koalition bei. Für viele Zeugen, vor allem die befragten Richter, war unvorstellbar, dass der Staat den Missbrauch staatlicher Leistungen trotz der Intervention der EU so lange durch Wegschauen begünstigt hatte, denn wie sich herausstellte wurden tausende Kosovaren ebenfalls durch die Visa-Vergabe-Praxis nach Deutschland eingeschleust.

Die Föderalismuskommission (I)

Die „Kommission zur Modernisierung der bundesstaatlichen Ordnung", auch „Bundesstaatskommission" oder „Föderalismuskommission" genannt, hatte ihre Arbeit am 7. November 2003 aufgenommen. Ihr gehörten je 16 Mitglieder des Bundesrates und 16 des Bundestages an. Die Bundesregierung war mit vier beratenden Mitgliedern und die Landtage mit sechs beratenden Mitgliedern vertreten. Ständige Gäste kamen aus den kommunalen Spitzenverbänden. Am 17. Dezember 2004 verkündete einer der beiden Vorsitzenden Franz Müntefering (SPD), dass die Bemühungen um eine Föderalismusreform ergebnislos beendet seien. Die Kommission war daran gescheitert, die Anzahl der Bundesgesetze, bei denen der Bundesrat zustimmen musste, zu verringern, um politische Entscheidungen schneller herbeizuführen. Damit sollten auch die politischen Verantwortlichkeiten zwischen Bund und Ländern neu geregelt werden.

Agenda 2010

Mehr Glück hatte Bundeskanzler Schröder bei seiner „Agenda 2010", die er in einer Regierungserklärung am 14. März 2003 im Bundestag ankündigte. Ihr Konzept ging zurück auf eine Vereinbarung Schröders mit dem britischen Premierminister Tony Blair von 1999 und stand im Kontext des Beschlusses eines Sondergipfels der europäischen Staats- und Regierungschefs im Jahr 2000 in Portugal. Die Agenda 2010 sollte die europäischen Arbeitsmarktprobleme lösen und dem demografischen Wandel in Deutschland begegnen.

Im Zusammenhang mit der Agenda 2010 entstand der Bericht von Peter Hartz und der von ihm geleiteten „Kommission für moderne Dienstleistungen am Arbeitsmarkt (kurz „Hartz-Kommission" genannt) vom 16. August 2002. Auf dieser Grundlage wurden die Strukturen der Bundesanstalt für Arbeit neu geordnet. Ziele waren die Verbesserung der „Rahmenbedingungen für mehr Wachstum und für mehr Beschäftigung" sowie den „Umbau des Sozialstaates und seine Erneuerung". Schröder selbst fasste es am 14. März 2003 im Bundestag zusammen mit der Bemerkung: „Wir werden Leistungen des Staates kürzen". Das provozierte den Widerstand in seiner eigenen Partei und war eine höchst unpopuläre, aber notwendige Entscheidung. Immerhin hatte er auf einem Sonderparteitag der SPD am 1. Juni 2003 in Berlin 90 % der Stimmen für seinen Antrag erhalten. Ein gleicher Leitantrag wurde auf dem Sonderparteitag von BÜNDNIS 90/DIE GRÜNEN am 14./15. Juni 2003 ebenfalls mit fast 90% angenommen. Auch die CDU und die einflussreiche Bertelsmann Stiftung unterstütze Schröder.

Die Agenda 2010 setzte arbeitgeberfreundliche Forderungen um. Sie begünstigte die Marktwirtschaft und schuf Anreize zu verstärkten privaten Investitionen, um neue Arbeitsplätze zu schaffen. Der Mittelstand wurde gestärkt durch die Änderung der Handwerksordnung und die Lockerungen des Kündigungsschutzes und die Senkung der Lohnnebenkosten.

Ferner wurde das Arbeitslosengeld auf zwölf Monate beschränkt, unabhängig vom Einzahlungszeitraum in die Arbeitslosenversicherung. Die Arbeitslosenhilfe wurde abgeschafft. Nach Ablauf der Arbeitslosengeld-Zahlung konnten Arbeitslose das Arbeitslosengeld II (ALG II) in Höhe des Sozialhilfesatzes beantragen.

Die Regelungen zur Zumutbarkeit für Arbeitsangebote wurden verschärft. Jede Arbeit, die nicht sittenwidrig ist, galt als zumutbar, außer, wenn der Arbeitsuchende aus gesundheitlichen Gründen nicht dazu in der Lage war, oder die Erziehung der Kinder oder die Pflege eines Angehörigen gefährdet würde. Auch die Modernisierung der Gesetzlichen Krankenversicherung gehörte zum Maßnahmen-Katalog der Agenda 2010.

Hinzu kamen Maßnahmen zur Rentenversicherung, Investitionen für die Betreuung von Kindern unter drei Jahren, der Ausbau von Ganztagesschulen und Einführung von Steuervergünstigungen für die Kinderbetreuung und für die Einstellung von Haushaltshilfen im Privathaushalt.

Selbst Bundeskanzlerin Angela Merkel formulierte noch am 30. November 2005: „Ich möchte Bundeskanzler Schröder ganz persönlich dafür danken, dass er mit seiner Agenda 2010 mutig und entschlossen eine Tür aufgestoßen hat, eine Tür zu Reformen, und dass er die Agenda gegen Widerstände durchgesetzt hat". Viele der eigenen Parteigenossen hatten Schröder für die unpopulären Maßnahmen schon bei der Bundestagswahl 2005 bei Landtagswahlen abgestraft.

Schlagzeilen und zentrale Beratungsthemen

Ein Höhepunkt der Wahlperiode war sicherlich die abschließende Beratung über den Vertrag über eine Verfassung für Europa am 12. Mai 2005, die mit einer Regierungserklärung von Bundeskanzler Schröder eingeleitet wurde, in der er die Verfassung als „das vorläufig krönende Werk der politischen Arbeit von zwei oder drei Generationen" bezeichnete. In namentlicher Abstimmung wurde der Gesetzentwurf der Bundesregierung zu dem Vertrag über eine Verfassung für Europa bei 569 Ja-Stimmen, 23 Nein-Stimmen und zwei Enthaltungen angenommen. Die Europäische Verfassung scheiterte jedoch an dem Nein in Frankreich und den Niederlanden in einem Referendum. Daraufhin schlossen im Dezember 2007 die europäischen Staats- und Regierungschefs, während der portugiesischen Ratspräsidentschaft, den Vertrag von Lissabon ab, der am 1. Dezember 2009 in Kraft trat.

Wegen eines Flugblatts im Landtagswahlkampf in Nordrhein-Westfalen wurde das verdiente Mitglied Jürgen W. Möllemann im Februar 2003 wegen parteischädigenden Verhaltens aus der FDP-Bundestagsfraktion ausgeschlossen. Er gehörte dem Bundestag dann bis zu seinem Tod bei einem Fallschirmsprung als fraktionsloser Abgeordneter an. Die Staatsanwaltschaft Essen schloss am 9. Juli 2007 Fremdverschulden als Todesursache aus, konnte aber nicht klären, ob es sich um einen Unfall oder um Suizid gehandelt hatte.

Martin Hohmann wurde nach einer als antisemitisch kritisierten Rede zum Tag der Deutschen Einheit in seinem Fuldaer Wahlkreis im November 2003 auf Drängen der Fraktionsvorsitzenden Angel Merkel aus der Fraktion der CDU/CSU ausgeschlossen und blieb als fraktionsloser Abgeordneter bis zum Ende der Wahlperiode.

Neben dem Parlamentsalltag fanden im Plenarsaal besondere Gedenk- und Feierstunden statt. Am 27. Januar 2003 sprach der spanische Schriftsteller und ehemalige Kulturminister Jorge Semprun, am 27. Januar 2004 die ehemalige Präsidentin des Europäischen Parlaments Simone Veil, am 9. März 2005 der ukrainische Präsident Viktor Juschtschenko und am 31. Mai 2005 der israelische Staatspräsident Mosche Katsav vor dem Bundestag und dem Bundesrat.

Ferner wurde ein neues Format der Öffentlichkeitsarbeit mit der Veranstaltungsreihe „Jugend und Parlament" im Jahre 2004 durchgeführt. In einem Planspiel mit dem Titel „Der Weg der Gesetzgebung – Parlamentarische Demokratie spielerisch erfahren" erhielten Jugendliche nach dem Zufallsprinzip bestimmte Rollen und sollten im Plenum, in

Ausschüssen und in Fraktionen verschiedene Themen behandeln und den Gesetzgebungsweg nachvollziehen. Dabei gab es zwei Plenarsitzungen die von Präsident Thierse und seinen Vizepräsidenten geleitet wurden.

Das Ende des rot-grünen Zwischenspiels

Am 22. Mai 2005 war das Ende des 15. Bundestages besiegelt. Bundeskanzler Schröder sah in dem für seine Partei „bitteren Ausgang" der Landtagswahl in Nordrhein-Westfalen, wo nach einer 39-jährigen SPD-Herrschaft die CDU mit der Regierungsbildung beauftragt wurde, das Ende einer Reihe von Wahlniederlagen. Angesichts der zu erwartenden Zusammensetzung des Bundesrates sprach der SPD-Fraktionsvorsitzende Franz Müntefering von einem „strukturellen Patt", das es aber gar nicht gab. Schröder sah seine Politik für die Agenda 2010 gescheitert.

Am 1. Juli 2005 stellte er im Bundestag die Vertrauensfrage mit dem erklärten Ziel der Auflösung des Bundestages und der Durchführung von Neuwahlen. In namentlicher Abstimmung wurde Schröder erwartungsgemäß das Vertrauen entzogen. Bundespräsident Horst Köhler ordnete am 21. Juli 2005 an, den Bundestag aufzulösen und Neuwahlen für den 18. September 2005 anzusetzen. Diese Entscheidungen wurden vom Bundesverfassungsgericht, das von den Abgeordneten Jelena Hoffmann (SPD) und Werner Schulz (BÜNDNIS 90/DIE GRÜNEN) angerufen worden war, mit Urteil vom 25. August 2005 bestätigt.

Das Ergebnis der vorgezogenen Bundestagswahlen beendet die siebenjährige Regierungszeit der Koalition aus SPD und BÜNDNIS 90/DIE GRÜNEN. Beide Parteien sah man erst im Jahre 2021 wieder in der Regierungsverantwortung, dieses Mal gemeinsam mit der FDP. Die Ängste der Konservativen vor einer Berliner Republik waren erst einmal zerstreut.

16. Wahlperiode (2005–2009)

Grundgesetzreformen, Konjunkturpakete historischen Ausmaßes und langandauernde Debatten in Zeiten der „Großen Koalition“

Konstituierung

Im Vergleich zur Wahl von 2002 erlitten bei der vorgezogenen Bundestagswahl am 18. September 2005 SPD und CDU/CSU Stimmenverluste. Die CDU/CSU wurde mit 35,2 % der gültigen Zweitstimmen gewählt, erhielt 226 Mandaten (inklusive der 7 Überhangmandate) und wurde dennoch stärkste Fraktion. Ihr folgte in knappem Abstand die SPD mit 34,2 % der gültigen Zweitstimmen und 222 Mandaten (inklusive 9 Überhangmandate). Die FDP konnte erhebliche Stimmengewinne verbuchen. Sie wurde mit 9,8 % der Zweitstimmen und 61 Mandaten drittstärkste Fraktion. DIE LINKE konnte mit 8,7 % der gültigen Zweitstimmen und 54 Mandaten erstmals als Fraktion einziehen und war die viertstärkste Kraft im Bundestag. BÜNDNIS 90/DIE GRÜNEN bildete das Schlusslicht angesichts hoher Stimmenverluste und rückte mit 8,1 % der gültigen Zweitstimmen und 51 Mandaten auf den fünften Platz.

Am 18. Oktober 2005 konstituierte sich der 16. Bundestag im Reichstagsgebäude in Berlin unter dem Vorsitz des Alterspräsidenten Otto Schily (SPD).

Der bisherige CDU/CSU-Vizepräsident Norbert Lammert wurde mit sensationellen 92,9 % der abgegebenen Stimmen zum Bundestagspräsidenten gewählt. Es war die höchste Zustimmung, die jemals ein Bundestagspräsident bei seiner ersten Wahl erhalten hatte. Nur bei seiner Wiederwahl im Jahre 1954 hatte Hermann Ehlers 93,2 % der abgegebenen Stimmen erhalten.

Vizepräsidenten wurden der bisherige Bundestagspräsident Wolfgang Thierse (SPD), Gerda Hasselfeldt (CDU/CSU), Susanne Kastner (SPD), Hermann Otto Solms (FDP) und Katrin Göring-Eckardt (BÜNDNIS 90/DIE GRÜNEN). Lothar Bisky (DIE LINKE) erhielt auch im dritten Wahlgang und einem 4. Wahlgang am 8. November 2005 nicht die erforderliche Mehrheit. Erst am 7. April 2007 wurde Petra Pau (DIE LINKE) mit beachtlichen 66,3 % der abgegebenen Stimmen vom Bundestag zur Vizepräsidentin gewählt.

Die Fraktionsvorsitzenden der 16. Wahlperiode waren Renate Künast und Fritz Kuhn (BÜNDNIS 90/DIE GRÜNEN), Volker Kauder (CDU/CSU), Wolfgang Gerhardt (FDP), Gregor Gysi und Oskar Lafontaine (DIE LINKE) sowie Peter Struck (SPD).

Bundestagspräsident Norbert Lammert

Der mehrfache Staatsekretär Norbert Lammert unterstützte die personelle Neuaufstellung der CDU infolge der Parteispendenaffäre 2000 nachdrücklich. In seiner Funktion als Vorsitzender der Landesgruppe Nordrhein-Westfalen legte er dem Partei- und Fraktionsvorsitzenden Wolfgang Schäuble den Verzicht auf seine Ämter nahe und unterstützte Angela Merkels Karriere.

Nach der für die CDU verlorenen Wahl 2002 wurde Lammert, der im Wahlkampf als Kandidat für das Amt des Kulturstaatsministers vorgesehen war, in der konstituierenden Sitzung des 15. Deutschen Bundestages zum Vizepräsidenten gewählt.

Doch in der 16. Wahlperiode wurde der „leidenschaftliche Parlamentarier“ (Frankfurter Rundschau) auf Vorschlag der CDU-Fraktionsvorsitzenden Angela Merkel am 18. Oktober 2005 mit 93,1 % der

Stimmen zum neuen Bundestagspräsidenten gewählt und damit zum Nachfolger von Wolfgang Thierse (SPD).

Lammerts Vorbild war Bundestagspräsident Eugen Gerstenmaier (CDU). Auch er verstand sich nicht nur als Moderator, sondern ergriff verschiedene Initiativen. Er wollte auch durch seinen persönlichen Stil das Ansehen der Politiker und des Parlaments in der Gesellschaft verbessern und somit Politikverdrossenheit begegnen. Er kritisierte die öffentlich-rechtlichen Fernsehanstalten, wenn sie seiner Ansicht nach nicht ausreichend aus dem Bundestag berichteten und mahnte, dass die politische Auseinandersetzung nicht in den Talkshows, sondern im Bundestag erfolgen müsse. Dass seine Amtsführung über die Parteigrenzen hinweg anerkannt wurde, zeigte sich auch in den Wahlergebnissen bei seinen Wiederwahlen. So bestätigten ihn die Abgeordneten des Deutschen Bundestages nach der Bundestagswahl 2009 mit 84,6 % und nach der Bundestagswahl 2013 mit 94,6 % in seinem Amt.

Regierungsbildung

Die Regierungsbildung zog sich noch bis in die zweite Hälfte des Monats November. Die SPD musste sich neu aufstellen. Den Parteivorsitz hatte Bundeskanzler Schröder ja schon im März 2004 an den Fraktionsvorsitzenden Franz Müntefering abgegeben. Nachdem sich Andrea Nahles (SPD) als Generalsekretärin der SPD in einer internen Kampfabstimmung im Parteivorstand gegen Münteferings Kandidaten Karl-Josef Wasserhövel (SPD) durchgesetzt hatte, kündigte dieser am 31. Oktober 2005 seinen Rücktritt als Parteivorsitzender der SPD an.

Am 11. November 2005 war der Koalitionsvertrag zwischen CDU/CSU und SPD unterzeichnet. Vier Tage später wurde Matthias Platzeck (SPD) als Nachfolger von Franz Müntefering zum SPD-Parteivorsitzenden gewählt und am 21. November 2005 wurde zum Nachfolger von Müntefering als Vorsitzenden der SPD-Fraktion Peter Struck (SPD) gewählt. Doch diese Koalition war widerwillig zustande gekommen und galt als Zweckbündnis oder „Zwangsehe“.

Am 22. November 2005 wurde Angela Merkel (CDU/CSU) zur Bundeskanzlerin (mit 397 von 612 abgegebenen Stimmen) gewählt und bildete eine Regierung aus den drei Parteien CDU, CSU und SPD. Zum ersten Mal stand eine Frau an der Spitze einer Bundesregierung, die dann auch noch in der DDR aufgewachsen war und nach der deutschen Einigung als Bundesministerin für Frauen und Jugend (1991–1994) und danach als Bundesumweltministerin (1994–1998) bei Bundeskanzler Kohl am Kabinettstisch saß. Nach Kohls Abwahl als Bundeskanzler schlug der neu gewählte CDU-Bundesvorsitzende Wolfgang Schäuble am 7. November 1998 Merkel zur Generalsekretärin der CDU vor. Merkel hatte sich sehr frühzeitig von Kohl gelöst, indem sie am 22. Dezember 1999 in einem Beitrag in der „Frankfurter Allgemeinen Zeitung (FAZ)" Kohl massiv kritisierte und sogar der CDU empfahl, sich von Kohl zu lösen.

Trotz dieser viel beachteten harschen Kritik hielt der Parteivorsitzende Schäuble an seiner Generalsekretärin Merkel fest und gab ihr in der Sache sogar Recht. Kohls Anhänger bezichtigten Merkel als „Vatermörderin" und „Nestbeschmutzerin".

Merkels nächster Coup auf dem Wege zur Bundeskanzlerin war die Ablösung von Friedrich Merz als Vorsitzender der CDU/CSU-Fraktion zu Beginn der 15. Wahlperiode.

Die erste Bundeskanzlerin bezog sich bei ihrer Antrittsrede zunächst rhetorisch auf die Politik sozialdemokratischer Regierungschefs. Sie lobte Schröder „dass er mit seiner Agenda 2010 mutig eine Tür aufgestoßen" habe und zitierte dann den früheren Bundeskanzler Willy Brandt: Dessen Slogan „Mehr Demokratie wagen" habe „jenseits der Mauer wie Musik" geklungen. Sie wolle nun ergänzen: „Lassen Sie uns mehr Freiheit wagen!" Die neue „Koalition der Möglichkeiten" wolle die Chancen nutzen, damit „Deutschland in zehn Jahren wieder zu den ersten drei in Europa gehört", versprach Merkel. Dafür müsse der Arbeitsmarkt „fit" gemacht, die Schulen und Hochschulen wieder an die Spitze geführt, die Verschuldung gebändigt und die Gesundheits-, Renten- und Pflegesysteme reformiert werden. Trotzdem zeigte sich die CDU-Politikerin optimistisch: „Warum soll uns das, was uns früher in den Gründerjahren gelungen ist, heute nicht wieder gelingen?“

Merkel kündigte an, bis 2011 durch die Erhöhung der Mehrwertsteuer zum 1. Januar 2007 von 16 % auf 19 % einen ausgeglichenen Haushalt vorlegen zu wollen. Ferner wurde eine Unternehmenssteuerreform mit der Einführung einer 25-prozentigen Abgeltungsteuer auf Kapitalerträge ab 2009 eingeführt. Die Eigenheimzulage wurde zum 1. Januar 2006 abgeschafft. Im Mai 2006 wurde die Pendlerpauschale gekürzt. Aufgrund eines Urteils des Bundesverfassungsgerichts vom Dezember 2008 musste die Pendlerpauschale wieder umfänglich eingeführt werden. Ebenfalls im Mai 2006 wurde die Erhebung einer sogenannten Reichensteuer ab 2007 verabschiedet. Sie lag bei 45 % bei Einkommen von über 250 000 bei Ledigen und 500 000 Euro bei Verheirateten.

Die Finanzmarktkrise 2008/2009

Die Haushaltskonsolidierung der Großen Koalition scheiterte an der Finanzmarktkrise im September 2008. Auch deutsche Banken waren im Sommer 2007 aufgrund von Fehlspekulationen am US-amerikanischen Immobilienmarkt und infolge des Konkurses der Investmentbank Lehman Brothers betroffen. Deswegen wurde der Börsengang der Deutschen Bahn verschoben und das Ziel eines ausgeglichenen Haushalts fallen gelassen. Es kam zur größten Neuverschuldung in der Geschichte der Bundesrepublik. Ein Rettungspaket zur Stabilisierung des Finanzplatzes Deutschland in Höhe von 500 Milliarden Euro wurde im Oktober 2008 innerhalb einer Woche verabschiedet. Kurz danach wurde die Commerzbank, das zweitgrößte deutsche Kreditinstitut, teilverstaatlicht. Im März 2009 beschloss der Bundestag dann sogar ein Gesetz zur Verstaatlichung der Hypo Real Estate und zur Enteignung ihrer Aktionäre. Auch das war bis zu diesem Zeitpunkt ein unvorstellbarer Vorgang.

Es entbehrte nicht einer gewissen Dramaturgie, als das Jahr 2009 mit einer Sondersitzung am 14. Januar 2009 begann, der am 13. Januar eine Bundespressekonferenz vorausgegangen war, in der Bundeskanzlerin Angela Merkel Außenminister Frank-Walter Steinmeier (SPD) und der bayerische Ministerpräsident Horst Seehofer (CSU) das größte wirtschaftliche Maßnahmenpaket in der Geschichte der Bundesrepublik vorstellten.

Mit 50 Milliarden Euro wollte die Große Koalition die Finanz- und Wirtschaftskrise meistern. Die Größe des „Konjunkturpaketes II" verdeutlichte nicht nur die Dimension der weltweiten Finanz- und Wirtschaftskrise, sondern auch „die Entschlossenheit der Bundesregierung, diese Krise zu überwinden", so Merkel. Die Alternative, nicht zu handeln, habe nicht bestanden. Seehofer hob die Steuer- und Abgabenentlastung hervor. Damit habe die Regierung nicht nur den Banken oder der Industrie, sondern jedem einzelnen Bürger geholfen.

Bundeskanzlerin Angela Merkel gab am 14. Januar 2009 im Bundestag eine Regierungserklärung ab, in der sie dieses zweite Konjunkturpaket vorstellte. Sie warb für gemeinsame Kraftanstrengungen. Vor allem der FDP-Fraktionsvorsitzende Guido Westerwelle merkte an, die Deutschen würden noch sehr lange abzahlen müssen, was von der Regierung nun durchgesetzt werde. Er gab der Kanzlerin recht, dass Nichtstun keine Alternative sei. „Aber das Falsche tun, ist auch keine Alternative", fügte er an. Die Regierung könnte glaubwürdiger wirken, hätte sie in den konjunkturell guten Zeiten stärker für schlechtere Tage vorgesorgt. Das Paket sei nicht mehr als ein wirkungsloses Sammelsurium, weil vor allem der Mut fehlte, echte Entlastungen durchzusetzen. Auf die Kräfte der sozialen Marktwirtschaft sollte man sich nämlich auch mit Taten verlassen, mahnte Westerwelle. Er sagte wörtlich: „Aufschwung gibt es nur, wenn sich Leistung für die Bürger lohnt." Daher forderte er erneut ein niedrigeres und einfacheres Steuersystem. Für die Grünen hatte Fritz Kuhn einen „ordnungspolitischen Blindflug" in dem Maßnahmenpaket erkennen wollen.

Weitere Schwerpunkte der Arbeit der 16. Wahlperiode

Erhebliche Beachtung in der Öffentlichkeit brachte die Einführung von Mindestlöhnen für verschiedene Branchen, die Verlängerung der Bezugsdauer des Kurzarbeitergeldes und die Einführung der Rente mit 67.

Zum 1. Januar 2009 trat die Gesundheitsreform mit Einführung des Gesundheitsfonds in Kraft. Die Pflegeversicherung wurde reformiert und eine rechtlich bindende Patientenverfügung wurde beschlossen sowie die Einführung der elektronischen Gesundheitskarte.

Die Erhöhung der Zahl der Betreuungsplätze, die Anhebung des Kindergeldes und die Einführung des Elterngeldes zum 1. Januar 2007 waren familienpolitische Neuerungen der Koalition.

Zur Abwehr terroristischer Aktivitäten beschloss der Bundestag, dass sämtliche Kommunikationsverbindungsdaten ein halbes Jahr lang gespeichert werden müssen. Gegen die sogenannte Vorratsdatenspeicherung wurde von 34 000 Beschwerdeführern Verfassungsbeschwerden eingelegt.

Bundespräsident Köhler verweigert die Unterschrift

Nach Artikel 82 des Grundgesetzes hat der Bundespräsident vor Ausfertigung und Verkündung eines Gesetzes ein formelles und ein partiell materielles Prüfungsrecht. Er prüft, ob ein Gesetz nach den Regeln des Grundgesetzes zustande gekommen ist und ob es im Einklang mit der Verfassung steht.

Bundespräsident Horst Köhler hatte in der 16. Wahlperiode zwei Mal die Verfassungsmäßigkeit bezweifelt und von seinem Prüfungsrecht Gebrauch gemacht. Er verweigerte dem Gesetz zur Neuregelung der Flugsicherung seine Unterschrift, weil er – wie er am 23. Oktober 2006 mitteilte – zum Ergebnis gelangt war, dass die durch das Gesetz vorgesehene Kapitalprivatisierung der Deutsche Flugsicherung GmbH (DFS) mit Artikel 87d Abs. 1 des Grundgesetzes nicht vereinbar war.

Am 8. Dezember 2006 lehnte er das Gesetz zur Neuregelung des Rechts der Verbraucherinformation ab. Hierin wären den Gemeinden und Gemeindeverbänden Aufgaben übertragen worden, die alleine den Ländern oblagen.

Bis zum Jahre 2006 haben Bundespräsidenten nur bei sechs Gesetzen von ihrem Recht gebrauch gemacht, die Ausfertigung eines Gesetzes abzulehnen.

Ausbau des Internetangebotes

Im Jahr 2004 erfolgte eine erneute Überarbeitung der Internetseiten des Bundestags in der Grundfarbe blau und mit dem Symbol der Reichstagskuppel als tragende Seitenoptik. Die Seitenabrufzahlen lagen zu dieser Zeit bereits bei fast 2,5 Millionen pro Monat.

Ein wiederum neugestalteter Internetauftritt wurde am 12. August 2009 freigeschaltet. Es gab die zielgruppenorientierte Seitennavigation mit entsprechender Farbgebung, sowie die Ausweitung der Berichterstattung über parlamentarische Vorgänge und eine enge Verzahnung von Filmbeiträgen und Text. Das Parlamentsfernsehen wurde prominent in der Startseite des Onlineauftritts eingebunden. Eine Mediathek erlaubte jederzeit Zugriff auf sämtliche Produktionen des Parlamentsfernsehens.

Zur Bundestagswahl im September 2009 lagen die Abrufzahlen der Internetseiten inzwischen bei rund 7 Millionen im Monat und pendelten sich in den Folgemonaten bei durchschnittlich 4 bis 5 Millionen im Monat ein.

Im Jahr 2010 wurde der Internetauftritt des Bundestages für Smartphones und Tablets optimiert und eine kostenlose Bundestags-App für iOS, Android und Windows-Betriebssysteme bereitgestellt.

Seit 2012 wurden Teilbereiche des Internetauftritts in „Leichter Sprache“ und in „Gebärdensprache“ angeboten. Die Kernzeitdebatten werden live in Gebärdensprache gedolmetscht.

Am 11. Oktober 2016 wurde die Website im nunmehr responsiven Design in völlig neuer Struktur freigeschaltet. Damit waren alle Inhalte der Hauptseite auf Smartphones, Tablets, PC und Großbildschirmen verfügbar.

Sämtliche Gutachten der Wissenschaftlichen Dienste werden seit 2016 im Internet veröffentlicht.

Die Föderalismuskommission II

Eines der ambitioniertesten Vorhaben der Großen Koalition war die Föderalismusreform, die von Bundestag und Bundesrat im Juni und Juli 2006 beschlossen wurde und zum 1. September 2006 in Kraft trat. Durch sie wurden die Zuständigkeiten von Bund und Ländern neu geordnet. Einerseits wurde die Zahl der zustimmungspflichtigen Gesetze deutlich reduziert, andererseits erhielten die Länder in zahlreichen Politikbereichen mehr Gesetzgebungskompetenzen.

Im Rahmen der Föderalismusreform einigten sich Bund und Länder im Frühjahr 2009 auf eine Neuordnung der Finanzbeziehungen. Kernstück dieser Reform war die sogenannte Schuldenbremse. Sie wurde Gegenstand einer Grundgesetzänderung, um die Staatsverschuldung Deutschlands zu begrenzen. Der Bundestag stimmte am 29. Mai 2009 für die erforderlichen Grundgesetzänderungen, am 12. Juni 2009 auch der Bundesrat ebenfalls zu; nur Berlin, Mecklenburg-Vorpommern und Schleswig-Holstein lehnten die Verfassungsänderung ab. Das Gesetz zur Änderung des Grundgesetzes (Art. 91c, Art. 91d, Art. 104b, Art. 109, Art. 109a, Art. 115, Art. 143d) trat am 1. August 2009 in Kraft. Bund und Ländern waren seit 2011 zu verbindlichen Vorgaben zur Reduzierung des Haushaltsdefizits verpflichtet. Die Haushalte von Bund und Ländern sollten grundsätzlich ohne Einnahmen aus Krediten ausgeglichen werden.

Die 13. Bundesversammlung – Horst Köhler wird wiedergewählt

Ein besonderes Ereignis war die Wiederwahl von Horst Köhler zum Bundespräsidenten durch die 13. Bundesversammlung am 23. Mai 2009 im ersten Wahlgang mit 613 Stimmen. Die Gegenkandidaten waren von SPD und BÜNDNIS 90/DIE GRÜNEN Gesine Schwan, von der Fraktion DIE LINKE der aus Fernsehserien schon in der DDR bekannte Schauspieler Peter Sodann und von den Republikanern Frank Rennicke vorgeschlagen worden.

Noch bevor Bundestagspräsident Lammert das Wahlergebnis verkünden konnte, hatten die Stimmenauszähler Julia Klöckner (CDU/CSU) und Ulrich Kelber (SPD) dieses bereits über den Kurznachrichtendienst Twitter (heute „X“) veröffentlicht. So betrat schon vor der amtlichen Bekanntgabe des Wahlergebnisses die Musikkapelle den Plenarsaal und Köhler nahm erste Gratulationen und Blumensträuße entgegen, während durch eine Nachzählung der Stimmkarten das Ergebnis noch einmal geprüft worden war. Julia Klöckner hatte sich für ihr Verhalten entschuldigt und war vom Amt des Schriftführers zurückgetreten.

Die drei Untersuchungsausschüsse

Zentrale Kontrollfunktion in Zeiten von „Großen Koalitionen" haben die parlamentarischen Untersuchungsausschüsse, von denen es im 16. Bundestag drei gab.

Ende des Jahres 2006 konstituierte sich der Verteidigungsausschuss als Untersuchungsausschuss. Er befasste sich 22 Monate lang mit dem Einsatz der Bundeswehr-Eliteeinheit „Kommando Spezialkräfte" KSK in Afghanistan. Es gab Vorwürfen des ehemaligen Guantanamo-Häftlings Murat Kurnaz, im Gefangenenlager von Kandahar, Afghanistan, von zwei deutschen Soldaten misshandelt worden zu sein. Die Vorwürfe konnten nicht bewiesen und nicht entkräftet werden.

Der 1. Untersuchungsausschuss („Bundesnachrichtendienst") sollte die Praxis der Geheimdienste bei der Terrorbekämpfung sowie im Irakkrieg untersuchen und nach Fehlern in der Geheimdienstarbeit suchen. Nach drei Jahren beendete er im Juni 2009 seine Arbeit. Es gab ernsthafte Zweifel, ob die Arbeit des Untersuchungsausschusses überhaupt einen Mehrwert gebracht hatte.

Der 2. Parlamentarische Untersuchungsausschuss („Hypo Real Estate") sollte die Vorgänge im Zusammenhang mit der Schieflage der Hypo Real Estate untersuchen. Im Mittelpunkt standen die „Kommunikationswege" zwischen dem Bundesministerium der Finanzen, der Deutschen Bundesbank und der Bundesanstalt für Finanzdienstleistungsaufsicht (BaFin) von Anfang des Jahres 2007 bis Oktober 2008, um festzustellen, seit wann die Bundesregierung, insbesondere der Bundesminister der Finanzen, Peer Steinbrück (SDP), über die Liquiditätsprobleme der HRE informiert war. Die Einsetzung des Untersuchungsausschusses erfolgte erst im April 2009. Bis zur parlamentarischen Sommerpause und der sich anschließenden Bundestagswahl blieben fünf Sitzungswochen. Das Ergebnis war ernüchternd: Die Opposition behauptete, ihre Befürchtungen hätten sich bewahrheitet und die Regierung wies alle Vorwürfe als unbegründet und als hinreichend widerlegt zurück.

Das Ende der 16. Wahlperiode

Eigentlich hätte die 16. Wahlperiode am 7. September 2009 mit der Feierstunde im ehemaligen Bonner Plenarsaal anlässlich des 60. Jahrestages der Konstituierung des 1. Bundestages am 7. September 1949 wunderbar enden können. Doch fand am 8. September 2009 eine letzte Plenarsitzung statt, in der der Bundestag ein Gesetz über die Ausweitung und Stärkung der Rechte des Bundestages und des Bundesrates in Angelegenheiten der Europäischen Union festlegte. Ferner hatte Bundeskanzlerin Merkel eine Regierungserklärung zu aktuellen Vorgängen in Afghanistan am 4. September 2009 abgegeben, mit denen sich gleich zu Beginn der 17. Bundestag ausführlicher befasste.

Am 27. September 2009 wurde der 17. Bundestag bei einer Wahlbeteiligung von 70,8 % gewählt.

Am 30. September 2009 hatte dann noch das Bundesverwaltungsgericht Pflichtverstöße der Abgeordneten Otto Schily (SPD) und Volker Kröning (CDU/CSU) gegen die Verhaltensregeln für Mitglieder des Bundestages bestätigt, die beide unzureichende Angaben zu ihrer Rechtsanwaltstätigkeit gemacht hatten.

Norbert Lammert (CDU/CSU) – Präsident des Deutschen Bundestages 2005–2017

17. Wahlperiode (2009–2013)

Stasi-Vergangenheit, virtuelle Debatten und Wahlrechtsreform

Konstituierung

Bei der Bundestagswahl 2009 musste die CDU/CSU im Vergleich zur Bundestagswahl von 2005 weitere Stimmenverluste hinnehmen. Doch blieb sie mit 33,8 % der gültigen Zweitstimmen und 239 Mandaten stärkste Fraktion. Die SPD erhielt einen Stimmenanteil von 23,5 % der abgegebenen Zweitstimmen und bleibt mit 146 Mandaten zweitstärkste Fraktion. Die FDP konnte mit 14,6 % gegenüber 9,8 % bei der Wahl von 2005 einen beträchtlichen Stimmengewinn verbuchen. Mit 93 Mandaten bleibt sie drittgrößte Fraktion. Auch DIE LINKE erhielt mit 11,7 % der gültigen Zweitstimmen einen erheblichen Stimmenzuwachs und bleibt mit 76 Mandaten viertgrößte Fraktion. Die Fraktion BÜNDNIS 90/DIE GRÜNEN konnte erheblichen Stimmenzuwachs erzielen, bildete aber mit 10,7 % der gültigen Zweitstimmen und 68 Mandaten die kleinste Fraktion. Mit 332 von insgesamt 622 Mandaten verfügten CDU/CSU und FDP über eine stabile Mehrheit.

Am 27. Oktober 2009 konstituierte sich der 17. Bundestag unter dem Vorsitz von Alterspräsident Heinz Riesenhuber (CDU/CSU). Die Wiederwahl von Norbert Lammert (CDU/CSU) zum Bundestagspräsidenten mit 84,6 % der abgegebenen Stimmen war unstrittig. Vizepräsidenten wurden Gerda Hasselfeldt (CDU/CSU), Wolfgang Thierse (SPD), Hermann Otto Solms (FDP), Petra Pau (DIE LINKE) und Katrin Göring-Eckardt (BÜNDNIS 90/DIE GRÜNEN). Nach dem in der

16. Wahlperiode erst in einem fünften Wahlgang Petra Pau zur Vizepräsidentin gewählt wurde, gelang es ihr bei der Wahl 2009 mehr Stimmen zu erhalten (61,3 %), als Wolfgang Thierse (60,0 %).

Die Fraktionsvorsitzenden waren Renate Künast und Jürgen Trittin (BÜNDNIS 90/DIE GRÜNEN), Volker Kauder (CDU/CSU), Birgit Homburger (FDP), Gregor Gysi (DIE LINKE) und Frank-Walter Steinmeier (SPD).

Am 28. Oktober 2009 wurde Angela Merkel (CDU/CSU) mit 323 von 612 abgegebenen Stimmen zur Bundeskanzlerin gewählt. Sie bildete mit der FDP die Regierungskoalition, die im Wahlkampf 2009 von der Moderatorin Maybrit Illner als „Tigerenten-Koalition" bezeichnet wurde, in Anlehnung an die schwarz-gelb-gestreifte Tigerente des Kinderbuchautors Janosch.

Norbert Lammert: Das Parlament kontrolliert die Regierung

In seiner Antrittsrede kritisierte Bundestagspräsident Lammert, dass die Konstituierung des Bundestages im Hauptprogramm der öffentlich-rechtlichen Sender nicht übertragen werde und stattdessen Fernsehkomödien und -serien gezeigt würden.

Auch setzte er sich für die Stärkung des Parlamentes und der Parlamentarier im Verhältnis zur Regierung ein. „Nicht die Regierung hält sich ein Parlament, sondern das Parlament bestimmt und kontrolliert die Regierung". Damit signalisierte Lammert auch Selbstbewusstsein des Parlaments, dessen Präsident er war. Lammert behielt seine Unabhängigkeit und lehnte mehrere Initiativen der von der CDU geführten Bundesregierung ab, sofern er durch diese die Rechte des Parlamentes beeinträchtigt sah oder er sie generell für falsch erachtete.

Zur „Kultur einer parlamentarischen Demokratie" gehörte für ihn auch die Achtung der Rechte von Minderheiten. In Debatten um die Euro-Rettung erteilte er im September 2011 Abweichlern aus der CDU/CSU und der FDP das Wort, obwohl sie von ihren Fraktionen nicht als Redner nominiert worden waren.

Immer wieder nahm Lammert zu aktuellen politischen und gesellschaftlichen Themen Stellung. Um den Gestaltungsspielraum der Politik vor und nach Wahlkämpfen zu erweitern, forderte er 2009 die Verlängerung der Legislaturperiode des Deutschen Bundestages von vier auf fünf Jahre. Außerdem setzte er sich dafür ein, Deutsch als Amtssprache der Bundesrepublik im Grundgesetz zu verankern. Als bekennender Katholik initiierte er 2012 einen Aufruf für die Ökumene und die Überwindung der Kirchenspaltung und übersetzte in einem Bildband über den von dem Künstler Günther Uecker gestalteten Andachtsraum im Reichstagsgebäude das „Vater unser" neu.

Bundestagspräsident Lammerts Humor und seine Selbstironie waren inzwischen genauso geschätzt wie seine Amtsführung, über die Günter Bannas 2010 in der „Frankfurter Allgemeinen Zeitung" schrieb: Lammert hält „Abstand zu den Mehrheiten und auch zu seiner eigenen Partei und Fraktion […]. Er lässt sich nicht instrumentalisieren und nicht die eigene Meinung verbieten". Thomas Schmid bezeichnete ihn 2011 in der WELT als einen „Glücksfall" und „Wächter der Demokratie", der „als ein schöngeistiges, als ein intellektuell anspruchsvolles Oberhaupt des immer noch recht jungen deutschen Parlamentarismus zu glänzen" verstehe. Der „Spiegel" unterstellte Lammert die Qualitäten eines „politischen Unterhaltungskünstlers".

Zu Protokoll gegebene Reden

In seiner Antrittsrede führte Lammert kritisch aus, dass in der 16. Wahlperiode 464 Tagesordnungspunkte ohne Debatte verhandelt und von rund 15 500 Reden nicht weniger als 4 429 zu Protokoll gegeben worden waren. Es sei „sicher keine Errungenschaft, schon gar nicht, wenn die zweite und dritte Lesung von Gesetzen im Plenum alleine in der Niederlegung von schriftlichen Beiträgen besteht, die gar nicht debattiert werden konnten. Mit der unmissverständlichen Festlegung unserer Verfassung – Zitat: ‚Der Bundestag verhandelt öffentlich'".

Das von Lammert angesprochene Thema war damit jedoch nicht vom Tisch. Für den 27. Juni 2013 wies die Tagesordnung eine Plenarsitzung von etwa 24-stündiger Dauer aus. Das geplante Sitzungsende war Freitag, der 28. Juni 2013, 9:45 Uhr. Gleichwohl wies die Tageordnung den Sitzungsbeginn für die obligatorische Sitzung am Freitag, den 28. Juni 2013, schon um 9:00 Uhr aus.

Die Lösung war, dass in der 250. Sitzung 300 Reden zu Protokoll gegeben wurden, die Sitzung um 0:52 Uhr geschlossen werden konnte und der Stenografische Bericht 626 Seiten umfasste. Gut 60 % der abgedruckten Reden waren zu Protokoll gegeben worden.

Üblicherweise betrug ein zu Protokoll gegebener Redetext 3 bis 4 Seiten, die längste „Protokollrede" umfasste 14 Seiten.

Die „Mövenpick-Steuer" der FDP 2009

Die FDP hatte schon im Dezember 2009 bei den Verhandlungen um das Gesetz zur Beschleunigung des Wirtschaftswachstums (Wachstumsbeschleunigungsgesetz) erfolgreich durchgesetzt, den Mehrwertsteuersatz für Hotelübernachtungen von 19 % auf 7 % zu senken. Als bekannt wurde, dass der Unternehmer August Baron von Finck, der Miteigentümer von Mövenpick war, die wiederum in Deutschland Hotels betrieben, der FDP 2009 1,1 Millionen Euro gespendet hatte, sprach man in der Presse von der „Mövenpick-Steuer". Eigentlich handelte es sich lediglich um eine im Koalitionsvertrag beschlossene steuerliche Sofortmaßnahme.

Der Verteidigungsausschuss als Untersuchungsausschuss

Am 4. September 2009, mitten im Bundestagswahlkampf, wurden in der Nähe von Kundus im Norden Afghanistans zwei von Taliban entführte Tanklastwagen und zahlreiche Menschen in deren unmittelbarer Umgebung von zwei US-amerikanischen Flugzeugen bombardiert. Den Befehl gab ein Bundeswehroffizier. 142 Menschen wurden dabei getötet oder verletzt. Bundesminister für Arbeit und Soziales, Franz Josef Jung, der zum Zeitpunkt des Angriffs Verteidigungsminister war, trat nach heftiger Kritik über die Art, wie er das Parlament informiert habe, am 27. November 2009 aus dem Kabinett aus. Am 16. Dezember

2009 konstituierte sich der Verteidigungsausschuss als Untersuchungsausschuss „Kundus“.

Nur wenige Wochen vor Ende der Wahlperiode konstituierte sich auf Antrag aller Fraktionen am 26. Juni 2013 der Verteidigungsausschuss erneut als Untersuchungsausschuss, um den Umständen für den Abbruch des Rüstungsprojektes „Euro Hawk“ auf den Grund zu gehen. So kurz vor Wahlperiodenende sollte der Ausschuss wohl eher für den Wahlkampf „Munition“ bereitstellen, was aber kam gelang.

Libyen

Anfang 2011 kam es zum Bürgerkrieg in Libyen. Am 17. März 2011 wurde im UN-Sicherheitsrat über die Resolution 1973 abgestimmt, deren Ziel es war, die libysche Regierung mit der Einrichtung einer Flugverbotszone über Libyen zu zwingen, die Gewalt gegen die eigene Bevölkerung zu beenden. Gemeinsam mit Russland, China, Indien und Brasilien enthielt sich Deutschland der Stimme, was international zu Irritationen, insbesondere bei den USA, führte. Westerwelle, so der Vorwurf, würde Deutschland außenpolitisch in die Isolation führen. Auf dem FDP-Parteitag im Mai 2011 kandidierte Westerwelle nicht mehr und der Bundesminister für Gesundheit, Philipp Rösler, wurde Parteivorsitzender und kurze Zeit später zum Bundesminister für Wirtschaft und Technologie ernannt. Rainer Brüderle wurde FDP-Fraktionsvorsitzender. Am 21. Januar 2013 beschloss die FDP, dass Brüderle aber die FDP als Spitzenkandidat im Bundestagswahlkampf führen sollte; kurz danach löste ein in der Illustrierten „Stern“ erschienener Artikel über Brüderle eine Sexismus-Debatte aus.

Die 14. Bundesversammlung – Christian Wulff wird Bundespräsident

Bundespräsident Horst Köhler war erst im Mai 2009 erneut für weitere fünf Jahre ins höchste Staatsamt gewählt worden, als er am 31. Mai 2010 völlig überraschend seinen sofortigen Rücktritt publik machte. Die 14. Bundesversammlung, bestehend aus 1240 Mitgliedern, trat am 30. Juni 2010 zusammen. Vergeblich machte sich Norbert Lammert Hoffnung, Bundespräsident zu werden. Stattdessen schlugen auf Wunsch von Bundeskanzlerin Merkel die CDU/CSU und FDP den Niedersächsischen Ministerpräsidenten Christian Wulff als Kandidaten vor. Für SPD und BÜNDNIS 90/DIE GRÜNEN kandidierte der DDR-Pfarrer Joachim Gauck, der von 1990 bis 2000 die Stasi-Unterlagen-Behörde geleitet hatte. DIE LINKE stellte die ehemalige ARD-Journalistin Lukrezia Jochimsen und die NPD erneut den Liedermacher Frank Rennicke auf. Wulff wurde nach einem spannenden Wahlkrimi im dritten Wahlgang mit 625 Stimmen zum Bundespräsidenten gewählt. Wulff war nach Heinemann 1969 und Herzog 1994 der dritte Bundespräsident, der im dritten Wahlgang gewählt wurde.

Die Staatsschuldenkrise

Ende des Jahre 2009 drohte Griechenland die Staatsinsolvenz. Daraufhin erhielt Griechenland zunächst Kreditbürgschaften von der Europäischen Union, der Europäischen Zentralbank und dem Internationalem Währungsfonds für drei Jahre. Diese Hilfe wurde an die Bedingung geknüpft, strenge Spar- und Konsolidierungsmaßnahmen zu ergreifen.

Als sich zeigte, dass diese Hilfe bei weitem nicht ausreichte, beschlossen die europäischen Staats- und Regierungschefs Anfang Mai 2010 die Einrichtung der sogenannten Europäischen Finanzstabilisierungsfazilität (EFSF – European Financial Stability Facility). Dabei handelte es sich um eine luxemburgische Aktiengesellschaft, die die Funktion eines vorübergehenden Rettungsschirms übernahm. Die EFSF erhielt Garantien der Euro-Staaten in Höhe von 780 Milliarden Euro und war berechtigt, finanzielle Mittel in Höhe von circa 440 Milliarden Euro zu verleihen, um die drohende Zahlungsunfähigkeit eines Mitgliedstaates der Euro-Zone zu verhindern. Der Bundestag stimmte dem EFSF am 7. Mai 2010 zu, der am 7. Juni 2010 gegründet und ab 4. August 2010 handlungsfähig war.

Am 29. September 2011 beschloss der Bundestag, dass die Bundesregierung in Angelegenheiten der Europäischen Finanzstabilisierungsfazilität (EFSF), die die haushaltspolitische Gesamtverantwortung des Parlaments berühren würden, vor ihrer Zustimmung oder Enthaltung die Zustimmung des Bundestages benötigt. Ist eine Entscheidung des Bundestages nicht vorgesehen, wird der Haushaltsausschuss beteiligt. In dieser Diskussion hatte Bundestagspräsident Lammert den beiden Kritikern des EFSF, Klaus-Peter Willsch (CDU/CSU) und Frank Schäffler (FDP), das Recht eingeräumt, über das Kontingent ihrer Fraktionen hinaus, die sie nicht als Redner aufgestellt hatten, in der Debatte zu sprechen. Dieses Vorgehen brachte Lammert scharfe Kritik in seiner eigenen Fraktion, was sich aber bei seiner Wiederwahl als Parlamentspräsident 2013 nicht mehr bemerkbar machte.

Als erkennbar wurde, dass auch dieser Rettungsschirm nicht ausreichen würde, verständigten sich die Mitgliedstaaten des Euro-Raums auf die Einrichtung eines permanenten Rettungsschirms mit einem Stammkapital von 700 Milliarden Euro, der Europäische Stabilitätsmechanismus (ESM – European Stability Mechanism), der im Oktober 2012 seine Arbeit aufnahm und den EFSF ab 1. Juli 2013 ablöste.

Zur Gründung des ESM schlossen die Euro-Länder einen neuen Fiskalvertrag. Nur die Länder erhalten Unterstützung aus dem Europäischen Stabilitätsmechanismus, die den neuen Fiskalvertrag ratifizieren und eine nationale Schuldenbremse einführen. Am 29. Juni 2012 stimmten Bundestag und Bundesrat dem Vertrag zur Einrichtung des Europäischen Stabilitätsmechanismus zu. Aufgrund von anhängigen Verfassungsklagen hatte der Bundespräsident das Gesetz nicht sofort unterzeichnet, sondern erst am 13. September 2012, also einen Tag nach der Entscheidung des Bundesverfassungsgerichts zu den bis dahin eingegangenen Eilanträgen. Damit trat der Fiskalvertrag am 27. September 2012 in Kraft.

Nach Griechenland mussten in der 17. Wahlperiode auch in Irland, Portugal, Spanien und Zypern der Staatsbankrott durch den Rettungsschirm verhindert werden. Verfassungsklagen (Eilanträge) aus der Mitte des Bundestages gegen den ESM lehnte das Bundesverfassungsgericht begründet am 12. September 2012 und erneut am 17. Dezember 2013 ab.

Guttenberg unter Plagiatsverdacht und die Aussetzung der Wehrpflicht

Im April 2010 leitete der Verteidigungsminister Karl-Theodor zu Guttenberg mit der Einberufung einer Bundeswehr-Strukturkommission die umfassendsten Reformen der Bundeswehr seit ihres Bestehens ein. Die Kommission empfahl im Oktober 2010 unter anderem die Aussetzung der Wehrpflicht, die Einführung eines Bundesfreiwilligendienstes (BFD), die personelle Reduzierung der Streitkräfte auf 185 000 Personen, eine Neuordnung der Bundeswehrverwaltung inklusive einer Stärkung des Dienstsitzes in Berlin sowie die Stärkung des Generalinspekteurs, der zukünftig zusätzlich auch truppendienstlicher Vorgesetzter aller Soldaten werden sollte.

Anfang Februar 2011 wurde Guttenberg mit Plagiatsvorwürfen bei seiner Doktorarbeit konfrontiert. Nachdem die Universität Bayreuth ihm Ende Februar 2011 den Doktortitel aberkannte, trat Guttenberg am 1. März 2011 als Bundesminister zurück und legte am 3. März auch sein Bundestagsmandat nieder. Thomas de Maizière (CDU/CSU), zuvor Bundesminister des Innern, wurde zum Verteidigungsminister ernannt und führte die Bundeswehrreform zu Ende, die im Juni 2012 als Bundeswehrreform-Begleitgesetz – also erst im 17. Bundestag – verabschiedet wurde.

Im Übrigen wurde mit Bundesministerin für Bildung und Forschung Annette Schavan am 5. Februar 2013 einem zweiten Kabinettsmitglied Merkels der Doktortitel aberkannt. Sie hatte ausweislich der Stellungnahme ihrer Universität viele Stellen wörtlich aus fremder Literatur übernommen, ohne diese als Zitate auszuweisen. Sie erklärte daraufhin ihren Rücktritt und wurde von Angela Merkel gegen den Protest des Personalrates des Auswärtigen Amtes zur Botschafterin beim Heiligen Stuhl ernannt. Bereits 1950 hatte Bundeskanzler Adenauer dem zurückgetretenen Bundestagspräsident Erich Köhler die Vatikanbotschaft angeboten. Doch Bundespräsident Heuss wollte nicht, dass die Bundesrepublik im Ausland von gescheiterten Politikern vertreten werde. Nachfolgerin von Schavan im Bildungsministerium wurde die bisherige niedersächsische Ministerin für Wissenschaft und Kultur, Johanna Wanka.

Atomkonsens und Energiewende

In der 14. Wahlperiode hatte das Kabinett Schröder mit den Energieversorgungsunternehmen die Vereinbarung vom 14. Juni 2000, den vielfach sogenannten „Atomkonsens", getroffen. Damit waren der Industrie Garantien gegeben worden, gleichzeitig aber der Atomenergieausstieg vereinbart worden. Der Vertrag ging 2002 in die Novellierung des Atomgesetzes ein.

Noch im Wahlkampf 2009 hatten CDU/CSU und FDP angekündigt, im Falle eines Wahlsieges die Laufzeiten der Atomkraftwerke in Deutschland zu verlängern. Nach ihrem Wahlsieg wurde das Atomgesetz, das am 14. Dezember 2010 in Kraft trat, dahingehend geändert, dass die vor 1980 in Betrieb gegangenen Atomkraftwerke zusätzliche acht Jahre und die übrigen zusätzliche 14 Jahre Restlaufzeit erhielten.

Aufgrund des Nuklearunfalls vom März 2011 im Kernkraftwerk Fukushima (Japan) infolge eines Tsunamis wurde beschlossen, die älteren Reaktoren zügiger abzuschalten. Am 30. Mai 2011 beschloss Merkel den Atomausstieg bis zum Jahre 2022. Das „13. Gesetz zur Änderung des Atomgesetzes" wurde am 30. Juni 2011 im Bundestag mit großer Mehrheit verabschiedet, das die Beendigung der Kernenergienutzung und die Beschleunigung der Energiewende in Aussicht stellte. Bei der Durchsetzung des neuen Atomgesetzes wurde auch mit der Angst vor Atomkatastrophen in Deutschland argumentiert und die 2010 beschlossenen Verlängerungen der Laufzeiten der Atomkraftwerke wieder zurückgenommen.

Die „Terrorgruppe Nationalsozialistischer Untergrund" (NSU)

Nach einem Überfall auf eine Sparkasse in Eisenach im November 2011 stellte sich heraus, dass die Ermordung von acht Mitbürgern mit türkischen Migrationshintergrund, eines Mitbürgers mit griechischem Migrationshintergrund, einer deutschen Polizeibeamtin und zwei gegen Migranten zielende Sprengstoffanschläge in Köln in den Jahren 2000 bis 2006 nicht, wie von der Polizei jahrelang vermutet, auf das

Konto von Tätern aus dem türkischen Drogenmilieu ging, sondern auf die rechtsextremistische Terrorgruppe „Nationalsozialistischer Untergrund" (NSU) zurückgehen.

Zwei Mitglieder des NSU, Uwe Mundlos und Uwe Böhnhardt, hatten nach dem Überfall Suizid begangen. Gegen das dritte NSU-Mitglied, Beate Zschäpe, sowie gegen vier weitere wegen Unterstützung des NSU angeklagte Männer wurde vor dem Oberlandesgericht München im Mai 2013 der Prozess eröffnet.

Dem Bundesamt für Verfassungsschutz, dem Militärischen Abschirmdienst (MAD) und dem Thüringer Landesamt für Verfassungsschutz war es zwischen 1996 und 2003 gelungen, über sogenannte V-Leute dauerhaft Informationen über den rechtsextremen „Thüringer Heimatschutz" zu erhalten. Da dem „Thüringer Heimatschutz" auch die Mitglieder des „Nationalsozialistischen Untergrundes" angehört hatten, lag die Frage auf der Hand, inwieweit Behörden von Bund und Ländern für Verbrechen der Terrorgruppe Nationalsozialistischer Untergrund mitverantwortlich waren, zumal, wie sich später herausstellte, bereits kurz nach Auffliegen des „Nationalsozialistischen Untergrundes" beim Bundesamt für Verfassungsschutz die einschlägigen Akten vernichtet worden waren. Auf Antrag aller Fraktionen nahm im Januar 2012 ein eigens gebildeter Untersuchungsausschuss zum Thema NSU seine Arbeit auf.

Unter dem Vorsitz von Sebastian Edathy (SPD), der am 6. Februar 2014 den Bundestag vorgeblich aus Krankheitsgründen verließ und dem man vorwarf, Kinderpornografie unter anderem auch auf seinem Dienstlaptop gespeichert zu haben, tagte der Untersuchungsausschuss an Plenarsitzungsdonnerstagen, häufig hinter verschlossenen Türen. Etwa 100 Personen wurden von März 2012 bis Juni 2013 geladen.

Der Abschlussbericht vom August 2013 enthielt eine Mängelliste der Versäumnisse des Bundesamtes und der Landesämter für Verfassungsschutz, vor allem in Bezug auf deren Zusammenwirken, was zu Pannen bei der Fahndung nach Böhnhardt, Mundlos und Zschäpe geführt hatte. Allzu lange glaubte man, es „nur" mit einer kriminellen Organisation aus dem Milieu der Opfer zu tun zu haben. Um zukünftig Behördenversagen zu vermeiden, empfahl der Untersuchungsausschuss, dass bei polizeilichen Ermittlungen von Gewalttaten geprüft werde, ob Rassismus als Tatmotiv infrage kommen könnte. Ferner sollten Migranten für den Polizeidienst gewonnen werden sowie die parlamentarische Kontrolle der Verfassungsschutzbehörden effektiver gestaltet werden.

Der „Fall" Wulff

Keine zwei Jahre war Bundespräsident Christian Wulff im Amt, als im Dezember 2011 Vorwürfe gegen ihn erhoben wurden, im Niedersächsischen Landtag 2010 eine Anfrage zum Kauf seines Hauses in Großburgwedel falsch beantwortet zu haben. Als Wulff erfuhr, die „Bild"-Zeitung recherchiere über die Finanzierung seines Eigenheims, versuchte er, durch ein Telefonat mit Chefredakteur Kai Dieckmann unter Androhung einer Strafanzeige die Berichterstattung zu unterbinden. Wulff hatte eine entsprechende Nachricht auf dem Anrufbeantworter hinterlassen, weil Dieckmann nicht erreichbar war.

Eine Fülle von weiteren Vorwürfen des Verdachts der Vorteilsannahme im Amt folgten. Olaf Glaeseker, Pressesprecher und Weggefährte Wulffs, wurde am 22. Dezember 2012 von seinen Aufgaben entbunden; auch er war in den Verdacht der Bestechlichkeit geraten. Am 16. Februar 2012 beantragte die Staatsanwaltschaft Hannover die Aufhebung der Immunität des Bundespräsidenten, woraufhin Wulff am 17. Februar 2012 seinen Rücktritt erklärte. Erst am 27. Februar 2014 wurde Wulff freigesprochen und ihm wurde eine finanzielle Entschädigung zugesprochen. Die Staatsanwaltschaft legte gegen das Urteil Revision ein, nahm sie aber am 13. Juni 2014 wieder zurück, womit der Freispruch für Christian Wulff rechtskräftig wurde.

15. Bundesversammlung – Joachim Gauck wird Bundespräsident

Bereits im Vorfeld der 15. Bundesversammlung vom 18. März 2012, die wegen des vorzeitigen Rücktritts von Christian Wulff bereits knapp 21 Monate nach der 14. Bundesversammlung stattfand, hatten sich

CDU/CSU, SPD, FDP und BÜNDNIS 90/DIE GRÜNEN am 20. Februar 2012 für Joachim Gauck als Kandidat verständigt. Für die Partei DIE LINKE trat die in Frankreich lebende Journalistin Beate Klarsfeld, die seinerzeit Bundeskanzler Kiesinger öffentlich geohrfeigt hatte, an. Für die NPD kandidierte Olaf Rose. Bereits im ersten Wahlgang wurde Joachim Gauck mit 991 Stimmen zum 11. Bundespräsidenten der Bundesrepublik Deutschland gewählt. Damit waren Bundespräsident und Bundeskanzlerin sowohl ostdeutscher Herkunft als auch protestantischer Konfession.

Gastredner im Bundestag

Am 22. September 2011 sprach Papst Benedikt XVI. zu den Abgeordneten des Bundestages. Bemerkenswerterweise hatten der Bundestag und das Bundespräsidialamt die Details zum geplanten Papstbesuch aus der Presse erfahren. Norbert Lammert hatte bei einer Papstaudienz im Vatikan im Jahre 2006 den Papst beiläufig eingeladen, im Bundestag eine Rede zu halten. Bei der Erarbeitung des vorläufigen Besuchsprogramms hatte sich der Heilige Stuhl an diese Einladung erinnert und eine Bundestagsrede ohne vorherige Rücksprache mit dem Bundestag angekündigt. Vor allem die Grünen hatten sich darüber echauffiert und gefordert, den Papst auszuladen.

In seiner Rede bemerkte der Papst, dass in der politischen Auseinandersetzung die „Ökologie des Menschen“ ausgeklammert werde und fügte an, dass auch der Mensch eine Natur habe, die nicht beliebig manipuliert werden könne. Benedikt zitierte mit Blick auf die Zeit des Nationalsozialismus den heiligen Augustinus: „Nimm das Recht weg – was ist dann ein Staat noch anderes als eine große Räuberbande“. Er stellte schließlich das Naturrecht gegen den Rechtspositivismus der modernen Gesellschaften.

Anlässlich des 50. Jahrestages der Unterzeichnung des Élysée-Vertrages fand am 22. Januar 2013 im Reichstagsgebäude eine gemeinsame Sitzung der französischen Assemblée nationale und Bundestag statt. Im Rahmen dieser Sitzung warb der französische Staatspräsident

Papst Benedikt XVI. grüßt nach seiner Rede im Bundestag am 22. September 2011 die Mitglieder des Bundestages

François Hollande für eine weitere Vertiefung der Wirtschafts- und Währungsunion hin zu einer politischen Union. So müsse sich Europa mehr Haushaltsdisziplin auferlegen, aber auch für mehr Disziplin im Verhalten der Banken beitragen. Es gehe darum, gemeinsam dafür zu sorgen, dass Europa nicht nur ein Raum des Friedens, sondern auch ein „Rechtsraum, Raum des Wohlstands und ein Raum der Solidarität" bleibt.

Letzte Erfolge der Koalition

Am 9. November 2012 beschloss der Bundestag die Einführung des heftig umstrittenen Betreuungsgeldes von 150 Euro im Monat pro Kind ab 1. August 2013. Dieses Geld soll Eltern gezahlt werden, die ihre ein- und zweijährigen Kinder zu Hause betreuen.

Am Widerstand von SPD und BÜNDNIS 90/DIE GRÜNEN im Vermittlungsausschuss scheiterte im Dezember 2012 ein Steuerabkommen mit der Schweiz, das eine pauschale, anonyme und abgeltende Nachversteuerung von Schwarzgeld in der Schweiz vorsah und den Kauf von

Bankdaten deutscher Steuerhinterzieher durch die Bundesregierung überflüssig machen sollte.

NS-Belastung von Parlamentariern

Schon in den Anfangsjahren der Bundesrepublik war die Darstellung von Kontinuitäten zur nationalsozialistischen Zeit ein zentraler Bestandteil der kommunistischen Propaganda, die der Destabilisierung des politischen Systems dienen sollte. So hatte sich auch schon in der 1. Wahlperiode ein Untersuchungsausschuss mit der NS-Vergangenheit der Bediensteten des Auswärtigen Amtes befasst. Nach dem Verbot der KPD 1956 hatte die aus Ost-Berlin gesteuerte „Vereinigung der Verfolgten des Naziregimes" (VVN) 1960 ein „Weißbuch" veröffentlicht und 1965 erschien das ebenfalls aus Ost-Berlin stammende „Braunbuch" von Albert Norden. Schon hier wurden – wie später bekannt wurde – zahlreiche Fälschungen der Staatssicherheit der DDR mit echten Dokumenten verwoben. Die vermutlich prominenteste Fälschung waren die KZ-Baupläne des Bundespräsidenten Heinrich Lübke, aber auch Kurt Georg Kiesinger und viele andere FDP- und CDU/CSU-Politiker und Spitzenbeamte zählten zu den Opfern Ost-Berliner Desinformationskampagnen.

Angeregt durch die 2005 losgetretene „Nachrufaffäre" im Auswärtigen Amt um den schon 2003 verstorbenen deutschen Diplomaten Franz Roman Nüßlein, dessen Dokumente in der Tschechoslowakei gefälscht und schon in den 1960er- Jahren gezielt westdeutschen Journalisten zugespielt worden waren, setzte sich in der 17. Wahlperiode in allen Parteien die Überzeugung durch, dass nicht nur das Personal der obersten Bundesbehörden und -ministerien, sondern auch für die Parlamente der Nachkriegszeit nach biografischen und inhaltlichen Kontinuitäten zwischen dem Nationalsozialismus und der Nachkriegsrepublik sowohl bei den Abgeordneten wie auch bei den Parlamentsbeamten zu erforschen sei.

Hatte auch im Bundestag die Fraktion DIE LINKE dieses Thema forciert, so drängte Bundestagspräsident Lammert darauf, die Untersuchung nicht auf den Bundestag zu beschränken, sondern auf die Abgeordneten der Volkskammer der DDR zu erweitern. Damit war bei der Fraktion Die LINKE das Interesse an der Untersuchung verschwunden.

Es blieb bei einer kleinen Vorstudie der „Kommission für Geschichte des Parlamentarismus und der politischen Parteien“ von 2012 mit dem Titel „Das Personal des Neuanfangs. Zur NS-Vergangenheit von Abgeordneten und Mitarbeitern der Verwaltung des Deutschen Bundestages und Abgeordneten der Volkskammer der DDR“. Gut 3000 Personen – so der Vorschlag der Vorstudie – sollten untersucht werden und damit die Glaubwürdigkeit der politischen Neuorientierung in der frühen Bundesrepublik und in der frühen DDR anhand von Einzel- sowie Kollektivbiografien ermittelt werden.

Die Stasi und der Bundestag

Besonders erfolgreich war Lammert bei der historischen Aufarbeitung des Themas „Staatssicherheit der DDR und Bundestag“. Am 28. Oktober 2010 beauftragte Lammert die Bundesbeauftragte für Stasi-Unterlagen Marianne Birthler damit, „eine gutachterliche Stellungnahme zu den in den Stasi-Unterlagen dokumentierten tatsächlich erfolgten oder versuchten Einflussnahmen des Staatssicherheitsdienstes der DDR auf Mitglieder des Deutschen Bundestages in der Zeit von 1949 bis 1989 zu erstellen“.

Die Ergebnisse offenbarten grundsätzliche Probleme der Arbeit der Staatssicherheit. Die meisten der 2190 Bundestagsabgeordneten der Jahre 1949 bis 1989 waren in den „Rosenholz“-Karteien entweder gar nicht oder nur im Rahmen allgemeiner Objekt- und Sicherungsvorgänge erfasst.

Zu 137 Bundestagsabgeordneten lagen Karteikartenerfassungen im Rahmen anderer Vorgänge vor. In der Regel wurden diese Abgeordneten lediglich in der IM-Akte eines Informellen Mitarbeiters der Hauptverwaltung Auslandsgeheimdienst (HV A) mitgeführt. In anderen Fällen belegen die Erfassungen die permanenten Versuche der HV A, Kontakte zu Abgeordneten herzustellen. Die meisten Versuche misslangen jedoch.

Neun Bundestagsabgeordnete waren nachrichtendienstlich für die DDR tätig: William Borm (FDP), Josef Braun (SPD), Anton Donhauser (CDU/CSU), Gerhard Flämig (SPD), Alfred Frenzel (SPD), Otto Graf (SPD), Dirk Schneider (GRÜNE), Karlfranz Schmidt-Wittmack (CDU/CSU, später fraktionslos) und Julius Steiner (CDU). Nur Otto Graf, der dem 10. Bundestag angehörte, ist durch das von Lammert in Auftrag gegebene Gutachten enttarnt worden. Die Tätigkeit der anderen acht Personen war schon seit längerem bekannt gewesen und mehrfach in der Literatur und Presse beschrieben worden. Über die Agententätigkeit des 1960 enttarnten Abgeordneten Frenzel für den tschechoslowakischen Geheimdienst lagen im MfS-Archiv keine Belege vor.

Die KPD-Fraktion hatte als bundesrepublikanischer Zweig der Sozialistischen Einheitspartei (SED) der DDR eine Sonderstellung im 1. Bundestag. Sie brauchte die Staatssicherheit nicht geheimdienstlich unterwandern, da ihre Abgeordneten ohnehin von der DDR geführt worden waren.

Ausgleichsmandate als Lösung für eine seit 2008 ausstehende Wahlrechtsreform?

Das Bundeswahlgesetz bewirkte mit der Entstehung von Überhangmandaten den Effekt des „negativen Stimmgewichts“. Das bedeutete, dass in bestimmten Konstellationen abgegebene Zweitstimmen für solche Parteien, die Überhangmandate in einem Land gewinnen, sich insofern negativ auswirken, als diese Parteien in demselben oder einem anderen Land Mandate verlieren kann. Umgekehrt ist es auch möglich, dass die Nichtabgabe einer Wählerstimme der zu unterstützenden Partei nützlicher sein konnte. Das Bundesverfassungsgericht entschied deswegen mit Urteil vom 3. Juli 2008, dass der Effekt des negativen Stimmgewichts die Grundsätze der Gleichheit und Unmittelbarkeit der Wahl verletzen würden. Die Regelung des Bundeswahlgesetzes wurde daher, soweit der Effekt des negativen Stimmgewichts ermöglicht wurde, grundgesetzwidrig. Der Wahlfehler wirkte sich zwar auf die Zusammensetzung des 16. Deutschen Bundestages aus, führte aber nicht zu dessen Auflösung. Der Bundestag wurde aber verpflichtet, spätestens bis zum 30. Juni 2011 eine verfassungsgemäße Regelung zu treffen. So wurde mit dem alten Wahlgesetz auch noch der 17. Bundestag gewählt.

Das daraufhin beschlossene 19. Gesetz zur Änderung des Bundeswahlgesetzes wurde durch das Bundesverfassungsgericht am 25. Juli 2012 für verfassungswidrig erklärt. Erst am 21. Februar 2013 wurde vom Bundestag für die Wahl des 18. Bundestags das 20. Gesetz zur Änderung des Bundeswahlgesetzes vom 3. Mai 2013 verabschiedet. Dieses Gesetz schuf Ausgleichsmandate zur Beseitigung des im Wesentlichen durch die Überhangmandate geschaffenen „negativen Stimmgewichts".

Insbesondere durch die verhältnismäßig hohe Zahl von Überhang- und Ausgleichsmandaten schon in der 18. Wahlperiode und insbesondere in der 19. Wahlperiode gab es verschiedene Parlamentsinitiativen zur Verringerung der Gesamtzahl der Mandate. Mit dem 25. Gesetz zur Änderung des Bundeswahlgesetzes vom 14. November 2020 wurde das Berechnungsverfahren dahingehend modifiziert, dass am Ende der Sitzverteilung maximal nur drei Überhangmandate entstehen konnten. Alle übrigen Überhänge wurden durch Erhöhung der Sitzzahl ausgeglichen.

Bundestagsdrucksachen nur noch online

Der 17. Bundestag hatte am 6. Juni 2013 festgelegt, dass zur Reduzierung des Papierverbrauchs ab der kommenden 18. Wahlperiode alle Druckerzeugnisse des Bundestages nur noch elektronisch verteilt und zugänglich gemacht werden. Gleichzeitig wurden in aufwändiger Weise rückwirkend alle Drucksachen und Plenarprotokolle des Deutschen Bundestages seit seiner Konstituierung am 7. September 1949 digitalisiert und im „Portable Document Format" (PDF) durchsuchbar aufbereitet im Internet zur Verfügung gestellt.

Das „Amtliche Handbuch des Deutschen Bundestages", das die Angaben der Abgeordneten zu ihren Nebeneinkünften und deren biografischen Selbstangaben enthielt, wurde erst mit Ende der 19. Wahlperiode im Jahre 2021 eingestellt.

18. Wahlperiode (2013–2017)

Die „kleine" Große Koalition und das Ende der Volksparteien?

Die Konstituierung

Am 22. Oktober 2013 konstituierte sich der 18. Bundestag im Reichstagsgebäude in Berlin. Die Bundestagswahl vom 22. September 2013 brachte drei Besonderheiten mit sich: DIE LINKE fuhr ein leicht besseres Wahlergebnis ein als die Grünen. Die FDP scheiterte mit einem Stimmenanteil von 4,8 % an der Fünf-Prozent-Hürde und kam erstmals in der Geschichte des Bundestages nicht in den Bundestag. Das schlechte Wahlergebnis der FDP mag symbolisch auch für das Ende eines klassischen Bürgertums in der Bundesrepublik stehen. Die Parteineugründung „Alternative für Deutschland" (AfD) hatte sicherlich Teile des bürgerlichen Lagers als Wählerschaft eingebunden, doch zeigten Wahlanalysen, dass sie nicht nur im konservativen Lager, das bisher CDU wählte, Wählerschaften band, sondern vom rechten und linken Rand vor allem Protestwähler erreichte. Bis zur Wahlnacht war offen, ob der AfD der Einzug in den Bundestag gelingen würde; doch sie erreichte nur 4,7 % Stimmenteil und war somit nicht vertreten.

Im Einzelnen erhielt CDU/CSU 41,5 % (zusammen 311 Sitze), SPD 25,7 % (193 Sitze), DIE LINKE 8,6 % (64 Sitze) und BÜNDNIS 90/DIE GRÜNEN 8,4 % (63 Sitze).

Den Vorsitz der konstituierenden Sitzung übernahm Alterspräsident Heinz Riesenhuber (CDU/CSU), der elf Jahre Forschungsminister unter Bundeskanzler Kohl war, und seit 2006 Präsident der Parlamentarischen Gesellschaft. Ein drittes Mal wurde Norbert Lammert (CDU/CSU) zum Bundestagspräsidenten gewählt, diesmal mit überwältigenden 94,6 % der abgegebenen Stimmen; es war das höchste Wahlergebnis, das je ein Präsident erreicht hatte. In seiner Antrittsrede beklagte Präsident Norbert Lammert die hohe Zahl der Drucksachen in der vergangenen 17. Wahlperiode als einen „zweifelhaften Rekord". Von den 900 Gesetzesvorhaben des 17. Bundestages seien letztendlich 553 verabschiedet worden. Es sei kaum möglich, all die Parlamentsinitiativen mit der gebotenen Sorgfalt zu bearbeiten. Auch kritisierte Lammert die viel zu hohe Anzahl der Tagesordnungspunkte, zu denen die Reden nur noch zu Protokoll gegeben werden. Sein Vorschlag war, entweder die Zahl der Sitzungswochen zu erhöhen oder den „Ehrgeiz in der Produktion von Texten und Papieren stärker zu disziplinieren". Ein Anliegen von Lammert war es, die Fragestunde lebendiger zu gestalten. Darüber hinaus sprach sich Lammert für eine Novellierung des Wahlrechts aus, da er sich um die anwachsende Größe zukünftiger Parlamente sorgte. Aufgrund der letzten Wahlrechtsreform kamen zu den vier Überhangmandaten noch 29 Ausgleichsmandate hinzu. Bei einem „Mega-Bundestag" sah Lammert die Arbeitsfähigkeit des Parlaments eingeschränkt. Ganz zu schweigen von den zusätzlichen Kosten, die entstünden.

Danach wurden Peter Hintze (CDU/CSU), Johannes Singhammer (CDU/CSU), Ulla Schmidt (SPD), Edelgard Bulmahn (SPD), Petra Pau (DIE LINKE) und Claudia Roth (BÜNDNIS 90/DIE GRÜNEN) zu Vizepräsidenten gewählt. Mit der hohen Zahl der Vizepräsidenten sollte der parteipolitische Proporz des Bundestages annähernd auch im Bundestagspräsidium abgebildet werden, mit dem Erfolg, dass die Vizepräsidenten seltener als je zuvor als „amtierende Präsidenten" im Plenum verpflichtet wurden.

Zu Vorsitzenden in den Fraktionen wurden Volker Kauder für die CDU/CSU, Frank-Walter Steinmeier für die SPD, Gregor Gysi für die DIE LINKE und Katrin Göring-Eckardt und Anton Hofreiter für BÜNDNIS 90/DIE GRÜNEN gewählt.

Der Hauptausschuss

Am 23. Oktober 2013 wurden offiziell die Koalitionsverhandlungen zwischen CDU/CSU und SPD aufgenommen, auch wenn es unmittelbar nach der Bundestagswahl bereits Sondierungsgespräche zur Bildung einer „großen Koalition“ gab. Von Anfang an zeichnete sich ab, dass diese Regierungskoalition kein Neuaufguss der Großen Koalition Kiesinger/Brandt der 5. Wahlperiode (1965–1969) werden würde, in der CDU-Bundeskanzler Kiesinger der Wegbereiter einer SPD-Kanzlerschaft wurde. Genauso wenig würde es eine Fortsetzung der Großen Koalition der 16. Wahlperiode werden. Dafür waren auch die Zeiten zu unterschiedlich. Vor allem ging man nicht unvorbereitet in die Koalition hinein. Im Gegenteil: Der Koalitionsvertrag mit dem Titel „Deutschlands Zukunft gestalten“ umfasste 185 Seiten; er weckte bei Zeitgenossen eher Assoziationen an einen „Vier-Jahres-Plan“, wie man ihn aus der DDR-Vergangenheit kannte. Es schien der Handlungsraum für eine parlamentarische Arbeit im Bundestag kaum mehr offen zu sein. Mit dem Hinweis auf den Koalitionsvertrag, der nur noch abgearbeitet zu werden brauchte, war die parlamentarische Auseinandersetzung wenigstens sehr eingeschränkt, auch wenn immer wieder zur Beruhigung das nach Peter Struck (SPD) benannte „Struck'sche Gesetz“ bemüht wurde: Kein Gesetz verließe das Parlament so, wie es eingebracht würde.

Schon vor Aufnahme der Koalitionsverhandlungen kündigte der SPD-Parteivorsitzende Sigmar Gabriel die Zustimmung zum Koalitionsvertrag durch ein Votum der SPD-Mitglieder an. Auf Grund dieser zeitintensiven Mitgliederbefragung beantragten CDU/CSU und SPD am 27. November 2013 erstmals in der Geschichte des Bundestages, einen Hauptausschuss einzurichten. Die Einsetzung des Hauptausschusses hatte den Charakter einer Geschäftsordnungsänderung und war auch notwendig, weil sich die Koalitionsverhandlungen erheblich länger hinauszögerten. Zwischen Bundestagswahl und der Vereidigung von Bundeskanzlerin Merkel lagen schließlich 86 Tage, also fast drei Monate. Eine Regierungsbildung dauerte im Bund im Durchschnitt bislang jedoch keine 38 Tage.

Der Hauptausschuss war zur Erledigung des Kerngeschäfts eingerichtet worden und hatte kein Selbstbefassungsrecht. Er war „Haushaltsausschuss im Sinne der entsprechenden gesetzlichen und geschäftsordnungsrechtlichen Vorgaben". Trotz des Fortbestehens einer geschäftsführenden Bundesregierung, die den Regierungsbetrieb aufrechterhielt, wurde der aus 47 Mitgliedern bestehende Hauptausschuss eingerichtet, um das entstandene Vakuum in der Ausschussarbeit zu kompensieren. Der Hauptausschuss löste sich mit der Regierungsbildung und der daraufhin folgenden Konstituierung der ständigen Bundestagsausschüsse auf.

Verfassungsrechtliche Zweifel gab es an der Zulässigkeit der Einsetzung des Hauptausschusses, da er auch die Aufgaben jener Pflichtausschüsse wahrnehmen sollte, die Eingang in das Grundgesetz gefunden hatten, nämlich: den Ausschuss für Angelegenheiten der Europäischen Union, den Ausschuss für Auswärtige Angelegenheiten, den Ausschuss für Verteidigung und den Petitionsausschuss. Diese Ausschüsse fallen nicht unter den Grundsatz der institutionellen Diskontinuität des Parlaments, sondern müssen auch in der Übergangszeit zwischen zwei Wahlperioden tätig sein. Die Einsetzung des Hauptausschusses führte zu einer „Kompetenzaushöhlung" der Pflichtausschüsse, die weder aufgelöst, vereinigt noch mit anderen Ausschüssen zusammengelegt werden durften.

SPD stimmt der „Großen Koalition" zu

Auf einem eigens durchgeführten Parteitag warb Gabriel zugleich für die Große Koalition. So sprachen bei der Urabstimmung am 14. Dezember 2013, an der sich 370 000 SPD-Mitglieder (78 % Wahlbeteiligung) beteiligten, 74,96 % für eine Koalition mit der CDU/CSU aus, nur 23,95 % dagegen. Am 17. Dezember 2013 wurde Angela Merkel – nun zum dritten Mal in Folge – zur Bundeskanzlerin gewählt; 462 von 621 abgegebenen Stimmen erhielt sie.

Durch die Mehrheitsverhältnisse kam die Opposition auf 20 % der Stimmen. Da es schon zur Einsetzung eines Untersuchungsausschusses eines Viertels der Mitglieder des Bundestages bedurfte, hatte das bedeutet, dass die Opposition zusätzlich 31 Stimmen von Abgeordneten der Regierungsfraktionen bedurfte. Um die Minderheitenrechte zu stärken, einigte man sich auf einen neuen § 126a der Geschäftsordnung, demzufolge 120 Mitglieder zur Einsetzung eines Untersuchungsausschusses reichten.

Merkels Kabinett gehörten als ihr Stellvertreter Sigmar Gabriel an und Frank Walter Steinmeier wurde Außenminister, bis er in der 16. Bundesversammlung zum Bundespräsidenten gewählt wurde und Gabriel zum Außenminister.

Untersuchungsausschuss NSA

Im Sommer 2013 hatte der US-amerikanische Geheimdienstmitarbeiter Edward Snowden streng geheime Dokumente der National Security Agency (NSA) offengelegt, die das Ausmaß der weltweiten Überwachungs- und Spionagepraktiken der Geheimdienste der USA und Großbritanniens, aber auch Deutschlands und anderen dargelegte. Es ging um eine verdachtsunabhängige Vorratsdatenspeicherung. Gerechtfertigt wurde das Vorgehen als Maßnahme zur Vorbeugung terroristischer Anschläge. Der Whistleblower Snowden erhielt für seine Enthüllungen, die zu einer „Globalen Überwachungs- und Spionageaffäre“ anwuchs (auch als „NSA-Affäre“ bezeichnet), 2014 den Ehrenpreis des Right Livelihood Award, den sogenannten „Alternativen Nobelpreis“.

Noch vor der Regierungsbildung kam es am 18. November 2013 zu einer Regierungserklärung der kommissarischen Bundeskanzlerin Angela Merkel (CDU/CSU) und danach in derselben Plenarsitzung zu einer Vereinbarten Debatte zu den Abhöraktivitäten der NSA und den Auswirkungen auf Deutschland und die transatlantischen Beziehungen. Durch den am 20. März 2014 eingesetzten Untersuchungsausschuss „NSA“ erhielten die Vorgehensweisen der Geheimdienste eine besondere Öffentlichkeit. Snowden lebt seit 2013 im Exil in Moskau, weil er kein Asyl in westlichen Staaten bekam und erhielt im September 2022 die russische Staatsbürgerschaft.

Der Untersuchungsausschuss machte eine intensive Zusammenarbeit von Bundesnachrichtendienst (BND) und der National Security

Agency (NSA) bekannt. In großem Umfang waren Metadaten (Verbindungsdaten zu Telefonaten, E-Mails, SMS und Chatbeiträgen) aus der deutschen Fernmeldeaufklärung an die NSA abgegeben worden. An Spitzentagen überwachte die NSA bis zu 60 Millionen Telefonverbindungen in Deutschland.

Der BND hatte vor Weitergabe der Daten diese zuvor um personenbezogene Daten deutscher Staatsbürger „bereinigt", indem alle E-Mail-Adressen mit der Endung „.de" sowie alle Telefonnummern mit der Landeskennung +49 ausgefiltert wurden. Am 28. April 2002 wurde zwischen dem BND und der NSA die Einrichtung einer gemeinsamen Arbeitsstelle in Bad Aibling vereinbart.

Im Mai 2015 wurde bekannt, dass der BND weitaus mehr Metadaten an die NSA übermittelt habe. Von 6,6 Milliarden Metadaten, die der BND monatlich abfing, hatte er 1,3 Milliarden Daten weitergereicht. Das hätte nach den Bestimmungen des „Artikel 10-Gesetz (G 10)" in der Neufassung vom 26. Juni 2001 nicht passieren dürfen, wonach das Verfahren und die Kontrolle hätten überprüft werden müssen. Das G-10-Gesetz regelte Eingriffe in das Brief-, Post- und Fernmeldegeheimnis. Berechtigt zur Überwachung und Aufzeichnung der Telekommunikation sowie zum Öffnen und Einsehen von Postsendungen sind nur die Verfassungsschutzbehörden, der Bundesnachrichtendienst (BND) und der Militärische Abschirmdienst (MAD).

Die Filterung entsprechender Nachrichten hatte nicht richtig funktioniert. Mit Hilfe der vom BND gelieferten Daten erstellten NSA und CIA Ziele für Kampfdrohnen im Einsatz gegen mutmaßliche Terroristen in Afrika und im Nahen Osten. Ferner wurden Aussagen von Asylbewerbern über die Sicherheitslage in ihren Heimatländern vom BND an die USA und Großbritannien weitergegeben. In Deutschland sollten im Juni 2014 nach Zeitungsberichten mehr als 200 US-Agenten akkreditiert gewesen sein.

Zum Schluss des Untersuchungsausschusses war ein No-Spy-Abkommen diskutiert worden, dessen Abschluss von den USA aber nie wirklich beabsichtigt war. Es wurde deutlich, dass eine ausgewogene und paritätische Zusammenarbeit zwischen den Geheimdiensten schwierig ist.

Die Flüchtlingskrise 2015/2016

2015/16 kamen über eine Million Flüchtlinge und Schutzsuchende nach Deutschland. Alleine im Kalenderjahr 2015 wurden beim Bundesamt für Migration und Flüchtlinge (BAMF) ca. 890 000 Schutzsuchende erstregistriert. Nachdem die sogenannte Westbalkanroute auf der Grundlage eines EU-Türkei-Abkommens vom 18. März 2016 gesperrt worden war, kamen im Monatsdurchschnitt erheblich weniger Asylsuchende nach Deutschland.

Der Zustrom von Flüchtlingen in kürzester Zeit löste in der Bundesrepublik eine gesellschaftliche Debatte über die Asyl- und Flüchtlingspolitik der Europäischen Union. Die politischen Parteien unterscheiden sich zum Teil stark in ihren Leitvorstellungen zur Migrations- und Asylpolitik. Wichtige Aspekte der Debatte waren die Steuerung des Zuzugs, etwa durch Beschränkung, die humanitären Aspekte und vor allem die Schaffung eines Einwanderungsgesetzes, um Migranten den Zugang zum Arbeitsmarkt zu erleichtern.

Der Bürgerkrieg in Syrien war einer der Hauptgründe für die Flucht vieler Menschen nach Deutschland. Zur Bekämpfung von Ursachen, die Flüchtlingszuwanderung nach Deutschland bewirkten, erhöhte die Bundesregierung die Beitragszahlungen an internationale Hilfsprogramme. Unter den Asylsuchenden in Deutschland waren außer Syrern Iraker und Afghanen sowie Menschen aus Afrika und Nicht-EU-Staaten des Balkans.

Es gab etliche Modifizierungen im Bereich des Asylrechts. Das Gesetz zur Registrierung und zum Datenaustausch im Asyl- und Aufenthaltsrecht, die Einführung eines beschleunigten Asylverfahrens sowie die erleichterte Ausweisung straffälliger Ausländer. Zudem ordnete das Asylbewerberleistungsgesetz die Sozialleistungen neu. Ein weiterer Schwerpunkt war das Integrationsgesetz, mit dem die Ausbildungsförderung und der Arbeitsmarktzugang für Asylbewerber verbessert werden sollten.

Zuwanderung und Abschiebung war stets eine Aufgabe der Bundesregierung, der Länder und der Kommunen, die von den Kirchen begleitet worden war, ohne dass die Kirchen davon in irgendeiner Weise profitierten. Wer mitmachte, der begnügte sich mit dem Merkel-Diktum: „Wir schaffen das!"

Dennoch fehlten ordnungspolitische Maßnahmen sowie Integrationsmaßnahmen. Einreisebeschränkungen wurden nicht geschaffen. Stattdessen gab es großzügige sozialpolitische und finanzielle Anreize, die unter allen europäischen Staaten die Bundesrepublik Deutschland zum bevorzugten Einreiseland werden ließen und einen Missbrauch des Asylrechts begünstigten.

Zentrale Gesetze

Zu den bedeutenden Gesetzen der 18. Wahlperiode zählten die Verabschiedung der Mütterrente im Bundestag am 29. Januar 2014, die Einführung des Mindestlohns am 3. Juli 2014, die Verabschiedung des Pflegestärkungsgesetzes und die Novelle zum Unterhaltsvorschussgesetz sowie die Wohngeldreform.

Die Flexirente wurde in der eigens eingerichteten Arbeitsgruppe von Parlaments- und Regierungsvertretern verhandelt, deren Ergebnisse in den gemeinsamen Entschließungsantrag von CDU/CSU und SPD mündete, und am 23. Juni 2014 im Bundestag beschlossen wurde. Mit der Flexirente konnte der Übergang vom Erwerbsleben in die Rente selbstbestimmter gestaltet werden.

Bei der Debatte zur „Sterbebegleitung" im Rahmen einer Vereinbarten Debatte am 13. November 2014 sowie bei der Beschlussfassung am 6. November 2015 wurde die Fraktionsdisziplin aufgehoben und fraktionsübergreifend über vier Gesetzentwürfe verhandelt. Es ging 1. um die „Straffreiheit der Hilfe zur Selbsttötung", 2. um die „Strafbarkeit der Teilnahme an einer Selbsttötung", 3. um eine „Regelung der ärztlich begleiteten Lebensbeendigung" und 4. um die „Strafbarkeit der geschäftsmäßigen Förderung der Selbsttötung". Einigkeit im Parlament bestand bei der Verbesserung der Hospiz- und Palliativversorgung, um Menschen am Lebensende zu begleiten. Ende 2015 trat das Hospiz- und Palliativgesetz in Kraft.

Die 16. Bundesversammlung 2017

Die 16. Bundesversammlung fand am 12. Februar 2017 im Reichstagsgebäude in Berlin statt. Die fünfjährige Amtszeit von Bundespräsident Joachim Gauck war im März 2017 zu Ende. Die Große Koalition Merkel einigte sich rasch auf Frank-Walter Steinmeier, so dass er als aussichtsreichster Kandidat in die Bundesversammlung ging und erwartungsgemäß gewählt wurde.

Die „Ehe für alle"

Am 28. Juni 2012, also schon im 17. Bundestag, wurde über den Entwurf eines Gesetzes zur Einführung des Rechts auf Eheschließung für Personen gleichen Geschlechts abgestimmt. Bei 260 Ja-Stimmen zu 309 Nein-Stimmen wurde die Öffnung der Ehe für gleichgeschlechtliche Paare mit den Stimmen von CDU, CSU und FDP abgelehnt. Die FDP begründete das Abstimmverhalten mit ihrer Koalitionstreue zur Union.

Zu den letzten Initiativen der 18. Wahlperiode gehörte unerwartet die erneute Behandlung dieses Themas im Bundestag unter Aufhebung der Fraktionsdisziplin. Die Initiative ging von Bundeskanzlerin Merkel persönlich aus. Nachdem sie am 26. Juni 2017 im Kardinal-Höffner-Kreis, einem Zusammenschluss katholischer CDU/CSU-Abgeordneten, das Thema angesprochen hatte, ohne auf Wiederspruch gestoßen zu sein, behandelte Merkel in einem anschließenden Fernsehinterview „BRIGITTE Live" in gleicher Weise das Thema und empfahl zugleich für die Abstimmung im Bundestag die Fraktionsdisziplin aufzuheben.

Interessanterweise hatten sich die Parteien bei den Koalitionsverhandlungen 2013 bei diesem Thema nicht einigen können und beschränkten sich darauf, die bestehenden Diskriminierungen von gleichgeschlechtlichen Lebenspartnerschaften beenden zu wollen.

Aus Sorge, es könnte im Wahlkampf thematisiert werden, räumte Merkel das Thema ab, indem sie vorher und ohne vorherige Begleitung durch die Medien eine Entscheidung des Bundestages herbeiführte. So stellte sich die Bundeskanzlerin an die Spitze eines unaufhaltsamen Fortschritts. Was ihr sicher neue Wählerstimmen einbrachte, während aber im konservativen Lager Stimmen verlorengingen. Merkels Vorgehensweise wurde als Schabowski-Effekt beschrieben, doch selbst dieser Eindruck war von Merkel kalkuliert worden. Günther Schabowski gehörte dem Zentralkomitee der SED und dem SED-Politbüro an und war am 6. November 1989 gerade Sekretär für Informationswesen geworden, als er am 9. November 1989 in einer Pressekonferenz die neuen Regelungen für Reisen ins westliche Ausland für DDR-Bürger vortrug. Auf Nachfrage, ab wann diese gelten würden, kam von ihm die Antwort „sofort, unverzüglich“, was noch am selben Abend einen Ansturm auf die Grenze auslöste und zur unbeabsichtigten Maueröffnung führte.

Noch am 30. Juni 2017 wurde unter Aufhebung der Fraktionsdisziplin ein Gesetz zur Einführung des Rechts auf Eheschließung für Personen gleichen Geschlechts abschließend beraten und beschlossen. Bei 623 abgegebenen Stimmen sprachen sich 393 Abgeordnete für eine rechtliche Gleichstellung aus. 226 Parlamentarier stimmten mit Nein, vier enthielten sich. Bundeskanzlerin Merkel (CDU) stimmte ebenfalls mit Nein. Am 1. Oktober 2017 trat das Gesetz in Kraft. Zuvor konnten gleichgeschlechtliche Paare in Deutschland nur eine „eingetragene Lebenspartnerschaft“ eingehen.

Netzwerkdurchsetzungsgesetz

In der gleichen Sitzung vom 30. Juni 2017 verabschiedet der Bundestag im Schatten des Trubels um die Eheschließung gleichgeschlechtlicher Paare das Netzwerkdurchsetzungsgesetz.

Das Netzwerkdurchsetzungsgesetz (NetzDG), umgangssprachlich auch Facebook-Gesetz genannt, ist ein deutsches Gesetz, das bußgeldbewehrte Compliance-Regeln für Anbieter sozialer Netzwerke bezüglich des Umgangs mit Nutzerbeschwerden über Hasskriminalität und andere strafbare Inhalte im Internet sowie eine vierteljährliche Berichtspflicht der Anbieter einführte.

Der Gesetzgeber reagiert mit dem Gesetz auf die Verbreitung von „Hasskriminalität" und strafbaren Inhalten vor allem in sozialen Netzwerken wie Facebook, YouTube und Twitter (später X). Anbietern von sozialen Netzwerken im Anwendungsbereich des Netzwerkdurchsetzungsgesetzes wurden Pflichten auferlegt, darunter: Berichtspflichten, Einrichten eines Beschwerdemanagements sowie die Pflicht zur Benennung von Zustellungsbevollmächtigten und Empfangsberechtigten. Im Rahmen des Beschwerdemanagements ging es im Kern darum, dass Anbieter sozialer Netzwerke dazu verpflichtet wurden, rechtswidrige Inhalte im Sinne des Netzwerkdurchsetzungsgesetzes nach Kenntnis und Prüfung zu entfernen oder den Zugang zu ihnen zu sperren. Das Gesetz trat am 1. Oktober 2017 in Kraft. Zum 1. Januar 2018 lief die Übergangsfrist ab, innerhalb derer Unternehmen die Forderungen des Netzwerkdurchsetzungsgesetzes umsetzen mussten.

Aus dem Sitzungsalltag

So wie für die 1. Wahlperiode des Bundestages die Anzahl der Sitzungsausschlüsse, Ordnungsrufe und Rügen Anzeichen schärfster politischer Gegensätze und Kämpfe war, so war die 18. Wahlperiode aufgrund der Mehrheitsverhältnisse im Vier-Fraktionen-Parlament verhältnismäßig ruhig. Nur zwei Ordnungsrufe wurden erteilt, und fünf Mal wurde ein Ausdruck als „unparlamentarisch" vom amtierenden Präsidenten zurückgewiesen.

Rund die Hälfte aller Fragestunden am Mittwoch waren vorzeitig beendet worden, sodass die Plenarsitzung bis zum Beginn des nächsten Tagesordnungspunktes unterbrochen werden musste. Auch das war ein Indiz für eine fehlende Lebendigkeit, die eine starke Opposition garantiert hätte.

Donnerstags wurden nach 22:00 Uhr die Reden häufig zu Protokoll gegeben, um ein baldiges Sitzungsende herbeizuführen. Erst gegen Ende der Wahlperiode änderte sich das naturgemäß. Die 237. Sitzung am 1. Juni 2017 dauerte bis 2:01 Uhr und war damit die längste Sitzung der Wahlperiode. In dieser Sitzung wurde die Kinderehe verboten, und auch die Geschäftsordnungsbestimmung (§ 1 Abs. 2) zur Berufung des Alterspräsidenten dahingehend geändert, dass nicht der an Jahren älteste, sondern der dienstälteste Abgeordnete zukünftig Alterspräsident bei der konstituierenden Sitzung sein sollte. Die Bestimmung wurde auch „Lex Lammert" genannt, weil diese Geschäftsordnungsänderung auf einen Vorschlag des Bundestagspräsident Lammert am 23. März 2017 im Ältestenrat zurückgeht. Er berief sich darauf, dass der Landtag von Schleswig-Holstein eine solche Regel 1992 in seine Geschäftsordnung aufgenommen hatte.

Die 221. Sitzung am 9. März 2017 sollte laut Plan bis 11:45 Uhr des nächsten Tages gehen, aber schon um 9:00 Uhr sollte die 222. Sitzung am 10. März beginnen. Tatsächlich war um 1:40 Uhr die 221. Sitzung zu Ende. Die 243. Sitzung endete am nächsten Tag, den 29. Juni 2017, um 0:57 Uhr. Die Sitzungen an den Freitagen endeten meist gegen 15 Uhr, nur die 180. Sitzung am 24. Juni 2016 endete um 17:50 Uhr.

Bemerkenswerterweise gab es in der 18. Wahlperiode keine Enquete-Kommissionen; diese sollten sich – deswegen waren sie seinerzeit eingeführt worden – mit drängenden Zukunftsfragen befassen. Offenbar gab es keine drängenden Probleme, die es wert gewesen wären, eine Enquete-Kommission einzurichten. Dafür gab es aber eine Reihe von Untersuchungsausschüssen.

Untersuchungsausschuss „Kinder- und Jugendpornografie"

Der 2. Untersuchungsausschuss „Kinder- und Jugendpornografie" war von September 2014 bis Juli 2015 tätig. Ausgangspunkt war die Operation „Spade" der kanadischen Polizei, die dazu diente, kinder- und jugendpornografisches Material zu sichern und entsprechend Anklage zu erheben. Sie förderte auch deutsche Namen auf der Kundenliste zutage, unter anderem Sebastian Edathy (SPD).

Es war der Untersuchungsauftrag des 2. Untersuchungsausschusses, zu prüfen, ob das Bundeskriminalamt die ihm zur Verfügung gestellten Listen ordnungsgemäß und in angemessener Zeit bearbeitet hatte.

Ferner galt es zwei weitere Fragestellungen zu klären: zum einen, ob Sebastian Edathy gewarnt worden war und, wenn ja, von wem; zum anderen ging es um den Fall des BKA-Beamten, der bei einer kanadischen Firma kinderpornografisches Material bestellt hatte.

Es war aber trotz der Vernehmung von 57 Zeugen in 45 Sitzungen und der Auswertung von 600 Aktenbänden nicht aufzuklären, ob und von wem Edathy gewarnt wurde.

Erneuter Untersuchungsausschuss „NSU"

Im Oktober 2015 wurde, wie bereits in der 17. Wahlperiode, ein Untersuchungsausschuss „Terrorgruppe Nationalsozialistischer Untergrund" als 3. Untersuchungsausschuss eingesetzt, um noch immer offene Fragen nach weiteren Tathelfern oder rechtsterroristischen Netzwerken zu klären. Es wurde die Frage aufgeworfen, wie mit den betroffenen Ermittlungsbehörden und ihren V-Männern zukünftig umzugehen sei.

Untersuchungsausschuss „Cum/Ex"

Ende Februar 2016 konstituierte sich der 4. Untersuchungsausschuss „Cum/Ex". Er tagte knapp anderthalb Jahre und sollte die Ursachen der Entstehung der sogenannten „Cum/Ex-Geschäfte" darlegen. Es galt auch zu prüfen, ob die Finanzverwaltung des Bundes bereits Maßnahmen gegen diese Art des Steuerbetrugs ergriffen hatte. Angesichts der Einmütigkeit der Regierungskoalition kam es kaum zu Auseinandersetzungen. Doch traten im Abschlussbericht die gegensätzlichen Auffassungen zutage. CDU/CSU und SPD hielten den Ausschuss für unnötig, wohingegen DIE LINKE und BÜNDNIS 90/DIE GRÜNEN vom größten Steuerskandal in der Geschichte der Bundesrepublik sprachen. Entsprechend emotional war die Aussprache am 23. Juni 2017 im Plenum, als die Opposition der Regierungskoalition mangelnden Aufklärungswillen vorwarf und unterstellte, offenkundige Fehler der Finanzverwaltung kleinzureden. Die CDU/CSU setzte sich erst in der 20. Wahlperiode, als Opposition, kritisch mit den „Cum/Ex"-Geschäften auseinander, in die Olaf Scholz (SPD), inzwischen Bundeskanzler, verwickelt war.

Untersuchungsausschuss zum VW-Dieselskandal

Gut ein Jahr vor Ende der 18. Wahlperiode wurde wegen des VW-Dieselskandals am 7. Juli 2016 der 5. Untersuchungsausschuss „Abgas" eingesetzt. Er sollte feststellen, wo die Kontrollen versagt hatten, ob bei den Unternehmen, seitens der Bundesregierung oder gar auf europäischer Ebene.

CDU/CSU und SPD konnten ein „organisiertes Staatsversagen" nicht feststellen. Dem widersprach jedoch BÜNDNIS 90/DIE GRÜNEN. DIE LINKE prangerte zudem das unbehelligte „Betrügen" der Automobilindustrie an.

Immerhin erhöhte die Aufklärungsarbeit des Untersuchungsausschusses den öffentlichen Druck auf die Autoindustrie. Auch konnte nachgewiesen werden, dass seit 2007 bekannt war, dass Abschaltvorrichtungen eingesetzt worden waren, um die Einhaltung der Abgasgrenzwerte zu umgehen.

Richterwahl

Die Wahl der Richter des Bundesverfassungsgerichts war ein Anliegen von Parlamentspräsident Norbert Lammert. Zuletzt hatte er noch im Juli 2012 in einem Interview mit der *Süddeutschen Zeitung* beklagt, dass ein zwölfköpfiger Ausschuss darüber entscheiden würde. Lammert fand dieses Verfahren „erstaunlich" und wenig transparent und forderte, dass künftig der gesamte Bundestag in öffentlicher Sitzung entscheiden soll, wer Richter am höchsten deutschen Gericht werden darf.

Art. 94 Grundgesetz regelte lediglich dass die Hälfte der Richter des Bundesverfassungsgerichtes vom Bundestag, die andere Hälfte vom Bundesrat gewählt wird. Am 30. Juni 2015 wurde die Wahl erstmals durch das Plenum durchgeführt. Die Wahlvorschläge werden zwar weiterhin durch den zwölfköpfigen Richterwahlausschuss unterbreitet. Ein Wahlvorschlag wird mit mindestens acht der zwölf Ausschussstimmen beschlossen und die eigentliche Wahl im Plenum ist mit Zweidrittelmehrheit der abgegebenen Stimmen, mindestens der Mehrheit der

Mitglieder des Bundestages, erfolgreich. Damit soll gesichert werden, dass Verfassungsrichter nicht politisch einseitig gewählt werden.

Bisher einigten sich die beiden großen Fraktionen CDU/CSU und SPD auf ein „Personaltableau“ oder „Paket“, mit dem jeweils eine gleiche Zahl von Unions- und SPD-nahen Kandidaten gewählt wurde. Gelegentlich wird auch je ein Kandidat von den Grünen und der FDP nominiert und gewählt. In ihrer Rechtsprechung haben die Verfassungsrichter jedoch selten entlang der politischen Linie der Parteien entschieden, die sie nominierten. Die andere Hälfte der Verfassungsrichter wird vom Bundesrat mit Zweidrittelmehrheit gewählt.

Die Bundesrichter an den obersten Gerichtshöfen, also am Bundesgerichtshof, am Bundesverwaltungsgericht, am Bundesfinanzhof, am Bundesarbeitsgericht und Bundessozialgericht, werden vom zuständigen Fachminister des Bundes zusammen mit einem Richterwahlausschuss gewählt, der aus den jeweils zuständigen Fachministern der Länder und einer gleichen Zahl von Bundestagsmitgliedern gebildet wird (Art. 95 Abs. 2 GG).

Lammerts Schlussansprache

Die letzte Sitzung des 18. Bundestages war zugleich die letzte von Bundestagspräsident Lammert, der nicht mehr für den Bundestag kandidierte. Er nutzte die Gelegenheit zu einigen Abschiedsworten. „Der Bundestag“, so setzte Lammert an, „ist die erste Gewalt im Staat, nicht die zweite und nicht die dritte. Wir sind, so denke ich, eine verantwortungsbewusste Volksvertretung. Die Menschen erwarten zu Recht einen klaren Standpunkt im Wettstreit um die besseren Ideen. […] Unser Mittel in der politischen Auseinandersetzung als Parlamentarier ist das Wort. Ich finde, dass Reiner Kunze eine zutreffende Formulierung getroffen hat: ‚Wort ist Währung – Je wahrer, desto härter‘. […] Aus meiner Erfahrung muss es nicht unbedingt ein Nachteil sein, wenn man in der politischen Arbeit die Menschen in unserem Land so annimmt, wie sie sind. Wer die Deutschen oder die Menschen in Deutschland nicht so richtig mag, tut sich schwer, eine gute Politik für sie zu gestalten.“

19. Wahlperiode (2017–2021)

„Streit nach Regeln" – der Bundestag in Zeiten der Corona-Pandemie

Konstituierung

Das endgültige Ergebnis nach der Wahl des 19. Bundestages vom 24. September 2017 sah folgendermaßen aus: CDU/CSU 26,8 % mit 246 Sitzen, SPD 20,5 % mit 153 Sitzen, AfD 12,6 % mit 92 Sitzen, FDP 10,7 % mit 80 Sitzen, DIE LINKE 9,2 % mit 69 Sitzen und BÜNDNIS 90/DIE GRÜNEN 8,9 % mit 67 Sitzen. Im Übrigen gab es in der AfD-Fraktion eine besondere personelle Veränderung: Zwei Abgeordnete wurden zwar als AfD-Politiker gewählt, verließen aber noch vor der Konstituierung des 19. Bundestages die AfD, weshalb sie als Fraktionslose in den Bundestag einzogen. In den Statistiken des Bundestages wurde demnach die Anzahl der AfD-Mitglieder nicht mit 92, sondern mit 90 Abgeordneten angegeben.

Insgesamt 709 Sitze umfasste der 19. Bundestag und das, obwohl die gesetzliche Mitgliederzahl des Bundestages immer noch bei 598 Sitzen lag. Die 46 Überhandmandate mussten mit 65 Mandaten ausgeglichen werden, um ein negatives Stimmengewicht zu verhindern. Der 19. Bundestag war der bislang größte Bundestag und nach dem chinesischen Volkskongress, der aber ein Volk von 1,3 Milliarden Menschen vertrat, das in Hinblick auf die Anzahl der Mandatsträger das zweitgrößte Parlament weltweit.

Die Fraktionsvorsitzenden in der 19. Wahlperiode waren Volker Kauder (CDU/CSU), Andrea Nahles (SPD), Alice Weidel und Alexander Gauland (AfD), Christian Lindner (FDP), Sahra Wagenknecht und Dietmar Bartsch (DIE LINKE) sowie Katrin Göring-Eckardt und Anton Hofreiter (BÜNDNIS 90/DIE GRÜNEN).

Die FDP war nach vier Jahren Unterbrechung wieder in den Bundestag zurückgekehrt. Seine Freude darüber konnte Alterspräsident Hermann Otto Solms (FDP) nicht für sich behalten, als er die konstituierende Sitzung des 19. Bundestages am 24. Oktober 2017 eröffnete.

Der Alterspräsident

Mit der Geschäftsordnungsänderung vom 1. Juni 2017 sollte das am längsten dem Bundestag angehörende Mitglied Alterspräsident werden (sog. Lex Lammert). Diese Änderung griff erstmals in der 19. Wahlperiode. Nach der vorherigen Regelung wäre Wilhelm von Gottberg (AfD), ein langjähriges CDU-Mitglied, Alterspräsident geworden.

Weil Wolfgang Schäuble (CDU/CSU) dem Bundestag länger angehörte als Hermann Otto Solms, aber von der CDU/CSU-Fraktion für das Amt des Bundestagspräsidenten vorgeschlagen werden sollte, übernahm Solms als Mitglied des Bundestages mit der zweitlängsten Parlamentserfahrung den Vorsitz in der konstituierenden Sitzung.

Bundestagspräsident Wolfgang Schäuble und das Bundestagpräsidium

Wolfgang Schäuble (CDU/CSU) wurde mit 71,1 % der abgegebenen Stimmen gewählt und hatte mit 75 Jahren das höchste Alter erreicht, in dem je ein Abgeordneter in das Amt des Bundestagspräsidenten gewählt worden war.

Schäuble hatte bereits Geschichte geschrieben, bevor er zum Bundestagspräsidenten gewählt worden war: Er war der Unterhändler der Bundesregierung beim deutschen Einigungsvertrag von 1990. Helmut Kohl hatte ihn einst als Wunschnachfolger im Amt des Bundeskanzlers gewollt, blieb jedoch selbst solange im Amt, bis die CDU 1998

Wolfgang Schäuble (CDU/CSU) – Präsident des Deutschen Bundestages 2017–2021

abgewählt worden war und nicht mehr in der Lage war, zu regieren. Als Oppositionsführerin hatte sich Angela Merkel (CDU/CSU) mit Schäubles Unterstützung durchgesetzt. Sie war es, die Bundeskanzlerin wurde, als die CDU wieder Regierungsverantwortung übernahm, während Schäuble Merkel als Bundesinnenminister (2005–2009) und mit seiner herausragenden Expertise als Bundesminister der Finanzen (2009–2017) unterstütze. So „feierte“ die Presse Schäuble als „den besten Kanzler, den die Republik nie hatte“.

Schäuble, nach dem Attentat 1990 an den Rollstuhl gebunden, stand zeit seines politischen Lebens in der Verantwortung als Parteimann und als Regierungsmitglied. Nicht, dass ihm die Tätigkeit im Parlament unbekannt gewesen wäre; er war seit 1972 Abgeordneter und vertrat von 1984 bis 1987 die Bundesregierung im Ältestenrat des Bundestages. Aber er musste sich selbst mit dem Wechsel von der Exekutive in die Legislative vertraut machen und einfinden. In den Gremien hatte er nicht ergebnisoffen moderiert, sondern zielführend die Gespräche gelenkt.

Schäubles Vizepräsidenten wurden Hans-Peter Friedrich (CDU/CSU), Thomas Oppermann (SPD), der am 25. Oktober 2020 verstarb und für den Dagmar Ziegler (SPD) nachgewählt wurde, sowie Wolfgang Kubicki (FDP), Petra Pau (DIE LINKE) und Claudia Roth (BÜNDNIS 90/DIE GRÜNEN).

Bei der Wahl des Vizepräsidenten aus der AfD-Fraktion wurde Albrecht Glaser auch im dritten Wahlgang nicht gewählt. Genauso erging es später fünf weiteren Kandidaten der AfD, die im Laufe der Wahlperiode in insgesamt 18 Wahlgängen nicht die erforderliche Mehrheit erhielten. Ein Eilantrag der AfD-Fraktion auf Erlass einer einstweiligen Anordnung zur Regelung eines neuen vorläufigen Verfahrens für die Wahl eines Vizepräsidenten wurde mit Beschluss des Zweiten Senats des Bundesverfassungsgerichts am 7. Juli 2021 abgelehnt. Der Antrag sah vor, dass im zweiten Wahlgang ein eigener Kandidat für das Amt eines Stellvertreters vorgeschlagen und gewählt werden könne.

Zur Entstehung der Alternative für Deutschland (AfD)

Der Start in die neue Wahlperiode gestaltete sich nicht so einfach: Die SPD wollte nicht erneut in eine Große Koalition mit der CDU/CSU eintreten. Sie hatte ihren erheblichen Stimmenverlust bei der Bundestagswahl 2017 nicht nur ihrer eigenen schlechten Performance in der Großen Koalition der 18. Wahlperiode zugeschrieben, sondern auch der Bundeskanzlerin Merkel, die es meisterlich verstand, die Themen ihres Koalitionspartners ohne Rücksicht auf die eigene Partei und für alle Beteiligten überraschend zu ihren ureigenen Themen zu machen, wie zum Beispiel bei der Abstimmung über die sogenannte „Ehe für alle" am Ende der 18. Wahlperiode. So hatte Merkel es geschafft, die CDU inhaltlich zu entkernen, was ihr auch deswegen gelungen war, weil die CDU immer eine pluralistische und nie eine konservative Partei gewesen war. So verlor die CDU zwar langsam ihre Stammwähler, hatte aber zugleich Wählerschaften ihrer Koalitionspartner davon überzeugen können, die CDU zu wählen. Den konservativen Bedenkenträgern in ihrer Partei hielt Merkel stets vor Augen, dass es rechts der CDU und

CSU keine Alternative gab. Das stimmte solange, bis sich eine konservative und zunächst europaskeptische Partei bildete, die Merkels Diktum von der Alternativlosigkeit ihrer Politik aufgriffen und sich „Alternative für Deutschland“ (AfD) nannte. Schon mit ihrem Namen setzte sich die AfD entschieden von Merkel und ihrer CDU ab und entwickelte sich mit Themen, wie die Asyl- und Migrationspolitik oder die überbordende Europabürokratie von der Euro- und Europakritischen Partei zu einer bürgerlich-konservativen und zugleich libertär-rechtspopulistischen Partei mit einem gehörigen rechtsextremen Mitglieder- und Wähleranteil. Die AfD-Gründung war 2013 gegen Ende der 17. Wahlperiode erfolgt. Sie konnte sich noch an der Europawahl beteiligen, in der 18. Wahlperiode wachsen und als drittstärkste politische Kraft in der 19. Wahlperiode in den Bundestag einziehen.

Die AfD im Bundestag

Für Schäuble war die AfD „gewählter Teil des Parlaments“, ausgestattet mit „gleichen Rechten und Pflichten wie die anderen Fraktionen. Wenn sich die AfD an die Regeln hält, muss das Parlament sie nicht fürchten. Wir müssen mit der AfD umgehen. Das ist nicht ganz einfach. Ich versuche, meinen Beitrag zu leisten, dass das funktioniert.“ In einem Interview mit dem *Focus* vom 20. Januar 2018 erinnerte Schäuble darüber hinaus an das Jahr 1983, als die Grünen erstmals in den Bundestag kamen: „Die kündigten auch an, sie würden den Laden aufmischen. Sie würden sich nicht an die Regeln halten. Wir sind dann auch mit den Grünen umgegangen. […] Wir müssen der Kraft des besseren Arguments vertrauen. In Sachen AfD fangen wir damit gerade an.“ Schäuble selbst war es, der 1994 dafür sorgte, dass die Grünen einen Sitz im Präsidium des Bundestages erhielten.

In der Zeitung „Welt am Sonntag“ führte Schäuble am 13. Dezember 2019 aus: „Dass die AfD die Regierungspolitik mit Blick auf die Corona-Schutzmaßnahmen kritisiert, entspricht ihrem demokratischen Auftrag als Oppositionspartei. Aus meiner Sicht schwächt die AfD allerdings ihre eigenen Argumente und ihre Überzeugungskraft, weil sie sich nicht überzeugend genug von radikalen Rändern abgrenzt. Nach Auschwitz kann man in Deutschland nicht mehr rechtsextrem sein, und man sollte auch keine Verbindung zu diesem Milieu haben. Die AfD hat das offenbar noch nicht in allen ihren Gruppierungen begriffen. Und sie versucht, auf Seiten der Corona-Leugner wirklich alles einzusammeln, was ihr mehr Rückhalt verschafft. Das ist für eine demokratische Partei, die Verantwortung übernehmen will, nicht vertretbar."

Und im Handelsblatt sagte er am 24. Februar 2020: „Es gibt keine Zusammenarbeit mit ihr. In der AfD sind aber auch Menschen, die 30 Jahre in der CDU waren. Das sind nicht plötzlich alle Nazis. Aber gerade diese Mitglieder sollten erkennen: Das Problem ist, dass die AfD keine Grenze zieht. Sie ist offen ins Rechtsextreme. Man darf Björn Höcke einen Faschisten nennen."

Prinzipiell reagierte Schäuble als Parlamentspräsident sachlich und ließ sich nie auf Provokationen ein, nicht bei seiner Leitung des Bundestages, des Plenums oder des Ältestenrats. „Im Parlament ist der Ort für Streit nach Regeln", sagte Schäuble am 28. November 2020 in der *Augsburger Allgemeinen*.

Die Bildung der vierten „Großen Koalition"

Die SPD hatte wenig Interesse, erneut mit der CDU und CSU in einer Großen Koalition zu regieren. So nahm die Union, bestehend aus CDU und CSU, Gespräche zur Bildung einer Vier-Parteien-Regierung mit der FDP und den Grünen auf. Gut vier Wochen wurde verhandelt. Am Ende brach der FDP-Vorsitzende Christian Lindner die sogenannten Jamaika-Verhandlungen am 19. November 2017 mit dem Satz ab: „Es ist besser, nicht zu regieren, als falsch zu regieren."

Daraufhin rief Bundespräsident Frank-Walter Steinmeier die SPD zu Verhandlungen mit der CDU und der CSU auf.

Am 21. November 2017 beschloss der Bundestag nach dem Vorbild des Hauptausschusses in der 18. Wahlperiode für die Zeit bis zur Konstituierung der ständigen Ausschüsse einen Hauptausschuss einzusetzen. Seine Aufgabe übernahmen am 31. Januar 2018 die 23 ständigen Ausschüsse.

Trat der Hauptausschuss des 18. Bundestages insgesamt drei Mal zusammen und brachte vier Beschlussempfehlungen auf den Weg, so hatte er sich jetzt in der 19. Wahlperiode gleich sechsmal zusammengesetzt und elf Beschlussempfehlungen an das Plenum überwiesen.

Während die zukünftigen Koalitionsparteien noch verhandelten, setzte der 19. Bundestag am 1. März 2018 seinen 1. Untersuchungsausschusses zum Anschlag auf dem Berliner Breitscheidplatz am 19. Dezember 2016 ein.

13 Tage später wurde am 14. März 2018 mit der Wahl der Bundeskanzlerin Angela Merkel (CDU/CSU) und der anschließenden Vereidigung einschließlich des neuen Kabinetts die Regierungsbildung nach 172 Tagen abgeschlossen.

Im Koalitionsvertrag „Ein neuer Aufbruch für Europa. Eine neue Dynamik für Deutschland. Ein neuer Zusammenhalt für unser Land" legte die Bundesregierung den Schwerpunkt auf die Erneuerung des Wohlstandsversprechens in Zeiten von Globalisierung und kündigte an, die Digitalisierung voranzutreiben.

Der Zusammenschluss von CDU/CSU und SPD zur Regierungskoalition hatte zur Folge, dass die AfD-Fraktion nicht nur neu und die drittstärkste politische Kraft im Bundestag war, sondern auch die stärkste Oppositionspartei. Deswegen hatte sie bei Aussprachen und Debatten nach den Redebeiträgen (z.B. einer Regierungserklärung) der Regierungskoalition stets als erste Fraktion das Rederecht, bekam damit besondere Aufmerksamkeit und konnte Einfluss nehmen auf die Gesamtstimmung und die inhaltliche Akzentuierung.

Der Parlamentsalltag wird lebhafter

Der Parlamentsalltag, insbesondere im Plenum, veränderte sich mit Eintritt der AfD erheblich. Markige Sprüche, wie jener von dem späteren AfD-Fraktionsvorsitzenden Alexander Gauland hatte man seit den Zeiten, als die Grünen 1983 das erste Mal im Bundestag gewählt worden waren, nicht mehr gehört. Er kündigte noch in der Wahlnacht vor laufender Kamera an: „Wir werden sie jagen!"

Stattdessen haben sich die politischen Auseinandersetzungen sowohl im Hohen Hause als auch außerhalb, in den „Sozialen Netzen", verändert. Im Bundestag ließ sich dieses an polarisierenden Reden, angefeuert durch Zu- und Zwischenrufe, ablesen, die manches Mal Ordnungsrufe nach sich zogen. Wurden in der 18. Wahlperiode insgesamt nur zwei Ordnungsrufe ausgesprochen, waren es in der darauffolgenden 19. Wahlperiode 47 Ordnungsrufe, dazu kamen neun Rügen. Bundestagspräsident Schäuble erinnert auf Nachfrage an Herbert Wehner (SPD). Dieser war für zehn Tage von der Sitzung ausgeschlossen worden, 45 Mal zur Ordnung gerufen worden und erhielt 18 Mal eine Rüge. Auch waren die Zwischenrufe früher viel bösartiger gewesen als in Zeiten von „political correctness", aber nicht selten auch geistreicher. Ernst Jörg Kruttschnitt und später Günter Pursch publizierten umfangreiche Bücher nur mit Geistesblitzen, Stilbrüten und Zwischenrufen aus dem Bundestag.

Hatten die Gesetzesinitiativen der Opposition in einer Wahlperiode nur einmal die 60 % überschritten, so waren in der 19. Wahlperiode 70 % aller Initiativen von den Oppositionsfraktionen gekommen, wohl wissend, dass Oppositionsanträge kaum berücksichtigt werden.

Geradezu überschlagen hatte man sich bei den Kleinen Anfragen. In der 15. Wahlperiode, die auch nur drei Jahre dauerte und in der CDU/CSU und FDP in der Opposition waren, kamen keine 800 Kleine Anfragen zustande. Mit Beginn der Ära Merkel gab es 3299 (in der 16. Wahlperiode) und 3953 Kleine Anfragen (in der 18. Wahlperiode). In der 19. Wahlperiode waren es auf einmal 11 677. In den Ministerien klagte man über die hohe Anzahl der Anfragen, die sich nahezu verdreifacht hatte. BÜNDNIS 90/DIE GRÜNEN hatten 1645 Kleine Anfrage an die Regierung gestellt, von der Fraktion DIE LINKE kamen 2803, von der AfD insgesamt 3479 und von der FDP sogar 3747 Kleine Anfragen. Bei den Schriftlichen und Mündlichen Anfragen waren die Grünen und die Linken einsame Spitzenreiter.

Demnach hatten die Grünen den Schwerpunkt ihrer Oppositionsarbeit auf die Mündlichen und Schriftlichen Fragen konzentriert; die meisten Kleinen Anfragen kamen von der FDP und nicht von der AfD. Zur Halbzeit der 20. Wahlperiode (seit 2021), in der die CDU/CSU in die Opposition wechselte, stellte am 30. Januar 2024 die Bundestagsverwaltung fest: 3125 Kleine Anfragen, davon 724 CDU/CSU, 1435 AfD und 966 DIE LINKE.

Ein viel beachteter Vorgang war die Abwahl von Stephan Brandner (AfD) vom Vorsitz des Rechtsausschusses. Der Grund dafür war, dass Brandner in einem Tweet den Anschlag auf die Synagoge in Halle am 9. Oktober 2019 verharmlost hatte und für den Bundestag der Abgeordnete als Vorsitzender des Rechtsausschusses nicht mehr infrage kam.

Corona und der Bundestag

Das folgenreichste und größte Thema auch in der Bevölkerung war der Umgang in der Bundesrepublik mit dem am 28. Januar 2020 erstmals in Deutschland nachgewiesenen neuartigen Coronavirus SARS-CoV-2. Über einen Monat dauerte es, bis sich am 4. März 2020 der Gesundheitsminister Jens Spahn (CDU/CSU) in einer Regierungserklärung zu Maßnahmen der Bundesrepublik äußerte.

Am 10. März 2020 wurden die Kuppel und die Dachterrasse des Reichstagsgebäudes bis auf Weiteres geschlossen. Besuche von Besuchergruppen wurden ab dem 16. März 2020 ausgesetzt. Der Besuch von Plenarsitzungen war für Einzelbesucher jedoch weiterhin möglich. Ebenso durften Kleingruppen von bis zu sechs Personen in das Haus kommen.

Am 11. März 2020 hatte die Weltgesundheitsorganisation (WHO) den Ausbruch des Corona-Erregers als „Pandemie" eingestuft. Der Bundestag verzichtete daraufhin auf namentliche Abstimmungen und verabschiedete am 25. März 2020 in Reaktion auf die Corona-Krise ein Nachtragshaushaltsgesetz 2020, mit dem zusätzliche Ausgaben von 122,487 Milliarden Euro veranschlagt wurden, und am 2. Juli 2020 das zweite Nachtragshaushaltsgesetz 2020 in Höhe von weiteren 24,04 Milliarden Euro.

Ferner wurde am 25. März 2020 die reguläre Sitzungswoche des Bundestages auf einen Tag verkürzt. In der gleichen Sitzung verabschiedete der Bundestag das Gesetz zum Schutz der Bevölkerung bei einer epidemischen Lage von nationaler Tragweite, dem am 14. Mai 2020 das zweite Gesetz, am 18. November 2020 das dritte Gesetz, am 21. April 2021 das vierte Gesetz und am 11. Juni 2021 das fünfte Gesetz folgten.

Corona hatte den Bundestag voll im Griff: Am 23. April 2020 gab Bundeskanzlerin Merkel eine Regierungserklärung ab. Am 15. Mai 2020 befasste sich der Bundestag in einer Vereinbarten Debatte mit den Auswirkungen der Coronakrise auf die weltweite humanitäre Lage und deren Missbrauch durch autokratische Regierungen zur Einschränkung von Menschenrechten.

Am 17. September 2020 wurde das Grundgesetz dahin gehend geändert, dass eine einmalige Ausnahmeregelung es dem Bund ermöglichte, sich gezielt an Entlastungsmaßnahmen der Länder zu beteiligen, indem er einen pauschalen Ausgleich der pandemiebedingten Gewerbesteuermindereinnahmen der Gemeinden zur Hälfte mittrug. Am 6. Oktober 2020 ordnete Bundestagspräsident Schäuble das Tragen einer Mund-Nasen-Bedeckung in den Liegenschaften des Bundestages bis zum 17. Januar 2021 an.

Am 13. Januar 2021 erklärte der Bundesminister für Gesundheit, Jens Spahn (CDU/CSU), den Impfbeginn in Deutschland und Europa.

Schon am nächsten Tag, den 14. Januar 2021, stellte der Bundestag fest, dass die Durchführung von Versammlungen für die Wahl der Wahlbewerber und der Vertreter für die Vertreterversammlungen aufgrund der COVID-19-Pandemie zumindest teilweise unmöglich seien und verabschiedete am 28. Januar 2021 eine Verordnung über die Aufstellung von Wahlbewerbern und die Wahl der Vertreter für die Vertreterversammlungen für die Wahl zum 20. Bundestag unter den Bedingungen der Pandemie, deren Fortgeltung der Bundestag am 4. März 2021 erneut erklärte. Erstmals fand auch die Sitzung des Ältestenrats als Online-Videokonferenz statt.

Am 6. Mai 2021 gab es erste Erleichterungen und Aussetzung von gewissen Schutzmaßnahmen für getestete, geimpfte und genesene Personen (3G-Regelung). Was nicht bedeutete, dass der Bundestag nicht doch noch am 11. Juni 2021 das Fortbestehen der epidemischen Lage für weitere drei Monate erklärte.

Hatte Schäuble noch am 28. Juli 2021 die Pflicht zum Tragen einer medizinischen Gesichtsmaske in den Gebäuden des Bundestages angeordnet, so konnte die Anordnung erst am 15. Oktober 2021 außer Kraft gesetzt werden.

Um seine Bediensteten zu schützen, wurden diese, soweit es arbeitstechnisch möglich war, ins Homeoffice geschickt, um dort dienstliche Aufgaben zu erledigen.

In den Liegenschaften des Bundestages wurden Testzentren eingerichtet. Außerdem gab es Impfangebote. Stets sollte gewährleistet sein, die Arbeitsfähigkeit des Bundestages aufrechtzuerhalten.

Am Ende der 19. Wahlperiode konnte Schäuble feststellen, dass die Plenarsitzungen auch während der Pandemie immer in Präsenz abgehalten wurden. Hingegen wurden die Sitzungen der Ausschüsse mehrfach in hybrider Form angeboten. Die Sitzung fand regulär in einem Sitzungssaal des Bundestages statt; Abgeordnete und Sachverständige wurden über online-Video-Plattformen zugeschaltet. Bei den Untersuchungsausschüssen waren die Abgeordneten und die Zeugen in der Regel anwesend.

So musste keine Bundestagssitzung ausfallen. Manche Sitzungen wurden zwar verkürzt, und die Abgeordneten mussten auch im Plenum Abstandsregeln einhalten sowie eine Maske tragen. Schäubles Idee, für die Zeit der Pandemie ein Notparlament mit einer geringen Anzahl an Abgeordneten zu schaffen, fand keine Zustimmung, dafür aber der Vorschlag, die Hürde für die Beschlussfähigkeit von bisher der Hälfte der Abgeordneten auf ein Viertel zu senken. Erst gegen Ende der Wahlperiode und bei Lockerung der Hygienemaßnahmen und Abstandsregeln dauerten die Plenarsitzungen wieder länger. Eine der letzten Sitzungen, die 237. Plenarsitzung, dauerte von 9 Uhr morgens bis 2:30 Uhr des nächsten Tages. Das übertraf die bisher längste Sitzung der 18. Wahlperiode um 29 Minuten.

Untersuchungsausschüsse

Insgesamt wurden vier Untersuchungsausschüsse eingerichtet: Der erste Untersuchungsausschuss, „Amri-Ausschuss", befasste sich mit den Anschlägen auf dem Berliner Breitscheidplatz. Der zweite Untersuchungsausschuss befasste sich mit der Pkw-Maut und ein dritter untersuchte das Geschäftsgebaren des Finanzdienstleisters Wirecard; hier wurden unter anderem Bundeskanzlerin Angela Merkel und Bundesfinanzminister Olaf Scholz als Zeugen vernommen.

Schließlich konstituierte sich noch der Verteidigungsausschuss als Untersuchungsausschuss, um die Fragen über die Einholung externer Beratung im Bundesministerium der Verteidigung aufzuklären. Sein Ergebnis war, dass Bundesverteidigungsministerin Ursula von der Leyen (CDU/CSU) Fehler gemacht habe, aber dafür keine persönliche Verantwortung tragen würde.

Das Onlineangebot wird ausgebaut

Im Bundestagswahljahr 2017 lagen die Abrufe der Internetseite bei rund 46 Millionen, eine Zahl, die nur einen Trend erkennen lassen konnte, da die Internetseite des Bundestages aus Datenschutzgründen mit einer „Do-Not-Track"-Funktion ausgestattet ist. Demnach stiegen die Abrufzahlen weiterhin an. Im Fokus des öffentlichen Interesses standen die Startseite mit aktuellen Videos und Meldungen, die Besucher-Seiten (Kuppel, Reichstagsgebäude) und das Petitionsportal. Zudem interessierten sich die Nutzer besonders für die Rubriken „Abgeordnete", „Parlament" und „Dokumente". Der häufigste Suchbegriff war „Grundgesetz".

Im Jahr 2018 stiegen die Seitenabrufe auf rund 71 Millionen. Alleine die Abrufe von Live-Videos und Aufzeichnungen aus der Mediathek erhöhten sich im Vergleich zum Vorjahr um das Doppelte und lagen 2018 bei 4,2 Millionen (live) und 3,2 Millionen (Video on Demand).

Die Online-Dienste des Bundestages starteten 2018 ein deutschlandweit einmaliges Langzeitprojekt. Sukzessive wurden die Debatten des Bundestages ab der 1. Wahlperiode in der Mediathek rückwirkend zugänglich gemacht. Hierbei handelt es sich um Tonaufnahmen aus den Archiven der Rundfunkanstalten von 1949 bis 1961. Das Audio-Archiv wurde schrittweise erweitert und enthielt schließlich alle soweit erhaltenen Reden. Ein Link führt jeweils auf das entsprechende Plenarprotokoll.

Seit 2019 stehen zahlreiche Informationen des Onlineangebotes neben Englisch, Französisch und Arabisch in 15 weiteren Fremdsprachen zur Verfügung. Basisinformationen gibt es in Bulgarisch, Chinesisch, Dänisch, Griechisch, Italienisch, Kroatisch, Niederländisch, Polnisch, Portugiesisch, Rumänisch, Russisch, Serbisch, Spanisch, Tschechisch und Türkisch. Seit Sommer 2022 wurden die Basisinformationen aus gegebenem Anlass auch auf Ukrainisch angeboten.

Seit Februar 2021 wurden in den Sitzungswochen des Deutschen Bundestages alle Übertragungen des Parlamentsfernsehens auf www.bundestag.de live untertitelt. Sie stehen anschließend in der Mediathek zum Download mit korrigierten Untertiteln zur Verfügung.

Zentrale Gesetze

Ein Ziel der Koalition war der Ausstieg aus der Kohle, der mit der Einsetzung der Kommission für Wachstum, Strukturwandel und Beschäftigung, kurz: Kohlekommission, begann. Ihr Ergebnis war der Kohlekompromiss mit dem Ziel, bis 2038 ein Ende der Kohleverstromung herbeizuführen. In diesem Zusammenhang entstand die Änderung des Klimaschutzgesetzes mit dem Ziel der Treibhausgasneutralität.

Das sogenannte „Gute-Kita-Gesetz" sagte eine finanzielle Unterstützung der Länder durch den Bund und Entlastung der Eltern bei den Kitagebühren zu. Im „Starke-Familien-Gesetz", das das Bundesministerium für Familie, Senioren, Frauen und Jugend zusammen mit dem Ministerium für Arbeit und Soziales in den Bundestag einbrachte und dessen Regelungen Familien mit geringem Einkommen und Alleinerziehenden zugutekommen sollten, erhöhte den Kinderzuschlag, um Kinderarmut zu bekämpfen.

Das Fachkräfteeinwanderungsgesetz schuf die Voraussetzungen zur Erteilung einer Aufenthaltserlaubnis für Arbeitnehmer aus Drittstaaten. Ferner kam aus dem Arbeitsministerium auch das Gesetz zur Grundrente, auf das sich die Regierungskoalition gegen Ende der Wahlperiode verständigt hatte. Ziel war es, die Renten von rund 1,3 Millionen Menschen mit geringen Bezügen zu verbessern, dazu sollten aber zuvor Einkommensprüfungen vorgenommen werden.

Im Juni 2021 wurde das Gesetz zur Bekämpfung des Rechtsextremismus und der Hasskriminalität angenommen. Es sah Strafen bei Beleidigungen, Mord- und Vergewaltigungsandrohungen im Internet vor und versprach einen verbesserten Schutz vor Stalking.

Am Ende der 19. Wahlperiode kandidierte Bundeskanzlerin Merkel nicht mehr für den Bundestag und auch nicht mehr für das Amt als Bundeskanzler. So ging mit dem Ende der 19. Wahlperiode auch die 16 Jahre andauernde „Ära Merkel" zu Ende. Mit der „kleinen" Großen Koalition und vier Oppositionsfraktionen hat sich der politische Wettbewerb auch für die Zukunft verstärkt.

Die Debattenkultur im Bundestag hatte sich sehr verändert, insbesondere durch lebhaftere Diskussionen, mehr Kontroversen und mehr Zurufen. Außerhalb des Bundestages waren insbesondere durch die Sozialen Netzwerke und Kurznachrichtendienste Teile der Auseinandersetzungen nicht mehr nur auf die Zeitungen, Radio und Fernsehen beschränkt.

In seiner letzten Plenarsitzung, am 7. September 2021, verabschiedete der 19. Bundestag ein Gesetz zur Errichtung eines Sondervermögens „Aufbauhilfe 2021" in Höhe von 30 Milliarden Euro und zur vorübergehenden Aussetzung der Insolvenzantragspflicht wegen Starkregenfällen und Hochwassern im Juli 2021. Hiervon, so war es vorgesehen, sollte vor allem die durch Hochwasser völlig zerstörte Region im Ahrtal wieder aufgebaut werden.

Am 26. September 2021 wurde dann der 20. Bundestag gewählt.

20. Wahlperiode (seit 2021)

Rot-gelb-grüne Zeitenwende zwischen Erosion demokratischer Werte und Russlands Krieg in der Ukraine

Optionen nach der Bundestagswahl

Erstmals seit der 16. Wahlperiode (2005–2009) war die SPD nach der Bundestagswahl am 26. September 2021 wieder stärkste Fraktion.

Die von Bundeskanzlerin Angela Merkel geführte CDU war nach 16 Regierungsjahren von 2005 bis 2021 mit wechselnden Koalitionspartnern inhaltlich entkernt und verbraucht. Nach Merkels Rücktrittsankündigung als Parteivorsitzende der CDU im März 2018 wechselten die Parteivorsitzenden gleich drei Mal hintereinander. Die Getreuen der noch amtierenden Bundeskanzlerin („Merkelianer") wählten die von Merkel präferierte Annegret Kramp-Karrenbauer am 7. Dezember 2018 zur Parteivorsitzenden. Nach fehlendem Rückhalt in der Partei kündigte diese am 10. Februar 2020 ihren Verzicht auf die Kanzlerkandidatur 2021 und gleichzeitig ihren Rücktritt als Bundesvorsitzende an. Die Wahl des neuen CDU-Parteivorsitzenden wurde wegen der staatlichen Maßnahmen gegen die pandemische Verbreitung des Coronavirus zweimal verlegt. Erst ein digitaler Bundesparteitag ermöglichte am 16. Januar 2021 die Wahl des nordrhein-westfälischen Ministerpräsidenten Armin Laschet im zweiten Wahlgang zum Parteivorsitzenden. Nach seiner gescheiterten Kandidatur zum Bundeskanzler wurde am 22. Januar 2022 Friedrich Merz zum CDU-Bundesvorsitzenden gewählt.

Die Spitzenkandidatin von BÜNDNIS 90/DIE GRÜNEN, Annalena Baerbock, inszenierte sich als Kanzlerkandidatin und erhielt in den Medien darüber hinaus eine übergebührliche Aufmerksamkeit. Selbst bei den inzwischen üblich gewordenen Fernsehduellen der Spitzenkandidaten der beiden großen Volksparteien CDU/CSU und SPD wurde sie als weiterer Kandidat für das Kanzleramt präsentiert, woraufhin auch anderer Parteien ankündigten, im nächsten Wahlkampf ihren Spitzenkandidaten zum Kanzlerkandidaten zu erklären und sich so Zugang zum bisherigen Fernsehduell zu verschaffen. Erst später wurde bekannt, dass Baerbocks Lebenslauf hinsichtlich des ausländischen Hochschulbesuches fehlerhaft war und sie diesen stark aufgehübscht hatte. Schließlich musste auch eine Buchpublikation von ihr aufgrund der hohen Anzahl von Plagiaten zurückgezogen werden.

Das Wahlergebnis reichte nicht für eine rot-grüne Koalition.

Mit Rücksichtnahme auf die amtierende Bundeskanzlerin Merkel verschwieg die CDU im Wahlkampf die gravierenden Fehler der vergangenen Wahlperioden und vermochte es nicht, sich im Wahlkampf neu zu positionieren.

Nach der verlorenen Bundestagswahl wurde Friedrich Merz nach zwei vergeblichen Anläufen zum Parteivorsitzenden gewählt. Anders als Merkel bei Helmut Kohl im Dezember 1999, traute Merz sich nicht, auf Kosten von Merkel eine Neuausrichtung der CDU anzugehen. Kurzerhand und leichtfertig wurden von Merkel etwa in der Asyl- und Flüchtlingsfrage gesetzliche Bestimmungen ignoriert und wegen der Maßnahmen gegen die Corona-Pandemie Grundrechte eingeschränkt.

Konstituierung

Stärkste Kraft im 20. Bundestag wurde die SPD mit einem Stimmenzuwachs von über 5 %. BÜNDNIS 90/DIE GRÜNEN erreichte mit einer Steigerung um fast 6 % ihr bestes Bundestagswahlergebnis. Auch die FDP hatte leicht hinzugewonnen. Die Union verlor mehr als ein Viertel ihrer Zweitstimmen. Es war das schlechteste Bundestagswahlergebnis in ihrer Geschichte. Verluste verzeichnete auch die AfD, die aber in Sachsen und Thüringen 16 Direktmandate gewann. DIE LINKE hatte die Fünf-Prozent-Klausel zwar nicht erreicht, kam aber über die Grundmandatsklausel in den Bundestag, da sie drei Direktmandate errang, davon zwei in Berlin und eines in Leipzig. Der von der Sperrklausel ausgenommene Südschleswigsche Wählerverband erhielt erstmals seit 1949 wieder einen Sitz.

Am 26. Oktober 2021 konstituierte sich der 20. Bundestag im Reichstagsgebäude in Berlin. Die Sitzverteilung ergab für die SPD 206 Sitze, CDU/CSU 197, BÜNDNIS 90/DIE GRÜNEN 118, FDP 92, AfD 82, DIE LINKE 39 und der Südschleswigsche Wählerverband (SSW) 1 Sitz.

Fraktionsvorsitzende waren Katharina Dröge und Britta Haßelmann (BÜNDNIS 90/DIE GRÜNEN), Amira Mohamed Ali und Dietmar Bartsch (DIE LINKE), Rolf Mützenich (SPD), Alice Weidel und Tino Chrupalla (AfD). Auf Christian Lindner als Fraktionsvorsitzender der FDP folgte nach Übernahme des Amtes des Finanzministers Christian Dürr (FDP); Ralph Brinkhaus war schon seit dem 25. September 2018 Fraktionsvorsitzender für die CDU/CSU, bis er am 15. Februar 2022 von Friedrich Merz abgelöst wurde, der als Parteivorsitzender (seit 22. Januar 2022) üblicherweise den Vorsitz in der Fraktion beanspruchte.

Zur konstituierenden Plenarsitzung waren, trotz bestehender Einschränkungen durch die Maßnahme zur Bekämpfung der Pandemie, erstmals wieder alle Abgeordneten im Plenum zusammengekommen. Mit Ausnahme der AfD hatten sich die Fraktionen darauf verständigt, dass für diese Plenarsitzung ein „3G-Konzept" gilt. Der Zutritt zum Plenarsaal war denjenigen gewährt, die vollständig gegen das SARS-CoV-2-Virus geimpft waren, von einer Corona-Erkrankung genesen oder einen aktuellen Test vorlegen konnten. Für die konstituierende Sitzung galt als Nachweis ein vorher an die Abgeordneten verteiltes Handgelenksband. Diejenigen, die einen solchen Nachweis nicht erbringen oder trotz Nachweis mit Abstand sitzen wollten, konnten auf den Tribünen an der Sitzung teilzunehmen, wo Saalmikrofone, Wahlkabinen und Urnen bereitgehalten wurden.

Den Vorsitz in der konstituierenden Sitzung hatte nach der sogenannten „Lex Lammert“ vom 1. Juni 2017 der am längsten im Bundestag vertretene Abgeordnete Wolfgang Schäuble (CDU/CSU) erhalten. Zwei Abgeordnete der AfD waren älter als Schäuble und hätten nach der früheren Praxis noch vor ihm das Recht gehabt, die Aufgabe des Alterspräsidenten zu übernehmen. Schäuble hatte in seiner Rede vor allem essentielle Grundlagen eines funktionierenden Parlamentarismus in der Bundesrepublik benannt.

Das Vermächtnis des Alterspräsidenten Schäuble

Unter anderem führte er aus: „Konsens wird in diesem Haus aber auch zukünftig nicht die Regel sein – und das sollte auch nicht sein. Hier ist der Ort, an dem wir streiten dürfen. An dem wir streiten sollen. Fair und nach Regeln. Leidenschaftlich, aber auch mit der Gelassenheit, die einer erregten Öffentlichkeit Beispiel geben kann.“ Kritisch sah er die ewig sich hinziehenden Koalitionsverhandlungen: „Das Parlament ist immer auch eine politische Bühne und nicht bloß eine notarielle Veranstaltung, um Koalitionsverträge abzuarbeiten – zumal sich die Entwicklungen einer vernetzten Welt mit ihren wechselnden Herausforderungen nicht daranhält, wie wir erfahren haben.“

Auch konstatierte Schäuble den „Drang nach Konformität in der Gruppe“, der aber nicht dazu führen dürfe, „von sich fernzuhalten, was dem eigenen Empfinden und Denken widerspricht.“

„Politik ist kein Selbstzweck, wir dienen nicht dem Eigeninteresse einer gesellschaftlichen Gruppe oder Meinungsblase, sondern der Gemeinschaft. Am Ende unserer Debatten stehen Entscheidungen, für die wir die Verantwortung tragen. Durch Mehrheiten – die wechseln können. Wir erleben es gerade.“

An jene, die mit krimineller Energie Straßen, Eisenbahnen und Flughäfen blockierten, richtet sich Schäuble mit der Formulierung: „Das mitunter zähe Ringen um gesellschaftliche Mehrheiten sollten wir gerade auch denen nahebringen, die mit Blick auf den Klimawandel von der Trägheit demokratischer Prozesse enttäuscht sind und sofortiges Handeln fordern. Ihre Motive sind nachvollziehbar. Aber wissenschaftliche Erkenntnis allein ist noch keine Politik – und schon gar nicht demokratische Mehrheit. Wer Ziele und Mittel absolut setzt, bringt sie gegen das demokratische Prinzip in Stellung. Letzte Gewissheit kann die Wissenschaft im Übrigen ebenso wenig liefern, wie es in der Demokratie die eine richtige Entscheidung gibt. Damit müssen wir umgehen."

Schließlich gestand Schäuble, dass man in der Pandemie auf wissenschaftlichen Rat gehört habe, doch „der Stand der Virologie und der Medizin war damals noch recht unsicher. […] Wir mussten trotz des unsicheren Erkenntnisstandes und im Wissen um die Vorläufigkeit wissenschaftlicher Forschung rasch Entscheidungen treffen und dabei verschiedene Disziplinen hören: die Soziologie, die Ökonomie, Psychologie und Pädagogik, wie auch den Ethikrat – denn natürlich galt es, die ethisch-moralische Dimension genauso wie die verfassungsrechtlichen Aspekte unserer Maßnahmen mit zu bedenken."

Und dann hatte Schäuble geradezu visionär formuliert: „Die parlamentarische Demokratie wird im Wettbewerb mit autoritären Systemen dann bestehen, wenn wir als Gesetzgeber die Weichen so stellen, dass unsere Regierungsform neben ihrer Wertegebundenheit auch durch Effizienz überzeugt. Hüten wir uns allerdings gleichzeitig vor der Versuchung, alles regeln zu wollen. Politik weiß nicht alles besser. Wenn Politik meint, sie habe keine Grenzen, ist das mindestens genauso gefährlich, wie wenn andere glauben, sie seien keinen Begrenzungen unterworfen. Das Prinzip unserer freiheitlichen Ordnung ist, dass sie begrenzt ist."

Schäuble hat in seiner beachtenswerten Ansprache als Alterspräsident Aussagen in Erinnerung gebracht, die aus einem Lehrbuch hätten stammen können: Jeder Abgeordnete ist „Vertreter des ganzen Volkes", sagte er unter Berufung auf Art. 38 Grundgesetz. Die Abgeordneten müssen stets das Gemeinwohl im Blick behalten. Der Bundestag kann nie ein exaktes Spiegelbild der Bevölkerung sein. „Wer Repräsentation mit Repräsentativität gleichsetzt, wird eine Fülle eklatanter Abweichungen finden: in beruflicher, in regionaler, in kultureller oder religiöser Hinsicht. Und er leistet dem irrigen Verständnis Vorschub, dass gesellschaftliche Gruppen nur durch ihre eigenen Angehörigen vertreten werden könnten. Bei wem fangen wir an? Wo endet das? Ein Parlament, das zwar die Vielfalt abbildet, aber darüber keine Mehrheiten schaffen kann, ist kein Parlament! [...] Als gewählte Repräsentanten vertreten wir die Repräsentierten nicht durch unsere Person, sondern durch unsere Politik. Durch sie sollten alle Menschen politisch Gehör finden. Der Bundestag bündelt Interessen und er trägt damit Verantwortung für den Zusammenhalt in unserem Land. Deshalb sollten wir uns immer wieder selbst hinterfragen, ob wir, ob unsere Parteien der Vielfalt an Interessen und Meinungen genügend Gehör verschaffen. Und auch, ob die Erwartung der Bevölkerung, an Gestaltungsprozessen selbst teilhaben zu können, ausreichend erfüllt wird."

Bärbel Bas

Mit Bärbel Bas wurde zum dritten Mal eine Frau in das Amt des Bundestagspräsidenten gewählt. Ihr sozialer Aufstieg von ärmlichen Verhältnissen über Hauptschule, Bürogehilfin, Sozialversicherungsfachangestellte, Krankenkassenbetriebswirtin, Vorstandsmitglied der Betriebskrankenkasse, ging einher mit ihrem Engagement in der SPD, in die sie 1988 eintrat. Bas wurde in den Stadtrat von Duisburg gewählt, war Vorsitzende des NRW-Landesparteirates der SPD und kam 2009 in den Bundestag. Anlässlich der Verleihung des Großkreuzes des Bundesverdienstordens, noch vor Ablauf ihres zweiten Amtsjahres, am 23. September 2023 stellte Steinmeier fest: Bas sei „eine herausragende Parlamentarierin", die „unserem Bundestag würdevoll und bürgernah als Präsidentin dient" und bezeichnete sie als „Vorbild für viele Mädchen und Frauen", weil sie sich „dort, wo die Macht ist, durchgesetzt habe" und weil sie sich dafür einsetze, dass der Bundestag „bunter und weiblicher wird." Die „Buntheit" erhielt besonderen Ausdruck durch

Bärbel Bas (SPD) – Präsidentin des Deutschen Bundestages seit 2021

Hissen der Regenbogenflagge auf dem Südwestturm des Reichstagsgebäudes anlässlich des „Christopher-Street-Days" (CSD). Schon ein Jahr später, am 22. Juli 2023, nahmen Bas und Bedienstete der Bundestagsverwaltung mit einer Fußgruppe erstmals am Berliner CSD teil.

Zum Umgang mit der AfD

Die Wahl von Bärbel Bas (SPD) zur Bundestagspräsidentin am 26. Oktober 2021 war mit 79,6 % der abgegebenen Stimmen erfolgt. Vizepräsidenten wurden Aydan Özoğuz (SPD), Yvonne Magwas (CDU/CSU), Claudia Roth (BÜNDNIS 90/DIE GRÜNEN), Petra Pau (DIE LINKE) und Wolfgang Kubicki (FDP).

Roth wurde am 8. Dezember 2021 Staatsministerin beim Bundeskanzler sowie Beauftragte der Bundesregierung für Kultur und Medien. Für sie rückte am 9. Dezember 2021 Katrin Göring-Eckardt als Vizepräsidentin nach.

Der Kandidat der AfD-Fraktion erhielt im 1. Wahlgang am 26. Oktober nicht die erforderliche Mehrheit. Die AfD-Fraktion verzichtete sowohl auf die Durchführung eines 2. Wahlgangs als auch auf die Nominierung eines neuen Kandidaten. Doch im Verlauf der Wahlperiode hatte die AfD mehrfach neue Kandidaten zur Abstimmung gestellt. So wie die Mehrheit im Parlament sich weigerte, einen AfD Vizepräsidenten zu wählen, so wollte die AfD mit dem Wahlvorgang demonstrieren, in welch hohem Maße der Bundestag ihrer Meinung nach undemokratisches Verhalten an den Tag lege. Am 9. Dezember 2021 scheiterte die AfD zum zweiten Mal mit ihrem Wahlvorschlag für einen Vizepräsidenten. Mit seinem Urteil vom 22. März 2022 stellte das Bundesverfassungsgericht fest: „Das Recht einer Fraktion [...], im Präsidium mit mindestens einem Vizepräsidenten vertreten zu sein, steht unter dem Vorbehalt der Wahl durch die Abgeordneten." Auch bei der Wahl am 19. Mai 2022 wurde der AfD-Kandidat nicht gewählt. Seit dem 20. Oktober 2022 schlug die AfD im Monatsabstand jeweils einen neuen Kandidaten zur Wahl des ihr nach der Geschäftsordnung zustehenden Vizepräsidenten vor, die allesamt scheiterten.

Auch in den Ausschüssen hatten sich alle Fraktionen einmütig gegen die AfD gestellt und ihr den Ausschussvorsitz in den drei ihr nach der Geschäftsordnung zustehenden Ausschüssen verweigert, sowie die Stellvertretung im Ausschussvorsitz von drei weiteren Ausschüssen.

Mit der Auflösung der Fraktion DIE LINKE zum 6. Dezember 2023 bestand die Gelegenheit, die Verteilung der Ausschussvorsitzenden und ihrer Stellvertreter neu und angemessen zu regeln. Aber auch hier kam die AfD nicht zum Zuge. Das war unter den übrigen Fraktionen so ausgemacht.

Der Hauptausschuss

Wie schon in der 18. und 19. Wahlperiode konstituierte sich am 11. November 2021 auch in der 20. Wahlperiode der Hauptausschuss, zumal bei drei Koalitionspartnern zu erwarten war, dass die Regierungsbildung dauern könnte. Seitens des Bundestages war die Arbeit des Hauptausschusses noch vielgestaltiger als in den letzten beiden Wahlperioden. Die Anzahl der Beschlussempfehlungen nahm leicht zu und erstmals wurden öffentliche Anhörungen durchgeführt. Nachdem am 7. Dezember 2021 die Koalitionsverhandlungen mit Unterzeichnung des Koalitionsvertrages zwischen SPD, BÜNDNIS 90/DIE GRÜNEN und FDP ihren erfolgreichen Abschluss fanden, stellte der Hauptausschuss am 15. Dezember 2021 die Arbeit ein. In insgesamt sieben Sitzungen überwies der Hauptausschuss zehn Beschlussempfehlung an das Plenum.

Mit Hilfe des Hauptausschusses konnte am 18. November 2021 ein Gesetz zur Änderung des Infektionsschutzgesetzes verabschiedet werden. Danach sollte die Feststellung der epidemischen Lage von nationaler Tragweite am 25. November 2021 auslaufen. Schutzvorkehrungen, wie die Maskenpflicht und die Vorlage von Impf-, Genesenen- oder Testnachweisen, sollten bundesweit bis zum 19. März 2022 unabhängig davon bei Bedarf auch weiterhin ergriffen werden können.

Am 8. Dezember 2021 wurde Olaf Scholz (SPD) zum Bundeskanzler (mit 395 von 707 abgegebenen Stimmen) gewählt. Die Regierungskoalition bestand aus SPD, BÜNDNIS 90/DIE GRÜNEN und FDP. Die Bildung der sogenannten Ampelkoalition hatte noch eine besondere Entscheidung nach sich gezogen: Die Änderung der Sitzordnung im Plenum. Erstmals beschloss der Bundestag am 16. Dezember 2021 im Plenum die Sitzanordnung im Plenarsaal. Das war bis dahin hoheitliche Aufgabe des Präsidenten, der sich allenfalls mit dem Bundestagspräsidium oder auch dem Ältestenrat verständigt hatte. Vom Präsidium aus gesehen saßen mit dem Beschluss vom 16. Dezember (von links): DIE LINKE, SPD, Bündnis 90/Die Grünen, FDP, CDU/CSU und AfD. Die CDU/CSU hatte dagegen gestimmt. Sie verstand sich als Volkspartei und Partei der Mitte, und saß jetzt nicht nur rechts im Plenarsaal, sondern zugleich neben der AfD.

Der Krieg Russlands gegen die Ukraine

Die 20. Wahlperiode stand von Beginn an unter dem Vorzeichen des Russisch-Ukrainischen Konflikts, der 2014 begann und trotz der Minsker Abkommen (von September 2014 und Februar 2015) am 24. Februar 2022 zu einem Krieg Russlands gegen die Ukraine führte. Bisher waren für die Kriege in Europa stets Stellvertreterkriege auf anderen Kontinenten gewählt worden. Nun war das Kriegsgeschehen in der Ukraine, mitten in Europa, angelangt.

Russland hatte ab Sommer 2021 Truppen an der ukrainischen Grenze aufgestellt, was der Bundestag am 9. Dezember 2021 eigens in einer Aktuellen Stunde unter dem Titel „Haltung der Bundesregierung zur Truppenkonzentration russischer Streitkräfte an der Staatsgrenze der Ukraine" thematisierte.

Die von der Bundesregierung Ende Januar 2022 angekündigte Lieferung von 5000 Helmen wurde als rein symbolische Geste gewertet. Den Export „letaler Waffen" hatte die Ampelregierung jedoch abgelehnt.

Am 24. Februar 2022 erfolgte ein massiver Angriff der russischen Armee auf die Ukraine. Diese zog sich nach schweren Verlusten ab Ende März 2022 aus dem Norden und Nordosten der Ukraine wieder zurück, um ihre Offensive ausschließlich auf die Ostukraine zu konzentrieren. Der Bundestag hatte sich am 16. März 2022 erneut in einer Aktuellen Stunde mit der Lage in der Ukraine angesichts des völkerrechtswidrigen Angriffskriegs Russlands und die Auswirkungen auf Deutschland und Europa befasst. Am 17. März 2022 wurde eine Rede des ukrainischen Staatspräsidenten Wolodymyr Selenskyj aus Kiew live in den Plenarsaal des Bundestages übertragen. Erst in einem gemeinsamen Antrag „Frieden und Freiheit in Europa verteidigen – Umfassende Unterstützung für die Ukraine" schloss der Bundestag am 28. März 2022 die Lieferung schwerer Waffen (Panzer, Kampfflugzeuge, Raketenwerfer etc.) aus Deutschland nicht mehr aus.

In der Aktuellen Stunde am 6. April 2022 befasste sich der Bundestag mit den von russischen Truppen verübten Massakern an ukrainischen Zivilisten in Butscha. Am 3. Juni 2022 änderte der Bundestag das Grundgesetz (Art. 87a GG), wodurch eine Ermächtigung des Bundes zur Errichtung eines „Sondervermögens" mit eigener Kreditermächtigung bis zu 100 Milliarden Euro zur Stärkung der Bündnis- und Verteidigungsfähigkeit und Ertüchtigung der Bundeswehr außerhalb der Kreditobergrenzen der Schuldenregel ermöglicht werden sollte. Das

Gremium gemäß § 5 Absatz 4 des Bundeswehrfinanzierungs- und -sondervermögensgesetzes wurde vom Haushaltsausschuss am 22. September 2022 eingesetzt. Es hatte die Aufgabe, die Bewirtschaftung des Sonderfonds beratend zu begleiten. In Ergänzung wurde schon am 7. Juli 2022 das Gesetz zur Beschleunigung von Beschaffungsmaßnahmen für die Bundeswehr verabschiedet.

Der Rücktritt der Bundesministerin der Verteidigung Christine Lambrecht (SPD) am 19. Januar 2023 war nach einigen Skandalen und Fehltritten überfällig. Mit Boris Pistorius (SPD) erhielt Lambrecht einen tatkräftigen und in der Öffentlichkeit und bei den Soldaten schnell sehr beliebt werdenden Nachfolger. Anlässlich des Jahrestages des russischen Überfalls auf die Ukraine wurde am 24. Februar 2023 auf dem Südwestturm des Reichstagsgebäudes die Nationalflagge der Ukraine gehisst. In seiner Regierungserklärung vom 2. März 2023 sprach Bundeskanzler Scholz von einem Jahr der Zeitenwende und versprach die Ukraine weiter unterstützen zu wollen.

Bürgerräte

In den 1980er-Jahren wurde in der Demokratieforschung die Form der „deliberativen Demokratie" entwickelt. Die Grundidee war es, Bürgerbeteiligung zur Entscheidungshilfe für die Politik zu bestimmten Themen und Sachfragen zu erarbeiten. Die durch Losverfahren bestimmten Teilnehmer erhalten von Sachverständigen die erforderlichen Sachinformationen. Die Beratungsergebnisse der Bürgerforen werden der Öffentlichkeit und dem Auftraggeber vorgelegt. Auch Parlamentspräsident Schäuble hatte sich in der 19. Wahlperiode für die Einsetzung von „Bürgerräten" durch den Bundestag ausgesprochen. Bürgerräte würden den Weg „für eine Form der deliberativen Demokratie" öffnen. Doch schon in seiner Ansprache als Alterspräsident hatte er seinem Umdenken Ausdruck verliehen und wünschte sich, dass „dieser Bundestag […] sich noch einmal intensiv mit den Vorteilen, aber auch den Grenzen dieser Art von Bürgerbeteiligung" befassen sollte. So bezeichnete Schäuble die Bürgerräte als „Vereinzelungsorte", von denen wir genug hätten. „Es braucht ein selbstbewusstes Parlament – selbstbewusste Parlamentarier". Bürgerräte destabilisieren und verunsichern ein Parlament, wenn sie sich in ihren Ergebnissen gegen die Auffassung von Parlamenten stellen und sind darüber hinaus auch vor einer Einflussnahme nicht gefeit. In der Bundesrepublik erfolgte politische Willensbildung bisher stets in den Parteien und den Parlamenten. Durch Bürgerforen und Bürgerräte würden neue politische Kräfte wirksam, deren Beschlüsse die Autorität eines Parlaments unterminieren können. Die Parlamentsforschung hatte sich dementsprechend stets sehr kritisch und ablehnend zu den Bürgerräten geäußert. Schäuble hatte dieses offenkundig inzwischen nachvollzogen.

Der Bundestag hatte am 10. Mai 2023 die Einsetzung eines Bürgerrates zum Thema „Ernährung im Wandel: Zwischen Privatangelegenheit und staatlichen Aufgaben" beschlossen. Dem gemeinsamen Antrag von SPD, BÜNDNIS 90/DIE GRÜNEN, FDP und DIE LINKE stimmten in namentlicher Abstimmung 402 Abgeordnete zu. 251 Parlamentarier votierten gegen die Vorlage, 12 enthielten sich.

Für die Zufallsauswahl wurden 82 Gemeinden ausgelost und über deren Meldeämter ein großer Pool von möglichen Teilnehmern gebildet. Aus den Rückmeldungen ermittelte ein „wissenschaftlicher Algorithmus" 1000 mögliche Teilnehmer. Aus diesen wiederum zog am 21. Juli 2023 Bundestagspräsidentin Bas in einer öffentlichen Veranstaltung die Lose für die 160 Teilnehmer des ersten Bürgerrates, der vom 29. September 2023 bis 14. Januar 2024 tagte und am 20. Februar 2024 seine Ergebnisse Bas überreichte.

Das Wahlgesetz von 2023

Am 17. März 2023 verabschiedete der Bundestag ein „Gesetz zur Änderung des Bundeswahlgesetzes". Mit dem Ziel, den Bundestag zu verkleinern, wurde mit der Mehrheit der Regierungskoalition entschieden, dass allein der in ganz Deutschland errungene Anteil an Zweitstimmen über die Zusammensetzung des Bundestages entscheiden soll und dieser muss sich oberhalb der Fünf-Prozent-Hürde bewegen. Die Erststimme verliert damit an Bedeutung zugunsten der Listenstimme. Wörtlich heißt es im Gesetz: „Die Wahlkreiskandidaten, die eine relative Mehrheit in den Wahlkreisen erreichen, stellen das vorrangige Reservoir für die Besetzung der Sitze dar, die einer Partei nach ihrem Zweitstimmenanteil zustehen." Eine erfolgreiche Kandidatur im Wahlkreis braucht neben der relativen Mehrheit künftig eine „Deckung durch Zweitstimmen". Mit der Streichung der Grundmandatsklausel wurde bewusst das Risiko eingegangen, dass ganze Regionen künftig nicht mehr im Bundestag vertreten wären. So könnte es rein rechnerisch sein, dass die CSU in Bayern, die bundesweit 2021 gerade mal auf 5,2 % der Zweitstimmen kam, zwar alle Direktmandate erringt, aber dennoch nicht im Bundestag vertreten wäre, wenn sie die Fünf-Prozent-Hürde nicht erreicht. DIE LINKE wiederum schaffte den Sprung in den Bundestag nur durch ihre drei direkt errungenen Wahlkreise (Grundmandatsklausel). Deswegen klagten die CDU/CSU-Bundestagsfraktion, die bayrische Staatsregierung und die Bundestagsfraktion DIE LINKE beim Bundesverfassungsgericht gegen das Wahlgesetz.

Wiederholung der Bundestagswahl am 11. Februar 2024 in Berlin

Am 19. November 2021 legte der Bundeswahlleiter wegen Unregelmäßigkeiten bei der Wahl in Berlin Einspruch gegen die Gültigkeit der Wahl zum 20. Deutschen Bundestag in sechs Berliner Wahlkreisen ein. Ein ähnliches Verfahren gab es beim Verfassungsgerichtshof des Landes Berlin, der schon am 16. November 2022 beschlossen hatte, dass die Wahl zum Berliner Abgeordnetenhaus und zu den Bezirksverordnetenversammlungen vom September 2021 in ganz Berlin wiederholt werden musste. Die Wiederholungswahl erzeugt keine neue Legislaturperiode. Es bleibt die 19. Wahlperiode, mit der Folge, dass die nächste reguläre Berlin-Wahl im Herbst 2026 stattfinden wird.

Bemerkenswerterweise war die Landtagswahl zum Berliner Abgeordnetenhaus also längst wiederholt, als endlich das Bundesverwaltungsgericht am 19. Dezember 2023 entschied, dass wenigstens in 327 Wahlbezirken und 104 Briefwahlbezirken in Berlin auch die Bundestagswahl zu wiederholen ist, die auf den 11. Februar 2024 festgesetzt worden war. Nicht betroffen waren die Wahlbezirke, in denen DIE LINKE Direktmandate erhalten hatten, nämlich Lichtenberg und Treptow-Köpenick, wo Gesine Lötzsch und Gregor Gysi je ein Direktmandat geholt hatten, so dass sie im Bundestag bleiben konnten.

Das amtliche Ergebnis der Wiederholungswahl wurde am 4. März 2024 bekanntgegeben. Aufgrund der niedrigen Wahlbeteiligung und der Tatsache, dass die Ampelkoalition starke Verluste hinnehmen musste, verkleinerte sich der Bundestag um 1 Mandat.

Das Ende der Fraktion DIE LINKE

Am 23. Oktober 2023 gründeten 10 Abgeordnete, die vorher der Partei DIE LINKE angehört hatten, das „Bündnis Sahra Wagenknecht" (BSW). Erst am 14. November 2023 kündigte die Fraktion DIE LINKE an, sich zum 6. Dezember 2023 aufzulösen. Nach der Geschäftsordnung war die Parlamentsvizepräsidentin Petra Pau (DIE LINKE) für eine gesamte Wahlperiode gewählt worden und erklärte ausdrücklich, auf das Amt nicht verzichten zu wollen.

Die 17. Bundesversammlung

Am 13. Februar 2022 fand die 17. Bundesversammlung statt, in der Frank-Walter Steinmeier im 1. Wahlgang zum Bundespräsidenten mit 1045 von 1437 abgegebenen Stimmen gewählt worden war. Die Wahl fand, um größere Abstände zwischen den Sitzen zu ermöglichen, in der Bundestagsliegenschaft Paul-Löbe-Haus statt. Steinmeiers zweite Amtszeit begann am 18. März.

Nachbereitung der Corona-Pandemie und Prophylaxe

War der 19. Bundestag stark geprägt von der Corona-Pandemie, so hatte der 20. Bundestag immerhin im ersten Jahr seines Bestehens manche Novellierungen auf den Weg gebracht. Am 9. Februar 2022 wurde vereinsrechtlich geregelt, dass hybride und virtuelle Mitgliederversammlungen möglich sind. Am 14. März 2022 wurde die Allgemeinverfügung zur Eindämmung der Corona-Pandemie in den Liegenschaften des Bundestages geändert. Im Plenum, in den Ausschüssen und bei Veranstaltungen galt die sog. 3G-Regel und weiterhin musste in den Gebäuden des Bundestages eine FFP2-Maske getragen werden. Erst am 24. März 2022 erlaubte der Ältestenrat den Empfang von Besuchergruppen ab dem 12. Mai 2022. Am 18. März 2022 verabschiedete der Bundestag schließlich ein Gesetz zur Änderung des Infektionsschutzgesetzes, womit das faktische Ende der meisten Corona-Schutzmaßnahmen ab dem 20. März 2022 eingeläutet war.

Am 7. April 2022 lehnte der Bundestag unter Aufhebung der sog. Fraktionsdisziplin mehrere Initiativen zum Thema Corona-Impfpflicht ab und verabschiedete ein Gesetz zur Pandemievorsorge durch Aufklärung, verpflichtende Impfberatung und Immunisierung der Bevölkerung gegen SARS-CoV-2. Am 8. September 2022 wurde das Gesetz zur Stärkung des Schutzes der Bevölkerung und insbesondere vulnerabler Personengruppen vor COVID-19 verabschiedet.

Energiefragen

Die Grünen sind 2021 in die Regierung eingetreten, um die Energiewende einzuleiten. Dazu gehörten der Ausstieg aus der Atomenergie und der Braunkohleverstromung sowie gleichzeitig die Nutzung sogenannter erneuerbarer (regenerativer) Energien.

Die ersten zwei Jahre hatte die Regierung unter Bundeswirtschaftsminister Robert Habeck (BÜNDNIS 90/DIE GRÜNEN) eine Fülle von Gesetzen in den Bundestag eingebracht, die genau diese Energiewende einleiten sollten. Nur dass zu den rot-grünen Plänen der Russland-Ukraine-Krieg hinzukam, in dessen Folge die Bundesrepublik aufgrund der Sanktionen gegen Russland sich die Menge des Erdgases, die die Staaten der Europäischen Union von Russland bezogen, drastisch verringerte. Hinzu kamen Wartungsarbeiten an der russischen Gaspipeline Nord Stream 1, die am 11. Juli 2022 stillgelegt worden war und nach der Wartung der Gaszufluss auf 30 % gedrosselt und Ende August schließlich vollständig eingestellt wurde. Darauf folgte ein russischer Gaslieferstopp an die Bundesrepublik und am 26. September 2022 kam hinzu, dass beide Stränge von Nord Stream 1 durch einen Anschlag zerstört wurden.

Schon am 27. Januar 2022 wurde das Gesetz zur Gewährung eines einmaligen Heizkostenzuschusses aufgrund stark gestiegener Energiekosten (Heizkostenzuschussgesetz) verabschiedet. Am 19. Mai 2022 passierte das Gesetz zur Änderung des Energiesteuerrechts zur temporären Absenkung der Energiesteuer für Kraftstoffe (Energiesteuersenkungsgesetz) den Bundestag. Der Bundestag verabschiedet zudem ein Gesetz zur Beschleunigung des Einsatzes verflüssigten Erdgases (LNG-Beschleunigungsgesetz). Am 7. Juli 2022 verabschiedet der Bundestag ein Gesetz zu Sofortmaßnahmen für einen beschleunigten Ausbau der erneuerbaren Energien und weiteren Maßnahmen im Stromsektor und verabschiedete zudem ein Gesetz zur Erhöhung und Beschleunigung des Ausbaus von Windenergieanlagen an Land sowie ein Gesetz zur Bereithaltung von Ersatzkraftwerken zur Reduzierung des Gasverbrauchs im Stromsektor im Fall einer drohenden Gasmangellage durch Änderungen des Energiewirtschaftsgesetzes und weiterer energiewirtschaftlicher Vorschriften. Mit dem Gesetz zur temporären Senkung des Umsatzsteuersatzes auf Gaslieferungen über das Erdgasnetz, das am 30. September 2022 verabschiedet wurde, sollten die Bürger von den gestiegenen Gaspreisen durch Senkung der Umsatzsteuer für Gaslieferungen auf 7 % entlastet werden.

Mit dem am 20. Oktober 2022 verabschiedeten Gesetz zur Änderung des Heizkostenzuschussgesetzes wurde ein zweiter Heizkostenzuschuss zur Entlastung einkommensschwächerer Haushalte angesichts stark gestiegener Energiepreise im Jahr 2022 gewährt. Ferner verabschiedete der Bundestag ein Gesetz zur Zahlung einer Energiepreispauschale an Renten- und Versorgungsbeziehende. Am 1. Dezember 2022 folgten: 1. das Gesetz zur Beschleunigung des Braunkohleausstiegs; 2. ein Gesetz zur Zahlung einer einmaligen Energiepreispauschale für Studierende, Fachschülerinnen und Fachschüler sowie Berufsfachschülerinnen und Berufsfachschüler in Bildungsgängen mit dem Ziel eines mindestens zweijährigen berufsqualifizierenden Abschlusses

(Studierenden-Energiepreispauschalengesetz); 3. ein Gesetz zur Einführung von Preisbremsen für leitungsgebundenes Erdgas und Wärme und ein Gesetz zur Einführung einer Strompreisbremse und zur Änderung weiterer energierechtlicher Bestimmungen.

Verfassungsgericht

Nicht nur die staatlichen Lenkungsmechanismen zur Finanzierung der Energiewende verunsicherten die Bürger. Das Vertrauen in die Regierung wurde auch durch eine Reihe von Entscheidungen des Bundesverfassungsgerichts erheblich angekratzt.

Am 24. Januar 2023 wurde die Erhöhung der absoluten Obergrenze für die staatlichen Mittel an die Parteien der Jahre 2018 und 2019 wegen unzureichender Begründung für verfassungswidrig und damit für nichtig erklärt.

Am 6. Juli 2023 stoppte das Bundesverfassungsgericht in einem Eilverfahren die für den 7. Juli geplante und völlig übereilte Verabschiedung des Gebäudeenergiegesetzes (GEG) und folgte damit dem Antrag auf einstweilige Anordnung des Abgeordneten Thomas Heilmann (CDU/CSU). Bundestagspräsidenten Bas hatte auch schon zu anderer Zeit bemängelt, dass – wie auch in diesem Fall das Verfassungsgericht bestätigte – den Abgeordneten oft zu wenig Zeit blieb, sich gründlich mit manchen Gesetzesvorhaben zu befassen.

Am 15. November 2023 erklärte das Bundesverfassungsgericht die rückwirkende Änderung des Haushaltsgesetzes und des Bundeshaushaltsplans 2021 durch das am 27. Januar 2022 vom Bundestag verabschiedete Zweite Nachtragshaushaltsgesetz 2021 für verfassungswidrig. Mit diesem Nachtragshaushalt sollte eine im Bundeshaushalt 2021 als Reaktion auf die Corona-Pandemie vorgesehene, jedoch im Haushaltsjahr 2021 nicht unmittelbar benötigte Kreditermächtigung in Höhe von 60 Milliarden Euro durch eine Zuführung an den „Energie- und Klimafonds“ (EKF), ein unselbständiges Sondervermögen des Bundes, für künftige Haushaltsjahre nutzbar gemacht werden. Die Zuführung erfolgte im Februar 2022 – also rückwirkend – für das abgeschlossene Haushaltsjahr 2021. Der EKF wurde zwischenzeitlich in „Klima- und Transformationsfonds" (KTF) umbenannt. Die Umwidmung der Nachtragshaushalte war damit ungültig.

Vor allem mit dem letzten Urteil sah sich die Ampelregierung vor besondere Probleme gestellt. Ihr fehlen 60 Milliarden Euro, die sie bereits für Klimaschutzprojekte fest eingeplant hatte.

Zwischenbilanz nach zwei Jahren Ampelkoalition

Zwei Jahre nach Aufnahme der Regierungstätigkeit der Ampelkoalition starb unerwartet Alterspräsident Wolfgang Schäuble. Welch tiefe Symbolik sprach aus diesem Ereignis, hatte Schäuble doch manche Erosion in das Demokratievertrauen vorausgesehen. In seiner Ansprache beim Trauerstaatsakt im Plenarsaal des Reichstagsgebäudes verabschiedete sich der französische Staatspräsident Emmanuel Macron am 22. Januar 2024 als Oberhaupt des Nachbarstaates Frankreich und als Europäer von Wolfgang Schäuble.

Selbst der grüne Ministerpräsident von Baden-Württemberg Winfried Kretschmann forderte die Ampel zu Kurskorrekturen auf. Erkennbar war die „sozial-ökologische Transformation" der Ampelregierung gescheitert. Der Staat könne nicht dauerhaft ausbleibende Wirtschaftsleistung ersetzen. Die von Bundeskanzler Scholz verwendeten Begriffe wie „Wumms" und „Doppelwumms" der „Bazooka" seien deshalb nicht nur „irreführend", wie Kretschmann herausstellte, sondern auch Beleg für das hohe Maß an Sprachlosigkeit, die Probleme vernünftig zu benennen und zu analysieren. Die richtigen Antworten der Politik auf die „Zeitenwende", von der Bundeskanzler Scholz seit dem 27. Februar 2022 im Bundestag spricht, hätten anders aussehen müssen.

Mitte Februar 2024 stellte Innenministerin Nancy Faeser (SPD) gemeinsam mit dem Präsidenten des Bundesamts für Verfassungsschutz Thomas Haldenwang ihren Aktionsplan für ein Demokratiefördergesetz vor, der sogar vom Koalitionspartner FDP entschieden abgelehnt wurde. Doch innerhalb der Regierungskoalition stieß der

Aktionsplan auf Kritik, weil die in der deutschen Rechtspraxis übliche Unschuldsvermutung damit umgekehrt werden würde.

Während gleichzeitig in staatlich orchestrierten Demonstrationen „gegen rechts" die Menschen mobilisiert wurden, erlangte die Diskussion um einen neuen „Antisemitismus" in Deutschland einen neuen Höhepunkt, insbesondere seit dem terroristischen Überfall der palästinensischen radikal-islamistischen Hamas auf Israel am 7. Oktober 2023. Auch in der deutschen Kulturszene war Antisemitismus offenbar geworden, wie die Diskussionen um Exponate auf der Kunstmesse „documenta" 2022 oder auf den Internationalen Filmfestspielen „Berlinale" 2024 unübersehbar deutlich wurden. Auch die Wissenschaftsbetriebe und Universitäten scheinen nicht frei von Antisemitismus zu sein, wie traurige Vorfälle an der deutschen Vorzeigeuniversität, der Berliner Humboldt-Universität, 2024 wiederholt festgestellt wurde. Im Übrigen handelte es sich bei dem Terrorangriff der Hamas am 7. Oktober 2023 um den größten Massenmord an Juden seit dem Holocaust: 1139 Menschen wurden ermordet, mehr als 5400 Menschen verletzt und 240 als Geiseln nach Gaza entführt, von denen bisher etwa 110 Geiseln freigelassen wurden.

Die Freigabe von Cannabis am 23. Februar 2024 wurde insbesondere von weiten Teilen der Ärzteschaft, Richter, Polizistengewerkschaften, Psychologen und Therapeuten als eine politisch gewollte Gesundheitsgefährdung junger Menschen angesehen. Wer auf die Jugend als die „Zukunft" eines Landes setzte, der befürchtete nun, dass sich ein Land seine eigene Zukunft zerstört.

Der Jahresbeginn 2024 war gekennzeichnet von starken Protesten gegen die Regierung, an deren Spitze die Bauernproteste standen, die ähnlich wie die gewaltbereiten Klimaaktivisten vorgingen und Straßen mit ihren Traktoren versperrten. Doch während die Bauern kriminalisiert wurden, hat man gleichzeitig die Aktionen der „Klimakleber", die einem guten Zweck dienen würden, verharmlost. Die Menschen spürten diese Doppelmoral, wie sie teilweise durch die Medien betrieben wurde. Auf der einen Seiten stand die „Generation Z", die aus wohlstandsverwahrlosten Jugendlichen bestehen würde; auf der anderen Seite standen die Bauern, die in klassischen familiären Strukturen leben, hart arbeiten und die Gesellschaft durch ihre Arbeit maßgeblich mittragen, und die nun herabgewürdigt und verspottet werden würden. Während einerseits die eigene Regierung sowie NGOs, Nicht-Regierungsorganisationen, Massenproteste gegen rechts organisieren, würden drängende Probleme wie Energieversorgung, die mangelnde Attraktivität des Wirtschaftsstandorts Deutschland, Massenmigration, zu hohe Sozialleistungen, und Kriminalität nicht ernst genommen werden.

Politische Willensbildung war stets durch Radikalität gefährdet. Sie wird in der Bundesrepublik begünstigt, weil sich in den letzten Jahrzehnten die Milieuparteien selbst marginalisiert haben.

Globalisierung, Bürokratisierung, Europäisierung, das ewig lange Verhandeln wie bei den letzten Koalitionsverhandlungen und die Bürgerräte sowie die Steuerung und Begünstigung von Bürgerprotesten durch die im Parlament vertretenen Parteien tragen erheblich zu einer Entparlamentarisierung im „Postparlamentarismus“ (Suzanne S. Schüttemeyer) bei. Die Parlamente tragen zu ihrer Selbstverzwergung bei, wenn sie sich Entscheidungen von anderen abnehmen lassen.

Gleichzeitig gibt es keine Alternative zur Demokratie und zur Rechtsstaatlichkeit, die in der Bundesrepublik ihren Ausdruck finden in handlungsfähigen und – gegenüber dem Bürger – rechenschaftspflichtigen Parlamenten.

Literatur

Adenauer, Konrad: Erinnerungen, 4 Bde., Stuttgart 1965–1968.

Albrecht, Willy (Hrsg.): Kurt Schumacher. Reden – Schriften – Korrespondenzen 1945–1952, Berlin 1985.

Allemann, Fritz Renè: Bonn ist nicht Weimar, Köln u. a. 1956.

Andersen, Uwe (Hrsg.): Der Deutsche Bundestag. Eine Einführung, Schwalbach/Taunus 2008.

Apel, Hans: Die Willensbildung in den Bundestagsfraktionen – die Rolle der Arbeitsgruppen und Arbeitskreise, in: Zeitschrift für Parlamentsfragen 1 (1970) S. 223–232.

Augstein, Rudolf: Herbert Wehner und die Große Koalition, in: Jahn, Gerhard (Hrsg.): Herbert Wehner. Beiträge zu einer Biographie, Köln 1976, S. 32–38.

Baring, Arnulf: Sehr verehrter Herr Bundeskanzler! Heinrich von Brentano im Briefwechsel mit Konrad Adenauer 1949–1964, Hamburg 1974.

– Außenpolitik in Adenauers Kanzlerdemokratie. Bonns Beitrag zur Europäischen Verteidigungsgemeinschaft, München u. a. 1969.

– Machtwechsel. Die Ära Brandt/Scheel, Stuttgart 1982.

Barzel, Rainer: Im Streit und umstritten. Anmerkungen zu Adenauer, Erhard und den Ostverträgen, Frankfurt am Main 1986.

– (Hrsg.): Sternstunden des Parlaments, Heidelberg 1989.

– Ein gewagtes Leben. Erinnerungen, Stuttgart u. a. 2001.

Berg, Hans-Joachim/Michael F. Feldkamp: Hammelsprung. Geschichte und Parlamentspraxis, Wiesbaden 2021.

Beyme, Klaus von: Die großen Regierungserklärungen der deutschen Bundeskanzler von Adenauer bis Schmidt, München, Wien 1979.

– Der Gesetzgeber. Der Bundestag als Entscheidungszentrum, Opladen 1997.

Biefang, Andreas u. a. (Hrsg.): Parlamentarismus in Deutschland von 1815 bis zur Gegenwart. Historische Perspektiven auf die repräsentative Demokratie, Düsseldorf 2022.

Bierhoff, Hartwig: Annemarie Renger, in: Feldkamp (Hrsg.): Bundestagspräsident. 19. Wahlperiode, S. 114–119.

Birke, Adolf M.: Die Bundesrepublik Deutschland. Verfassung, Parlament und Parteien, München 1997.

Blischke, Werner: Ungeschriebene Regeln im Deutschen Bundestag, in: Parlamentarische Demokratie. Bewährung und Verteidigung. Festschrift für Helmut Schellknecht zum 65. Geburtstag. Hrsg. von Eckart Busch, Heidelberg 1984, S. 55–74.

Blumenthal, Julia von/Helmar Schöne (Hrsg.): Parlamentarismusforschung in Deutschland. Ergebnisse und Perspektiven 40 Jahre nach Erscheinen von Gerhard Loewenbergs Standardwerk zum Deutschen Bundestag, Baden-Baden 2009.

Brandt, Willy: Begegnungen und Einsichten. Die Jahre 1960–1975, Hamburg 1976.

- Erinnerungen, Berlin 1989.
- Auf dem Weg nach vorn. Willy Brandt und die SPD 1947–1972, bearb. von Daniela Münkel, Bonn 2000.

Buchheim, Hans (Hrsg.): Konrad Adenauer und der Deutsche Bundestag, Bonn 1986.

Buchstab, Günter/Philipp Gassert/Peter Thaddäus Lang (Hrsg.): Kurt Georg Kiesinger 1904–1988. Von Ebingen ins Kanzleramt, Freiburg 2005.

Burkhardt, Armin: Das Parlament und seine Sprache. Studien zu Theorie und Geschichte parlamentarischer Kommunikation, Tübingen 2003.

Buslei-Wuppermann, Agatha/Andreas Zeising: Das Bundeshaus von Hans Schwippert in Bonn. Architektonische Moderne und demokratischer Geist, Düsseldorf 2009.

Butz, Andreas: Rainer Barzel, in: Feldkamp (Hrsg.): Bundestagspräsident. 19. Wahlperiode, S. 130–134.

Burckhardt, Armin: Das Parlament und seine Sprache. Studien zu Theorie und Geschichte parlamentarischer Kommunikation, Tübingen 2003.

Carstens, Karl: Die Stellung des Parlamentspräsidenten nach deutschem Parlamentsrecht, in: Parlamentarismus und Föderalismus. Festschrift für Rudolf Hanauer aus Anlass seines 70. Geburtstages. Hrsg. von Heinz Rosenbauer/Volkmar Gabert, München 1978, S. 121–129.

Carstens, Karl, Erinnerungen und Erfahrungen, Boppard am Rhein 1993.

Chronik. Debatten, Gesetze, Kommentare.

- Deutscher Bundestag 1949–1953. 1. Legislaturperiode. Eine Dokumentation. Hrsg.: Presse- und Informationszentrum des Deutschen Bundestages. Redaktion: Referat Öffentlichkeitsarbeit. Bonn o.J.
- Deutscher Bundestag 1953–1957. 2. Legislaturperiode. Eine Dokumentation. [Hrsg. usw. wie Chronik 1. Wahlperiode]. Bonn o.J.

- Deutscher Bundestag 1957–1961. 3. Legislaturperiode. Eine Dokumentation. [Hrsg. usw. wie Chronik 1. Wahlperiode]. Bonn o.J.
- Deutscher Bundestag 1961–1965. 4. Legislaturperiode. Eine Dokumentation. [Hrsg. usw. wie Chronik 1. Wahlperiode]. Bonn o.J.
- Deutscher Bundestag 1965–1969. 5. Legislaturperiode. Eine Dokumentation. [Hrsg. usw. wie Chronik 1. Wahlperiode]. Bonn o.J.
- Deutscher Bundestag 1969–1972. 6. Legislaturperiode. Eine Dokumentation. [Hrsg. usw. wie Chronik 1. Wahlperiode]. Bonn o.J.
- Deutscher Bundestag 1972–1976. 7. Legislaturperiode. Eine Dokumentation. [Hrsg. usw. wie Chronik 1. Wahlperiode]. Bonn o.J.

Chronik. Gesetze, Statistik, Dokumentation.

- Deutscher Bundestag 8. Wahlperiode 1976–1980. Hrsg.: Deutscher Bundestag, Presse- und Informationszentrum. Manuskript: Hauptabteilung Wissenschaftliche Dienste. Redaktion: Peter Schindler. Bonn 1981.
- Deutscher Bundestag 9. Wahlperiode 1980–1983. [Hrsg. usw. wie Chronik 8. Wahlperiode]. Bonn 1984.
- Deutscher Bundestag 10. Wahlperiode 1983–1987. Hrsg.: Deutscher Bundestag, Referat Öffentlichkeitsarbeit. Manuskript: Hauptabteilung Wissenschaftliche Dienste. Redaktion: Peter Schindler. Bonn 1987.
- Deutscher Bundestag 11. Wahlperiode 1987–1990. [Hrsg. usw. wie Chronik 10. Wahlperiode]. Bonn 1992.
- Deutscher Bundestag 12. Wahlperiode 1990–1994. [Hrsg. usw. wie Chronik 10. Wahlperiode]. Bonn 1996.
- Deutscher Bundestag 13. Wahlperiode 1994–1998. Hrsg.: Deutscher Bundestag, Referat Öffentlichkeitsarbeit. Manuskript: Wissenschaftliche Dienste. Redaktion: Renate Bugdoll, Michael F. Feldkamp, Inge Schlieper, Magdeburg o. J. [2000].

Cullen, Michael S.: Der Reichstag – Symbol deutscher Geschichte, Berlin 2014.

Dagger, Steffen: Mitarbeiter im Deutschen Bundestag: Politikmanager, Öffentlichkeitsarbeiter und Berater, Stuttgart 2009.

Dechamps, Bruno: Macht und Arbeit der Ausschüsse. Der Wandel der parlamentarischen Willensbildung, Meisenheim am Glan 1954.

Der Deutsche Bundestag 1949 bis 1989 in den Akten des Ministeriums für Staatssicherheit (MfS) der DDR. Gutachten für den Deutschen Bundestag gemäß § 37 (3) des Stasi-Unterlagen-Gesetzes, Hrsg.: Der Bundesbeauftragte für die Unterlagen des Staatssicherheitsdienstes der ehemaligen Deutschen Demokratischen Republik, Berlin 2013.

Dittberner, Jürgen: FDP. Partei der zweiten Wahl. Ein Beitrag zur Geschichte der liberalen Partei und ihrer Funktionen im Parteiensystem der Bundesrepublik, Opladen 1987.
Domes, Jürgen: Das Freiwilligengesetz im Zweiten Deutschen Bundestag. Eine Studie zum Oppositionsverhalten des Parlaments, Heidelberg 1960.
Droste, Uwe: Rückblick auf die 14. Legislaturperiode des Deutschen Bundestages, in: Neue Stenografische Praxis 52 (2003) S. 70–76.

Edinger, Florian: Fraktionen und Präsidium. Zum Anspruch jeder Fraktion auf Vertretung im Präsidium des Deutschen Bundestages, in: Recht und Politik. Vierteljahreshefte für Rechts- und Verwaltungspolitik 32 (1995) S. 77–84.
Edinger, Florian: Wahl und Besetzung parlamentarischer Gremien. Präsidium, Ältestenrat, Ausschüsse, Berlin 1991.
Ehlers, Hermann: Präsident des Deutschen Bundestages, ausgewählte Reden, Aufsätze und Briefe 1950-1954, Bearb. von Rüdiger Wenzel, Hrsg. und eingeleitet für die Hermann-Ehlers-Stiftung von Karl Dietrich Erdmann, Boppard am Rhein 1991.
Eibach, Benedikt Ernst Rudolf: Die Bundesversammlung zwischen Kür und Wahl, Berlin 2023.

Facius, Gernot: Kai-Uwe von Hassel, in: Feldkamp (Hrsg.): Bundestagspräsident. 19. Wahlperiode, S. 109–113.
– Richard Stücklen, in: Feldkamp (Hrsg.): Bundestagspräsident. 19. Wahlperiode, S. 125–129.
Feldkamp, Michael F., Der Parlamentarische Rat 1948-1949. Die Entstehung des Grundgesetzes, Göttingen 1998, Neuausgaben 2008, 2018 und 2020.
– Der Bundestagspräsident. Amt – Funktion – Person. 16. Wahlperiode, München 2007; 17. Wahlperiode, München 2011; 18. Wahlperiode, Reinbek 2014; 19. Wahlperiode 2018, Reinbek 2018.
– Karl Mommer und die Anfänge des Deutschen Bundestages, in: Blumenthal/Schöne (Hrsg.): Parlamentarismusforschung, S. 231–256.
– Das Hohe Haus. Protokoll und Zeremoniell im Deutschen Bundestag, in: Flagge zeigen? Die Deutschen und ihre Nationalsymbole. Begleitbuch zur Ausstellung im Haus der Geschichte der Bundesrepublik Deutschland, Leipzig 2008, S. 99-103.
– zusammen mit Dirk Kunze: Mit Frack im Parlament. Ein Beitrag zur parlamentarischen Kultur und politischen Symbolik im Deutschen

Bundestag. Mit einem Geleitwort des Präsidenten des Deutschen Bundestages Norbert Lammert, Baden-Baden 2009.
- „Luxus der Stille" – Sakraler Raum im Parlament, in: Hermann-Josef Scheidgen/Sabine Prorok/Helmut Rönz unter Mitwirkung von Reimund Haas (Hrsg.): Kirche und Gesellschaft im Wandel der Zeiten. Festschrift für Gabriel Adriányi zum 75. Geburtstag. Nordhausen 2012, S. 459–467.
- Der Zwischenruf „Der Bundeskanzler der Alliierten!" und die parlamentarische Beilegung des Konfliktes zwischen Konrad Adenauer und Kurt Schumacher im Herbst 1949, in: Von Freiheit, Solidarität und Subsidiarität – Staat und Gesellschaft der Moderne in Theorie und Praxis. Festschrift für Karsten Ruppert zum 65. Geburtstag, hrsg. von Markus Raasch und Tobias Hirschmüller, Berlin 2013, S. 665–708.
- Adenauer, die Alliierten und das Grundgesetz, München 2023.
- Datenhandbuch zur Geschichte des Deutschen Bundestages 1990 bis 2022, Baden-Baden 2024.
- Der Deutsche Bundestag – 100 Fragen und Antworten. Baden-Baden, 3. Auflage 2024.
- zusammen mit Malte Mörsch: Chronik des Deutschen Bundestages 1949–2024, Reinbek 2024.

Ferdinand, Horst (Hrsg.): Beginn in Bonn. Erinnerungen an den ersten Deutschen Bundestag, Freiburg i. Breisgau u. a. 1985.
- Stenographen im Strom der Zeitgeschichte. Aus der Vorgeschichte und den Anfängen des Stenographischen Dienstes im Bundestag, in: Neue Stenografische Praxis 38 (1990) S. 1–17.
- Reden, die die Republik bewegten., Opladen, 2. Auflage 2002.

Flagge, Ingeborg/Wolfgang Jean Stock (Hrsg.): Architektur und Demokratie. Bauen für die Politik von der amerikanischen Revolution bis zur Gegenwart, Ostfildern-Ruit 1992.

Flagge zeigen? Die Deutschen und ihre Nationalsymbole. Hrsg. Stiftung Haus der Geschichte der Bundesrepublik Deutschland, Redaktion: Petra Rösgen, Bielefeld 2009.

Forkmann, Daniela/Michael Schlieben (Hrsg.): Die Parteivorsitzenden in der Bundesrepublik Deutschland 1949–2005, Wiesbaden 2005.

Fraenkel, Ernst: Deutschland und die westlichen Demokratien, Stuttgart 1964.

Galetti, Nino: Der Bundestag als Bauherr in Berlin. Ideen, Konzepte, Entscheidungen zur politischen Architektur (1991–1998), Düsseldorf 2008.

Galonska, Angelika: Die 15. Wahlperiode des Deutschen Bundestages, in: Neue Stenografische Praxis 55 (2006) S. 48–54.

Gassert, Philipp: Kurt Georg Kiesinger 1904–1988. Kanzler zwischen den Zeiten, München 2006.

Geiger, Tim: Atlantiker gegen Gaullisten. Außenpolitischer Konflikt und innenpolitischer Machtkampf in der CDU/CSU 1958–1969, München 2008.

Gerstenmaier, Eugen: Streit und Friede hat seine Zeit. Ein Lebensbericht, Frankfurt am Main/Berlin/Wien 1981.

Geschäftsordnungen, Die Geschäftsordnungen deutscher Parlamente seit 1848. Eine synoptische Darstellung. Mit einer Einführung von Norbert Lammert. Bearb. von Werner Güth/Gerald Kretschmer, Bonn 1986.

Gniss, Daniela: Der Politiker Eugen Gerstenmaier 1906-1986, Düsseldorf 2005.

Grau, Andreas: Gegen den Strom. Die Reaktion der CDU/CSU-Opposition auf die Ost- und Deutschlandpolitik der sozial-liberalen Koalition 1969–1973, Düsseldorf 2005.

Grube, Frank/Gerhard Richter/Uwe Thaysen: Das Management des 6. Deutschen Bundestages. Eine Dokumentation parlamentarischer Karrieren, in: Zeitschrift für Parlamentsfragen 1 (1970) S. 152–161.

Grüger, Stephanie: Der Reichstag als Symbol. Untersuchung zu seiner Bedeutung von 1990 bis 1999, Stuttgart/Berlin 2003.

Gutzler, Karl: Die Plenarsitzungen des Deutschen Bundestages in der 3. und 4. Wahlperiode, in: Neue Stenografische Praxis 15 (1967) S. 83–86.

– Platt im Deutschen Bundestag, in: Neue Stenografische Praxis 40 (1991) S. 39–40.

– Platt im Deutschen Bundestag. Die Debatte vom 14. Januar 1994 im Spiegel der Presse, in: Neue Stenografische Praxis 43 (1994) S. 2–9.

Gutzler, Karl/Helmut Herles/Ewald Rose: ParlamentsSzenen einer deutschen Revolution, Bundestag und Volkskammer im November 1989, in: Neue Stenografische Praxis 38 (1990) S. 31–32.

Handbuch für die Parlamentarische Praxis mit Kommentar zur Geschäftsordnung des Deutschen Bundestages. Von Joseph Bücker (†)/Hermann J. Schreiner (†) unter Mitarbeit von Udo Ahrens, Dirk Zapfe und Markus Algermissen, Frankfurt am Main 1981ff.

Heer, Sebastian: Parlamentsmanagement. Herausbildungs- und Funktionsmuster parlamentarischer Steuerungsstrukturen in Deutschland vom Reichstag bis zum Bundestag, Düsseldorf 2015.

Hentschel, Volker: Ludwig Erhard. Ein Politikerleben, München 1996.

Herles, Helmut: Rita Süssmuth, in: Feldkamp (Hrsg.): Bundestagspräsident, 19. Wahlperiode, S. 140–145.

– Wolfgang Thierse, in: Feldkamp (Hrsg.): Bundestagspräsident, 19. Wahlperiode, S. 146–151.

Herrgesell, Gerhard: Der Stenographische Dienst des Parlamentarischen Rates und des 1. Deutschen Bundestages, in: Neue Stenografische Praxis 22 (1974) S. 53–57.

Hildebrandt, Jan: Wolfgang Schäuble, in: Feldkamp (Hrsg.): Der Bundestagspräsident, 19. Wahlperiode, S. 159–165.

Hoffmann, Marco: Zur 16. Legislaturperiode des Deutschen Bundestages, in: Neue Stenografische Praxis 58 (2010) S. 102–108.

Holzhauser, Thorsten: Die „Nachfolgepartei". Die Integration der PDS in das politische System der Bundesrepublik Deutschland 1990–2005, Berlin 2019.

Hölscheidt, Sven: Der Haushaltsausschuß des Deutschen Bundestages, Rheinbreitbach 1988.

– Frage und Antwort im Parlament, Rheinbreitbach 1992.

– Das Recht der Parlamentsfraktionen, Rheinbreitbach 2001.

Hübner, Erich/Heinrich Oberreuter/Heinz Rausch (Hrsg.): Der Bundestag von innen gesehen. 24 Beiträge, München 1969.

Igel, Ralph/Michael F. Feldkamp: Die Polizei des Bundestagspräsidenten in parlamentsgeschichtlicher Perspektive, in: Zeitschrift für Parlamentsfragen 44 (2013) S. 126–136.

Ismayr, Wolfgang: Der Deutsche Bundestag im politischen System der Bundesrepublik Deutschland, Opladen 2000.

– Der Deutsche Bundestag. Funktionen, Willensbildung, Reformansätze, Wiesbaden, 3. Auflage 2012.

Jesse, Eckhard: Wahlrecht zwischen Kontinuität und Reform. Eine Analyse der Wahlsystemdiskussion und der Wahlrechtsänderungen in der Bundesrepublik Deutschland 1949–1983, Düsseldorf 1985.

– Die Demokratie der Bundesrepublik Deutschland. Eine Einführung in das politische System. Colloquium, Berlin 1978; 8. Auflage, Baden-Baden 1997.

– zusammen mit Eckart Klein (Hrsg.): Das Parteienspektrum im wiedervereinigten Deutschland, Berlin 2007.

Kaiser, Carl-Christian/Wolfgang Kessel: Deutscher Bundestag 1949–1999, München 1999.
Kilian, Werner: Adenauers Reise nach Moskau, Freiburg im Breisgau 2005.
Klauck, Julia: Parlamentarisches Regierungs- und Oppositionsverhalten. Eine Untersuchung zum konfrontativen Zwischenrufverhalten in den Generaldebatten der 19. Wahlperiode des Deutschen Bundestages, in: Neue Stenografische Praxis 71 (2023) S. 76–88.
Klatt, Hartmut (Hrsg.): Der Bundestag im Verfassungsfüge der Bundesrepublik Deutschland. Beiträge zum dreißigjährigen Bestehen des Bundestages, Bonn 1980.
Klein, F.-L.: Plattdeutsch im Bundestag, in: Neue Stenografische Praxis 24 (1976) S. 26–28.
– Die Protokoll„Panne“ im Innenausschuß des Deutschen Bundestages – Eine Richtigstellung missverständlicher Presseberichte, in: Neue Stenografische Praxis 26 (1978) S. 72–73.
Kleßmann, Christoph: Die doppelte Staatsgründung. Deutsche Geschichte 1945–1955, Göttingen, 5. Auflage 1991.
Klink, Dieter: Bemerkungen zur Rolle von Parlamentspräsidenten in Politik und Gesellschaft, in: Zeitschrift für Parlamentsfragen 12 (1981) S. 436–437.
Klocksin, Jens Ulrich: Kommunisten im Parlament. Die KPD in Regierungen und Parlamenten der westdeutschen Besatzungszonen und der Bundesrepublik Deutschland (1945–1956), Bonn, 2. Auflage 1994.
Klopp, Heinrich Wilhelm: Das Amt des Alterspräsidenten im Deutschen Bundestag. Historische Entwicklung, Bestellung, Befugnisse und Rechtsstellung einer Institution des deutschen Parlamentarismus, Berlin 2000.
Klotzbach, Kurt: Der Weg zur Staatspartei. Programmatik, praktische Politik und Organisation der deutschen Sozialdemokratie 1945 bis 1965, Berlin/Bonn 1982.
Knoop, Joachim: Die 9. Legislaturperiode des Deutschen Bundestages, in: Neue Stenografische Praxis 31 (1983) S. 101f.
Knorr, Heribert: Der parlamentarische Entscheidungsprozeß während der Großen Koalition 1966 bis 1969. Struktur und Einfluß der Koalitionsfraktionen und ihr Verhältnis zur Regierung der Großen Koalition, Meisenheim am Glan 1975.
Kochsiek, Albrecht: Der Alt-Bundestag. Die Rechte des Bundestages in dem Zeitraum zwischen Wahl und Zusammentritt des neugewählten Bundestages, Berlin 2002.

Körner, Thorsten: In der Männer-Republik. Wie Frauen die Politik eroberten, Köln 2021.
Kralewski, Wolfgang/Karlheinz Neunreither: Oppositionelles Verhalten im ersten Deutschen Bundestage 1949–1953, Köln u. a. 1963.
Kranenpohl, Uwe: Mächtig oder machtlos? Kleine Fraktionen im Deutschen Bundestag 1949 bis 1994, Opladen 1999.
Krumrey, Henning: Norbert Lammert, in: Feldkamp (Hrsg.): Bundestagspräsident, 16. Wahlperiode, S. 159–170.
Kruttschnitt, Ernst Jörg: Kanzler der Alliierten. Zwischenrufe und Zwischentöne aus dem Bundestag, Baden-Baden 1970.
Kröter, Thomas: Bundestagsvizepräsident Wolfgang Thierse, in: Feldkamp (Hrsg.): Bundestagspräsident, 16. Wahlperiode, S. 171–178.
Küsters, Hanns Jürgen: Kai-Uwe von Hassel. 2 Bde., Darmstadt 2023.
Kuhlwein, Eckart: Die 6. Fraktion. Sieben Jahre Bundestagskabarett „Die Wasserwerker“, Bonn 1999.

Lemke-Müller, Sabine: Abgeordnete im Parlament. Zur Parlamentskultur des Deutschen Bundestages in den 90er Jahren, Rheinbreitbach 1999.
Löbe, Paul: Der Weg war lang. Lebenserinnerungen, Berlin, 4. Auflage 1990.
– Reichstag und Bundestag. Edition eines wiederentdeckten Vortrags von Paul Löbe aus dem Jahre 1951, Hrsg. von Michael F. Feldkamp, in: Zeitschrift für Parlamentsfragen 38 (2007) S. 376–400.
Loewenberg, Gerhard: Parlamentarismus im politischen System der Bundesrepublik Deutschland, Tübingen 1969.
Loo, Henning van de: „Wie in der Tagesordnung ausgewiesen, werden auch diese Reden zu Protokoll genommen“ – Zur 17. Legislaturperiode des Deutschen Bundestages, in: Neue Stenografische Praxis 62 (2014) S. 65–84.
Lösche, Peter/Franz Walter: Die SPD. Klassenpartei, Volkspartei, Quotenpartei, Darmstadt 1992.
Löwenthal, Richard/Hans-Peter Schwarz (Hrsg.): Die zweite Republik. 25 Jahre Bundesrepublik Deutschland – eine Bilanz, Stuttgart 1974.

Maier, Hans/Heinz Rausch/Emil Hübner/Heinrich Oberreuter: Zum Parlamentsverständnis des fünften deutschen Bundestages. Die Möglichkeit von Zielkonflikten bei einer Parlamentsreform, Bonn 1969.
Markmann, Heinz: Das Abstimmungsverhalten der Parteifraktionen in deutschen Parlamenten, Meisenheim am Glan 1955.

Meier, Andreas: Hermann Ehlers. Leben in Kirche und Politik. Bonn 1991.
Meinel, Florian: Vertrauensfrage. Zur Krise des heutigen Parlamentarismus, München 2019.
Mende, Silke: „Nicht rechts, nicht links, sondern vorn". Eine Geschichte der Gründungsgrünen, München 2011.
Mergel, Thomas: Propaganda nach Hitler. Eine Kulturgeschichte des Wahlkampfs in der Bundesrepublik 1949–1990, Göttingen 2010.
Merseburger, Peter: Der schwierige Deutsche. Kurt Schumacher. Eine Biographie, Stuttgart 1995.
– Willy Brandt 1913–1992. Visionär und Realist, Stuttgart/München 2002.
– Theodor Heuss. Der Bürger als Präsident. Biografie, München 2012.
Metzler, Gabriele: Konzeptionen politischen Handelns von Adenauer bis Brandt. Politische Planung in der pluralistischen Gesellschaft, Paderborn 2005.
Meyer, Christoph: Herbert Wehner. Biografie, München 2006.
Möller, Horst: Franz Josef Strauß. Herrscher und Rebell, München 2015.
Morsey, Rudolf: Heinrich Lübke. Eine politische Biographie, Paderborn 1996.
– Die Vorbereitung der Großen Koalition von 1966. Unionspolitiker im Zusammenspiel mit Herbert Wehner seit 1962, in: Jürgen Kocka/Hans-Jürgen Puhle/Klaus Tenfelde (Hrsg.): Von der Arbeiterbewegung zum modernen Sozialstaat, München 1994, S. 462–478.

Oberreuter, Heinrich (Hrsg.): Der Deutsche Bundestag im Wandel. Ergebnisse neuerer Parlamentarismusforschung, Wiesbaden, 2. Auflage 2002.
Ortmann, Ursula/Wolfgang Behm: Zur Arbeit des Deutschen Bundestages in seiner 11. Wahlperiode, in: Neue Stenografische Praxis 40 (1991) S. 24–33.

Patzelt, Werner J.: Ist der Souverän unaufgeklärt? Die Ansichten der Deutschen über Parlament und Abgeordnete. Dresden 1996.
– Repräsentation, Repräsentanten, Repräsentieren. Amtsverständnis und Wahlkreisarbeit der bayerischen Abgeordneten. Passau 1990.
Petermann, Thomas: Das wohlberatene Parlament. Orte und Prozesse der Politikberatung beim Deutschen Bundestag, Berlin 1990.
Petersen, Sönke: Manager des Parlaments. Parlamentarische Geschäftsführer im Deutschen Bundestag – Status, Funktionen, Arbeitsweise, Opladen 2000.
Platt im Deutschen Bundestag, in: Neue Stenografische Praxis 32 (1984) S. 96f.

Pöschl, Rainer: Eugen Gerstenmaier, in: Feldkamp (Hrsg.): Bundestagspräsident, 19. Wahlperiode, S. 104–108.
– Philipp Jenninger, in: Feldkamp (Hrsg.): Bundestagspräsident, 19. Wahlperiode, S. 135–139.
Pommerin, Reiner: Von Berlin nach Bonn. Die Alliierten, die Deutschen und die Hauptstadtfrage nach 1945, Köln u. a. 1989.
Pursch, Günter (Hrsg.): Das Parlamentarische Schimpfbuch. Stilblüten und Geistesblitze unserer Volksvertreter in 60 Jahren Bundestag, München 2009.
– Das Parlamentarische Schimpf und Schmunzellexikon. Von „Abbruchunternehmen" bis „Zynismus" 1949-1991, München 1992.

Quaritsch, Helmut: Die Wissenschaftlichen Dienste des Bundestages, in: Festschrift für Ernst Forsthoff zum 70. Geburtstag, München 1972, S. 303–324.

Recker, Marie-Luise: Parlamentarismus in der Bundesrepublik Deutschland. Der Deutsche Bundestag 1949–1969, Düsseldorf 2018.
– Parlamentarismus in der Bewährung. Der Deutsche Bundestag 1949–2020, Düsseldorf 2021.
Renger, Annemarie: Ein politisches Leben. Stuttgart 1993.
– Fasziniert von Politik. Beiträge zur Zeit. Vorwort von Helmut Schmidt, Stuttgart 1981.
Renzsch, Wolfgang: Finanzverfassung und Finanzausgleich. Die Auseinandersetzung um ihre politische Gestaltung in der Bundesrepublik Deutschland zwischen Währungsreform und deutscher Vereinigung (1948 bis 1990), Bonn 1991.
Ritter, Gerhard A. (Hrsg.): Gesellschaft, Parlament und Regierung. Zur Geschichte des Parlamentarismus in Deutschland 1974.
Roll, Hans-Achim/Annemarie Rüttger: Zur Neufassung der Geschäftsordnung des Deutschen Bundestages, in: Zeitschrift für Parlamentsfragen 11 (1980) S. 484–496.
Roll, Hans-Achim: Geschäftsordnung des Deutschen Bundestages: Kommentar, Baden-Baden 2001.
Rollmann, Dietrich (Hrsg.): 50 Reden aus dem Deutschen Bundestag (1949–1983) zum 35jährigen Bestehen des Deutschen Bundestages, Stuttgart/Bonn 1983.
Römer: Bilanz der 5. Legislaturperiode des Deutschen Bundestages, in: Neue Stenografische Praxis 17 (1969) S. 105.

Rostock, Peter: Rückblick auf die 7. Wahlperiode des Deutschen Bundestages, in: Neue Stenografische Praxis 25 (1977) S. 22–28.
Rupp, Hans Karl: Außerparlamentarische Opposition in der Ära Adenauer. Der Kampf gegen die Atombewaffnung in den fünfziger Jahren. Eine Studie zur innenpolitischen Entwicklung der BRD, Köln 1970.

Saalfeld, Thomas: Parteisoldaten und Rebellen. Eine Untersuchung zur Geschlossenheit der Fraktionen im Deutschen Bundestag (1949–1990), Opladen 1995.
Sannwald, Rüdiger: Die Beratungen zur Reform des Parlamentsrechts in der Gemeinsamen Verfassungskommission, in: Zeitschrift für Parlamentsfragen 25 (1994) S. 15–32.
Schäfer, Friedrich: Der Bundestag. Eine Darstellung seiner Aufgaben und seiner Arbeitsweise, 4. Aufl. Opladen 1982.
Schellknecht, Helmut: Kai-Uwe von Hassel. Präsident der Parlamentsreform, in: Im Dienst für die Freiheit. Kai-Uwe von Hassel zum 70. Geburtstag. Hrsg. von Uwe Barschel, Neumünster 1983, S. 59–86.
Schindler, Peter (Bearb.): Datenhandbuch zur Geschichte des Deutschen Bundestages 1949 bis 1999. Gesamtausgabe in drei Bänden, Baden-Baden 1999.
Schmid, Carlo: Erinnerungen, Bern/München/Wien 1979.
Schneider, Andrea H.: Die Kunst des Kompromisses. Helmut Schmidt und die Große Koalition 1966–1969.
Schneider, Michael: Demokratie in Gefahr? Der Konflikt um die Notstandsgesetze: Sozialdemokratie, Gewerkschaften und intellektueller Protest (1958–1968), Bonn 1986.
Schneider, Hans-Peter/Wolfgang Zeh (Hrsg.): Parlamentsrecht und Parlamentspraxis. Ein Handbuch, Berlin 1989.
Schönhoven, Klaus: Wendejahre. Die Sozialdemokratie in der Zeit der Großen Koalition 1966–1969, Bonn 2004.
Schröder, Richard/Hans Misselwitz: Mandat für Deutsche Einheit. Die 10. Volkskammer zwischen DDR-Verfassung und Grundgesetz, Opladen 2000.
Schulz, Andreas/Wirsching, Andreas (Hrsg.): Parlamentarische Kulturen in Europa. Das Parlament als Kommunikationsraum, Düsseldorf 2012.
Schumacher, Martin: Volksvertretung im Wiederaufbau 1946–1961. Bundestagskandidaten und Mitglieder der westzonalen Vorparlamente. Eine biografische Dokumentation, Düsseldorf 2000. [Online erweitert bis 1972 < https://kgparl.de/forschung/m-d-b-die-volksvertretung-1946-1972/ >]

Schuster, Jürgen: Parlamentarismus in der BRD: Rolle und Funktionen des Bundestages, Berlin 1976.

Schüttemeyer, Suzanne S.: Bundestag und Bürger im Spiegel der Demoskopie. Eine Sekundäranalyse zur Parlamentarismusperzeption in der Bundesrepublik, Opladen 1986.

Schüttemeyer, Suzanne S.: Fraktionen im Deutschen Bundestag 1949–1997. Empirische Befunde und theoretische Folgerungen, Opladen 1998.

Schwanholz, Julia/Patrick Theiner (Hrsg.): Die politische Architektur deutscher Parlamente. Von Häusern, Schlössern und Palästen, Wiesbaden 2020.

Schwarz, Hans-Peter: Adenauer, 2 Bde., Stuttgart 1986 und 1991.

Schwarz, Hans-Peter (Hrsg.): Die Fraktion als Machtfaktor. CDU/CSU im Deutschen Bundestag 1949 bis heute, München 2009.

Seehaus, Siegried: Bilanz der 8. Legislaturperiode des Deutschen Bundestages, in: Neue Stenografische Praxis 28 (1980) S. 44–50.

– Zahlen und Zeitgeschichte – Chronik der 9. Wahlperiode des Deutschen Bundestages, in: Neue Stenografische Praxis 32 (1984) S. 65–66.

Sebald, Martin: Die Thematisierungsfunktion der Opposition. Die parlamentarische Minderheit des Deutschen Bundestages als innovative Kraft im politischen System der Bundesrepublik Deutschland, Frankfurt a. Main 1992.

Seebacher-Brandt, Brigitte: Ollenhauer. Biedermann und Patriot, Berlin 1984.

Siebenmorgen, Peter: Franz Josef Strauß. Ein Leben im Übermaß, München 2015.

Soell, Harmut: Fritz Erler. Eine politische Biographie, 2 Bde., Berlin/Bonn 1976.

– Helmut Schmidt 1918-1969. Vernunft und Leidenschaft, München 2003.

Solms, Hermann Otto: Frei heraus. Mein selbstbestimmtes Leben, München 2021.

Sontheimer, Kurt: Die Adenauer-Ära. Grundlegung der Bundesrepublik, München 1991

Speich, Mark: Kai-Uwe von Hassel. Eine politische Biographie, Bonn 2001.

Stettner, Karl: Bilanz der 6. Legislaturperiode des Deutschen Bundestages, in: Neue Stenografische Praxis 21 (1973) S. 13f.

– Die neue Geschäftsordnung des Deutschen Bundestages, in: Neue Stenografische Praxis 28 (1980) S. 36–44.

Stolte, Dieter: Norbert Lammert, in: Feldkamp (Hrsg.): Bundestagspräsident, 19. Wahlperiode, S. 152–158.

Stoltenberg, Joachim: Karl Carstens, in: Feldkamp (Hrsg.): Bundestagspräsident, 19. Wahlperiode, S. 120–124.
Stöss, Richard (Hrsg.): Parteien-Handbuch. Die Parteien der Bundesrepublik Deutschland 1945–1980, 2 Bde., Opladen 1983 und 1984.
Süssmuth, Rita (Hrsg.): Der Deutsche Bundestag. Parlament der deutschen Einheit, Stuttgart/München 1991.
Szatkowski, Tim: Karl Carstens. Eine politische Biographie, Köln/Weimar/Wien 2007.

Thaysen, Uwe: Parlamentarisches Regierungssystem in der Bundesrepublik Deutschland, Opladen 1976.
Treschwig, Hans: Rückblick auf die 10. Wahlperiode des Deutschen Bundestages, in: Neue Stenografische Praxis 35 (1987) S. 18–20.
Troßmann, Hans: Parlamentsrecht und Praxis des Deutschen Bundestages. Kommentar in alphabetischer Ordnung zu der Geschäftsordnung des Deutschen Bundestages, den einschlägigen Artikeln des Grundgesetzes und sonstigen gesetzlichen Bestimmungen nach dem Stand vom 1. Januar 1967, Bonn 1967.
– Parlamentsrecht des Deutschen Bundestages. Kommentar zur Geschäftsordnung des Deutschen Bundestages unter Berücksichtigung des Verfassungsrechts [Hauptband.], München 1977.
– zusammen mit Hans-Achim Roll: Parlamentsrecht des Deutschen Bundestages. Kommentar zur Geschäftsordnung des Deutschen Bundestages unter Berücksichtigung des Verfassungsrechts. Ergänzungsband, München 1981.

Ullrich, Sebastian: Der Weimar-Komplex. Das Scheitern der ersten deutschen Demokratie und die politische Kultur der frühen Bundesrepublik 1945–1959, Göttingen 2009.
Umbau des Plenarsaals des Bundestags, in: Neue Stenografische Praxis 1 (1953) S. 91–92.

Veen, Hans-Joachim: Opposition im Bundestag. Ihre Funktionen, institutionellen Handlungsbedingungen und das Verhalten der CDU/CSU-Fraktion in der 6. Wahlperiode 1969–1972, Bonn 1976.
Vierhaus, Rudolf/Ludolf Herbst (Hrsg.) unter Mitarbeit von Bruno Jahn: Biographisches Handbuch der Mitglieder des Deutschen Bundestages 1949–2002, 3 Bde., München 2002–2003.

Weber, Petra: Carlo Schmid 1896–1976. Eine Biographie, München 1996.
Weber, Quirin: Parlament – Ort der politischen Entscheidung? Legitimationsprobleme des modernen Parlamentarismus – dargestellt am Beispiel der Bundesrepublik Deutschland, Basel 2011.
Weemeyer, Robert: Die 13. Wahlperiode des Deutschen Bundestages, in: Neue Stenografische Praxis 48 (1999) S. 45–47.
Wefing, Heinrich: Parlamentsarchitektur. Zur Selbstdarstellung der Demokratie in ihren Bauwerken. Eine Untersuchung am Beispiel des Bonner Bundeshauses, Berlin 1995.
– (Hrsg.): „Dem Deutschen Volke". Der Bundestag im Berliner Reichstagsgebäude, Bonn 1999.
Wengst, Udo: Staatsaufbau und Regierungspraxis 1948–1953. Zur Geschichte der Verfassungsorgane der Bundesrepublik Deutschland, Düsseldorf 1984.
– Auftakt zur Ära Adenauer. Koalitionsverhandlungen und Regierungsbildung 1949, Düsseldorf 1985.
– Beamtentum zwischen Reform und Tradition. Beamtengesetzgebung in der Gründungsphase der Bundesrepublik Deutschland 1948–1953, Düsseldorf 1988.
– Thomas Dehler 1897–1967. Eine politische Biographie, München 1997.
Wintgens, Benedikt: Treibhaus Bonn. Die politische Kulturgeschichte eines Romans, Düsseldorf 2019.
Wirsching, Andreas: Abschied vom Provisorium. Geschichte der Bundesrepublik Deutschland 1982–1990, München 2006.
Wolfrum, Edgar: Rot-Grün an der Macht. Deutschland 1998–2005, München 2013.

Zeh, Wolfgang: Gliederung und Organe des Bundestages, in: Josef Isensee/Paul Kirchhof (Hrsg.): Handbuch des Staatsrechts, Bd. II, Heidelberg 1987, S. 391ff.
– Parlamentarismus. Historische Wurzeln – moderne Entfaltung, Heidelberg, 5. Auflage 1991.
Ziegler, Peter: Die Hörfunkberichterstattung aus Bonn. Ein Beitrag zum Verhältnis zwischen Politik und Medien, München 1990.

Personenverzeichnis

Bildnachweis

S. 35, 65, 102, 122, 134, 141 © by action press AG, S. 144 © Deutscher Bundestag / Jörg F. Müller, S. 158 © by action press AG, S. 170 o. © Deutscher Bundestag / Hans-Günther Oed, S. 170 u. © Deutscher Bundestag / Presse-Service Steponaitis, S. 176, 177, 205 © by action press AG, S. 217 o. © Deutscher Bundestag / Lichtblick/Achim Melde, S. 217 u. © Deutscher Bundestag / Presse-Service Steponaitis, S. 245 © Deutscher Bundestag / Lichtblick/Achim Melde, S. 258, 280, 298 © by action press AG

Über den Autor

Michael F. Feldkamp, geboren 1962 in Kiel, hat in Bonn und in Rom studiert und wurde in Bonn mit einer Studie zur Papstdiplomatie im 17. und 18. Jahrhundert zum Dr. phil. promoviert. Seit 2000 lebt er in Berlin. In zahllosen Studien und annähernd 50 Buchveröffentlichungen befasst sich Feldkamp mit der Universitäts- und Bildungsgeschichte sowie der kirchlichen Rechtsgeschichte vom Mittelalter bis zur Gegenwart. Zu seinen Forschungsschwerpunkten zählt neben der Rolle der katholischen Kirche im 19. und 20. Jahrhundert in Deutschland die Geschichte des Deutschen Bundestages.

Michael F. Feldkamp mit der Urschrift des Grundgesetzes